QSS 유한한 자원을
무한한 창의로

QSS 유한한 자원을
무한한 창의로

초판 1쇄 인쇄일 2026년 3월 16일
초판 1쇄 발행일 2026년 3월 25일

지은이 엄주선 김종찬 신일철
펴낸이 양옥매
디자인 송다희 표지혜
교　정 조준경
마케팅 송용호

펴낸곳 도서출판 책과나무
출판등록 제2012-000376
주소 서울특별시 마포구 방울내로 79 이노빌딩 302호
대표전화 02.372.1537　**팩스** 02.372.1538
이메일 booknamu2007@naver.com
홈페이지 www.booknamu.com
ISBN 979-11-6752-777-6 (03300)

Quick Smart Solution

유한한 자원을 무한한 창의로

엄주선 김종찬 신일철 지음

인간의 수명은 점점 길어지고 있지만, 기업의 수명은 오히려 짧아지고 있다는 사실은 많은 생각을 하게 합니다. 왜 기업들은 짧은 시간 안에 사라져 버릴까요?

그것은 바로 변화에 대한 두려움과 혁신의 지속성 부족에서 비롯됩니다. 변화는 때로는 고통스럽고, 혁신은 두려울 수 있습니다. 그러나 그러한 두려움을 이겨 내지 못한다면 우리는 한 걸음도 나아갈 수 없습니다. 기업 경영에서 지속 가능성은 결코 주어지는 것이 아닙니다. 치열한 경쟁과 끊임없는 변화 속에서도 중심을 잃지 않고 나아가야만 얻을 수 있는 것입니다. 우리는 그러한 경험을 바탕으로 이 책을 집필하게 되었습니다.

P사는 1968년 창사 이래 '자원은 유한, 창의는 무한'이라는 이념으로 직원 창의력을 중요시하는 개선활동을 지속하고 있습니다. 초창기 자주관리 활동에 이어, 2002년 6시그마를 도입하여 이를 현장에서 빠르고 역동적으로 추진한다는 의미의 'Quick Six Sigma'를 만들었으며, 최근에는 주 40시간 근무, 안전강화, 워라밸 중시 등 시대의 변화에 맞추어 문제를 빠르고 스마트하게 해결한다는 의미의 'Quick Smart Solution'으

로 변경하였습니다.

우리가 이 책에서 담고자 했던 것은 바로 이러한 두려움과 도전 사이에서 길을 찾고자 하는 노력입니다. 기업이 지속 가능성을 갖추려면 무엇보다 변화에 대한 수용력과 혁신적 사고가 필요합니다. 기업이 살아남고 성장하기 위해서는 직원들이 보람을 느끼고, 함께 성장할 수 있는 문화를 만들어야 합니다. 우리는 이러한 문화 속에서 새로운 가치와 기회를 창출하고자 했습니다. 이 책은 그 고민과 노력의 산물입니다.

각 장에서는 기업이 직면하는 다양한 문제와 상황을 어떻게 극복하고 성장과 혁신을 이루어 갈 수 있을지에 대해 깊이 다루었습니다. 변화와 혁신의 원리, 리더십과 기업문화, 생산성과 품질관리, 기술과 개선, 소통과 협력, 기본의 실천, 위기 관리와 문제해결, 효율적인 작업환경, 지속 가능한 성장과 경쟁력, 설비와 안전관리, 자율과 규율, 그리고 또 다른 혁신 등 총 11개의 주제를 중심으로, 실질적이고 구체적인 해결 방안을 제시하고자 노력했습니다.

이 책은 단순한 이론서가 아닙니다. 우리의 현장 경험과 고민, 그리고 작은 성공과 실패의 이야기가 녹아 있습니다. 독자 여러분이 이 책을 통해 단순히 지식만 얻는 것이 아니라, 실제 현장에서 바로 적용할 수 있는 지혜를 얻기를 바랍니다. 변화와 혁신을 두려워하지 말고, 끊임없이 도전하십시오. 작은 변화가 모이면 큰 성과로 이어진다는 것을 이 책을 통해 확인하게 될 것입니다.

 QSS 유한한 자원을 무한한 창의로

또한, 우리는 이 책이 기업 경영과 인재 관리에서 새로운 시각을 제공해 주길 기대합니다. 변화는 혼자의 힘으로 이루어지지 않습니다. 함께 고민하고, 함께 도전하며, 함께 성장할 때 비로소 진정한 혁신이 이루어집니다. 이 책이 여러분의 조직에 변화와 혁신의 불씨가 되기를 바랍니다.

끝으로, 우리가 경험한 모든 지식과 노하우가 담긴 이 책이 여러분의 여정에 작은 등불이 되기를 바랍니다. 변화의 길은 결코 쉽지 않지만, 그 길을 함께 걸어가는 동료가 있다면 그 과정은 훨씬 의미 있을 것입니다. 이 책이 바로 그 동료가 되어 드리기를 진심으로 바랍니다.

2026년 3월

컨설턴트 엄주선 · 김종찬 · 신일철

차례

생각해 보기

우리 회사는 개선을 통해

본인의 일이 지속적으로 향상되는 체계를 가지고 있는가?

1장

변화와 혁신의 원리

변화와 혁신은 기업이 지속적으로 성장하고 경쟁력을 유지하는 데 필수적인 요소이다. 급변하는 시장 환경에서 기업이 생존하고 발전하려면 변화에 능동적으로 대응하고, 혁신을 통해 새로운 가치를 창출해야 한다.

최근 경영 트렌드 중 하나는 디지털 전환과 인공지능(AI)의 도입이다. 이러한 기술 혁신은 기업 운영의 효율성을 높이고, 새로운 비즈니스 모델을 가능하게 한다. 예를 들어, AI를 활용한 데이터 분석은 고객의 요구를 정확하게 파악하고, 맞춤형 서비스를 제공하는 데 큰 역할을 한다.

특히, AI 기반의 자동화 시스템은 반복적인 업무를 줄여 주어 직원들이 더 창의적인 업무에 집중할 수 있도록 돕는다. 이로 인해 업무 효율성이 크게 향상되고, 직원들의 만족도도 높아진다.

그러나 기술 도입만으로는, 급변하는 시장 환경에서 기업이 생존하고 발전하는 데 충분하지 않다. 조직 문화와 리더십의 변화가 함께 이루어져야 한다.

◆ 조직 문화와 리더십의 변화

개방적이고 수평적인 조직 문화는 직원들의 창의성과 자발성을 이끌어 내며, 실패를 두려워하지 않는 분위기는 혁신을 촉진한다. 리더는 이러한 문화를 조성하고, 변화의 방향을 명확하게 제시하며, 직원들이 변화 과정에 적극적으로 참여하도록 소통하고 동기를 부여할 필요성이 있다.

이를 위해 리더는 직원들의 의견을 경청하고, 그들의 아이디어를 존중해야 한다. 이러한 환경에서 직원들이 자신감을 갖고 새로운 도전에 나설 수 있기 때문이다. 또한, 리더는 명확한 비전을 제시하고, 이를 통해 조직 전체가 같은 방향으로 나아가도록 이끌어야 한다.

그렇다면 조직이 변화와 혁신의 원리를 이해하기 위해 고려해야 할 요소에는 어떠한 것들이 있을까?

- 변화에 공감 : 직원 모두가 현재 환경을 인식하고 변화의 필요성을 인식해야 한다.
- 방향과 목표 : 조직이 가고자 하는 비전과 목표를 설정해야 한다.

　QSS 유한한 자원을 무한한 창의로

- 명확한 계획 : 목표를 어디까지 언제까지 누가 어떻게 하겠다는 구체적인 계획을 수립해야 한다.
- 체계적 실행 : 전원이 진행 현황과 다음 해야 할 일을 공유하고 참여할 수 있는 과정 관리체계를 만들어야 한다.
- 검증과 롤링(Rolling) : 원하는 방향으로 잘 가고 있는지 효과를 주기적으로 검증하고, 더 좋은 결과를 창출하기 위한 지속적 롤링으로 살아 움직이는 활동이 되어야 한다.

이러한 요소들을 고려했을 때, 비로소 변화와 혁신을 효과적으로 추진할 수 있다. 특히, 지속적인 학습과 개발은 직원들의 역량을 강화하고, 조직의 경쟁력을 높이는 데 필수적이다. 또한, 체계적인 계획 수립은 변화를 단계별로 추진하여 혼란을 최소화하고, 성공적인 변화를 이끌어 낼 수 있다.

◆ 변화와 혁신의 지속성

변화와 혁신은 단발적인 이벤트가 아니라 지속적인 과정이다. 기업은 이러한 과정을 통해 끊임없이 발전하고, 시장에서의 경쟁 우위를 확보할 수 있다. 따라서 제조 현장의 일과 낭비를 바르게 이해하고, 이를 조직 전반에 적용하는 노력이 필요하다.

지속적인 변화와 혁신을 위해서는 조직 전체의 노력이 필요하다. 모든 직원이 변화의 필요성을 인식하고, 적극적으로 참여할 때 진정한 혁신이 이루어질 수 있다. 그렇다면 성공적인 변화와 혁신의 사례를 살펴보자.

도요타자동차의 JIT

도요타는 조립산업의 대표적 사례로, 1937년 창업 이후 '필요한 물건을 필요한 때 필요한 양만큼만 생산'한다는 JIT(Just In Time)라는 방향성을 가지고, 필요한 물건을 필요한 때 생산하기 위한 도구로 생산 리드타임(Lead Time) 단축을 하고, 필요한 양만큼 생산하기 위해 '간판(看板, Kanban)' 시스템을 활용하고 있으며, 양품만을 생산하기 위한 도구로 사람의 지혜가 들어간 자동화(自働化)를 통해 궁극적으로 원가를 절감한다는 명확한 목표를 가지고 있다.

이러한 방향과 목표로 도요타생산시스템을 만들어 90년 가까이 꾸준하게 추진하고 있으며, 개선활동을 통해 직원들을 지혜를 발휘하는 인재로 양성하고 있다. 도요타는 2009년 글로벌 금융위기 시 사상 첫 연간 순손실을 기록한 이후 한 번도 적자를 기록한 적이 없으며 최근 10년간 연평균 약 25조 원의 순이익을 기록하고 있다.

P사의 QSS 활동

P사는 대형 장치산업의 현장 혁신활동 모델을 제시하고 있다. 제조 현장의 설비·환경·사람의 지속적인 변화를 방향으로 설정하고 있고, 이를 위해 고장·불량·사고 Zero를 목표로 작업장 3정 5S, 설비 기능/성능 복원, 일상과제를 도구로 문제를 해결하고 있다.

지속적인 제조 현장 개선을 통해 직원들이 단순 노동으로부터 벗어

  QSS 유한한 자원을 무한한 창의로

나 스스로 가치와 잠재력을 실현할 수 있는 수단을 제공하며, 더 나아가 조직의 역량 향상과 기업의 경쟁력 확보에 원천 역할을 하고 있다.

QSS 활동은 작게는 내가 하고 있는 일을 쉽고 편하고 안전하게 하여 내가 좋아지는 활동이며, 크게는 인간존중 사상을 기반으로 직원들의 의식변화를 선도하며, 학습을 통해 개개인의 잠재력을 끌어내고 일의 개선을 통해 자아실현을 촉진하며 회사의 지속적인 성장을 지원하는 활동이라 할 수 있다.

장수 기업의 비밀

미국 캘리포니아 금문교

미국 캘리포니아주에는 샌프란시스코와 마린 반도를 연결하는 금문교(Golden Gate Bridge)가 있다. 이 다리는 1937년, 당시로서는 불가능에 가까웠던 2.7㎞ 길이와 수면으로부터 67m 높이라는 기록을 세우며 완공되었다. 80여 년이 지난 지금도 금문교는 단순한 교량이 아니라, 뛰어난 기술력과 예술성이 결합된 구조물로 평가받는다. 무엇보다 오랜 세월에도 불구하고 안정성과 성능을 유지하고 있는 것이 인상적이다. 이처럼 금문교가 시대를 초월해 그 가치를 유지하는 비결은 어디에 있을까?

QSS 유한한 자원을 무한한 창의로

◆ 가치 유지 비결은 일상 점검에 있다

단순히 튼튼하게 지은 설계 때문만은 아니다. 변화하는 환경 속에서도 일정한 규정을 꾸준히 지키며 일상적인 유지관리와 점검을 지속해 온 결과다. 작은 결함이 큰 문제로 확대되기 전에 사전 예방을 철저히 한 것이다. 이를 통해 발견된 문제는 표준화되어 매뉴얼로 정리되고, 다시 현장에 반영되는 과정이 반복되었다. 이 일관된 관리시스템이야말로 금문교가 긴 시간 동안 안정성을 유지한 핵심 원동력이다.

하지만 이러한 일상 점검은 생각보다 쉽지 않다. 이상 징후가 자주 발견되지 않기에 '이 정도면 괜찮겠지.'라는 생각이 들어 쉽게 소홀해질 수 있기 때문이다. 그러나 점검을 단순한 의무가 아닌 중요한 문화로 자리 잡히게 하기 위해서는, '단순하고 지루한 일'을 '중요하고 가치 있는 일'로 인식하게 하는 노력이 필요하다. 이 과정에서 작은 성취와 개선 경험이 쌓일 때 비로소 문화로 정착된다. 한마디로, 혁신은 단기간에 완성되지 않으며, 지속적인 실천과 개선의 누적을 통해 탄생하는 것이다.

◆ 지속적인 유지관리와 개선이 필수

이러한 관점에서 기업도 마찬가지다. 100년 기업으로 성장하기 위해서는 초기의 설계와 전략도 중요하지만, 지속적인 유지관리와 개선이 필수적이다. 기업이 경쟁력을 잃기 전에 정확히 진단하고, 약점을 강점으로 바꾸려는 노력이 필요하다. 이는 녹이 슬기 전에 이음새를 점검하고 보완하는 것과 같은 이치다.

특히 장치산업은 이 점이 더욱 중요하다. 호황기에는 규모의 경제로 높은 수익을 얻을 수 있지만, 불황기에는 매출이 줄어드는 반면 고정비는 그대로 유지되기 때문에 경영 성과가 악화된다. 따라서 지속적인 유지관리와 개선을 통해 설비와 프로세스의 성능을 유지하는 것이 경쟁력을 확보하는 핵심이 된다.

◆ 바스프(BASF)의 페어분트 시스템

대표적인 예로 화학산업의 글로벌 강자인 바스프(BASF)를 들 수 있다. 1865년 독일에서 창립된 바스프는 전 세계 11만여 명의 직원과 1만여 개 제품을 보유한 거대 화학기업이다. 특히 '페어분트(Verbund)' 시스템으로 유명한데, 이는 자원순환 친환경 공급망 체제다.

바스프는 한 공정에서 발생한 부산물과 열을 다른 공정의 원료로 재활용하는 생산 시스템을 구축했다. 이러한 순환 체계는 효율성을 극대화할 뿐 아니라 환경에도 긍정적인 영향을 미친다. 예를 들어 제철소에서는 철광석을 녹일 때 발생하는 열을 식히기 위해 사용된 물을 가정 난방에 활용하는 방식이 있다. 이는 페어분트의 일종으로 볼 수 있다.

페어분트 시스템은 바스프 내부에만 국한되지 않는다. 고객사와의 통합적 협력 체계로 확장되어, 바스프와 고객사가 함께 성장하는 형태로 진화하고 있다. 이처럼 바스프의 성공 요인은 단순히 과거의 영광에 안주하지 않고, 현재에 충실하며 미래를 준비해 왔기 때문이다. 끊임없는 개선과 혁신을 통해 과거, 현재, 미래가 유기적으로 연결되도록 노력해 온 결과다.

◆ 혁신의 본질, 작지만 꾸준한 변화

금문교와 바스프의 사례는 기업이 장수하기 위해 필요한 기본 원칙을 보여 준다. 이는 현장 혁신의 본질과도 연결된다. 작은 결함을 무시하지 않고, 일상적인 점검과 개선을 통해 성능을 유지하는 것. 그리고 이를 문화로 정착시켜 꾸준히 실천하는 것. 이러한 태도가 기업의 지속가능성과 경쟁력을 결정짓는다. '작지만 꾸준한 변화'가 혁신의 씨앗이 된다.

요약 ∽

위대함은 꾸준함이며, 작은 결함을 무시하지 않고 일상적인 점검과 개선을 지속하는 것이다.

혁신의 구조 변화

산업혁명 이후, 일하는 방식은 지속적으로 변화해 왔다. 사회경제적 변화와 기술의 혁신은 인류 문명을 근본적으로 바꾸어 놓았다. 대표적인 사례가 1913년 미국 포드 자동차 공장에서 일어났다. 당시 포드는 컨베이어 시스템을 도입해 자동차 생산방식을 혁신했다.

기존의 수제 조립 방식은 작업자의 높은 숙련도를 요구했지만, 컨베이어 시스템은 단순하고 반복적인 동작을 통해 대량 생산을 가능하게 했다. 부품이 컨베이어를 따라 이동하고, 작업자는 지정된 위치에서 정해진 동작만 반복하면 되었다. 이 방식은 생산 속도를 획기적으로 단축시켰고, 3,000 달러 이상이던 자동차를 650달러에 생산할 수 있게 만들었다. 그 결과, 자동차 대량 소비 시대가 열렸고, 산업기반과 경제활동의 기반을 빠르게 확장시켰다.

◆ 파괴적 혁신 이론

이러한 변화는 기존의 사고에서 벗어난 결과였다. 혁신은 종종 현재의 틀을 깨는 것에서 시작된다. 익숙한 방식에 의존하면 새로운 가능성을 발견하기 어렵다. 이와 관련하여 하버드대 클레이튼 크리스텐슨 교수는 '파괴적 혁신' 이론을 제시했다.

그는 "위대한 기업이 큰 경쟁자에게 무너지지 않고, 작고 하찮아 보

　　　　　QSS 유한한 자원을 무한한 창의로

이는 신규 경쟁자에 의해 무너진다."고 강조했다. 이는 새로운 기술이 초기에는 성능이 부족해 보일 수 있지만, 시간이 지나며 시장의 요구와 반응을 반영해 개선되고, 결국 기존 시장의 패러다임을 바꾼다는 개념이다.

가장 대표적인 사례는 필름 산업이다. 디지털카메라가 처음 등장했을 때, 필름 업체들은 이를 무시했다. '저런 싸구려 기술이 무슨 경쟁이 되겠는가?'라는 생각이었다. 그러나 디지털카메라는 빠르게 발전하며 시장을 잠식했고, 결국 필름 산업은 몰락했다. 초기에는 부족했던 기술이지만, 사용자들이 편리함과 비용절감이라는 가치를 느끼면서 시장을 장악한 것이다.

◆ 지속 가능한 경쟁력을 확보하는 방법

파괴적 기술은 기존 제품과는 다른 가치 제안을 한다. 처음에는 성능이 다소 부족해 보이지만, 특정 고객층이 중요하게 생각하는 몇 가지 특징을 갖고 있다. 예를 들어, AI 영상인식식 기술은 주차장에서 빠르게 적용되었고, 음성인식 기술은 스마트 스피커 제조 보급을 촉진시켰다. 이 기술들은 인간보다 더 뛰어나서가 아니라, 비슷한 수준의 기능을 24시간 제공하면서도 비용과 노력이 적게 들기 때문에 선택받은 것이다.

파괴적 기술의 공통점은 단순함, 저렴함, 편리함이다. DSLR 카메라의 경우, 고성능이지만 무겁고 사용이 복잡해 대중성에서 점점 멀어지고 있다. 최근 소니, 캐논에 이어 니콘마저 시장에서 철수할 가능성이 제기되는 것은 변화의 필요성을 시사한다. 이제는 익숙함과의 결별을 준비해야 할 시점이다.

현장 혁신도 마찬가지다. 기존의 방식에 안주하면 변화는 멀어진다. 새로운 기술이나 방식이 처음에는 미미하게 보일 수 있지만, 이를 빠르게 받아들이고 개선해 나가는 조직만이 지속 가능한 경쟁력을 확보할 수 있다. 혁신은 기존의 틀을 넘어서는 데서 시작된다. 작은 변화가 쌓이면, 그것이 새로운 시장과 산업의 표준이 된다.

요약 ∞

혁신은 익숙함과의 이별에서 시작된다.

  QSS 유한한 자원을 무한한 창의로

혁신 성공의 3축

기업이 지속적으로 성장하고 성과를 창출하기 위해서는 시대에 맞는 혁신활동을 도입하고 정착시켜야 한다. 제철업을 비롯한 다양한 산업은 변화하는 환경에 적응하며 혁신을 추구해 왔다. 초기에는 일본의 '제로디펙트' 품질 개선활동을 도입하여 결함 없는 제품 생산을 지향했다. 이후 성장기에는 현장 설비 개선을 위한 자주관리 활동을 진행하며 현장 중심의 혁신을 꾀했다. 성숙기에는 모토로라의 '6시그마' 경영혁신 방법론을 통해 데이터 기반의 일하는 방식을 도입해 품질과 효율성을 높였다.

하지만 2000년대부터 유행처럼 도입된 6시그마는 현재 지속하는 기업이 거의 없다. 일부 기업은 스마트 팩토리 구축과 연계하여 데이터

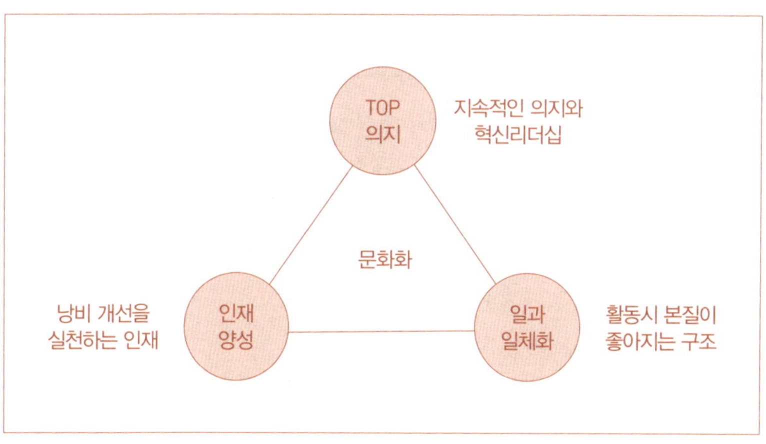

혁신이 문화로 되기 위한 조건

분석 기법을 활용하거나, 일부 업무에 제한적으로 적용하는 수준에 그치고 있다. 이는 혁신활동을 단기간에 문화로 정착시키기 어렵고, 지속적인 발전을 위해서는 많은 시간과 노력이 필요하다는 현실을 보여준다.

그렇다면 혁신이 기업문화로 자리 잡기 위해서는 어떠한 요소가 필요할까?

첫째, 경영진의 지속적인 의지와 리더십

일본의 도요타자동차는 이를 잘 보여 주는 사례다. 1937년 설립 이후 도요타는 '도요타생산방식(TPS)'이라는 혁신활동을 현재까지 지속하고 있다. 특히 위기 상황에서 이들은 생산방식의 기본으로 돌아갈 것을 강조해 왔다. 그 배경에는 어떤 사건이 있었을까?

2009년 미국 캘리포니아주에서 발생한 '페달게이트' 사건은 도요타에 큰 충격을 주었다. 급가속으로 인해 4명이 사망한 이 사고로 인해 도요타는 미국 청문회에 출석하고, 전 세계적으로 1,000만 대 이상의 차량을 리콜했다. 이듬해 도요타 조 후지오 회장은 일본의 모든 관리자들을 한자리에 모아 도요타생산방식의 기본으로 돌아갈 것을 강조하며 눈물을 흘렸다. 이와 같은 리더십이 있었기에 도요타는 위기를 극복하고 혁신을 지속할 수 있었다.

둘째, 혁신과 일의 일체화

도요타의 생산 시스템은 두 가지 축으로 이루어져 있다. 하나는 생산성을 높이기 위해 낭비를 제거하고 조달기간(Lead Time)을 단축하는 활

  QSS 유한한 자원을 무한한 창의로

동이고, 다른 하나는 불량을 예방하기 위한 시스템 구축이다. 불량이 발생하면 자동으로 설비가 정지하도록 설계되어 있어, 사람의 지혜가 발휘되는 구조다. 이 두 축은 생산원가를 줄이고, 경쟁력을 확보하는 핵심 전략이다. 즉, 일상적인 업무 속에서 혁신이 자연스럽게 실천되도록 만드는 것이 중요하다.

셋째, 혁신을 지속할 인재양성

도요타자동차는 '오노 다이이치'라는 도요타생산방식 창시자의 제자 문화를 통해 이를 실천해 왔다. 도요타의 직원들은 오노 다이이치의 몇 대 제자라는 사실을 자랑스럽게 여긴다. 현 도요타 아키오 회장을 포함해 1대 제자 3명이 있으며, 이들이 각각 3명의 제자를 두어 지식과 경험을 전수해 왔다. 이러한 체계적인 전수는 혁신이 단순한 활동이 아니라, 조직의 문화로 깊이 뿌리내리도록 했다.

전 세계에서 수많은 기업들이 도요타를 벤치마킹하고 있지만, 쉽게 따라잡을 수 없는 이유가 여기에 있다. 경영진의 확고한 의지, 일과 혁신의 일체화, 그리고 인재양성을 통한 지속적인 전승. 이러한 체계적인 노력이 도요타의 지속 가능한 경쟁력을 만들어 낸 것이다.

혁신은 일시적인 활동이 아니라 기업의 체질이 되어야 한다. 이를 위해서는 현장에서 혁신이 자연스럽게 실천되고, 작은 변화들이 쌓여 지속 가능한 발전을 이루는 환경을 조성해야 한다. 이러한 과정이 바로 현장 혁신의 시작점이자, 기업이 장기적으로 성장하는 토대가 된다.

요약 ～

혁신이 지속되려면 Top의 의지, 일과 일체화, 인재양성의 삼각
축이 완성되어야 한다.

행복한 혁신

혁신은 과연 행복할 수 있을까? '혁신(革新)'이라는 단어를 보면 '가죽을 벗겨 새롭게 한다'는 뜻에서 오는 강한 결단과 고통을 연상하게 된다. 혁신이 어렵고 고통스러운 과정이라는 인식은 필자의 경험에서도 비롯되었다. P사 혁신활동 도입 초기, 외부 강사들이 전한 '마음가짐 교육'이 그 시작이었다.

◆ 시대 변화에 따른 혁신의 인식 변화

당시 강사들은 70년을 산다는 '솔개의 우화'를 소개했다. 솔개는 40년이 지나면 벼랑 위에서 부리를 쪼아 내고, 발톱과 깃털을 뽑아 새로운 삶을 준비한다. 그렇게 새롭게 태어나 30년을 더 산다는 이야기였다. 이 우화는 혁신을 위해선 반드시 고통과 희생이 필요하다는 메시지를 남겼고, 많은 사람들에게 혁신은 결연한 의지를 요구하는 힘든 여정으로 인식되었다.

하지만 시대는 변화했다. 기술 발전으로 자동화와 지능화가 보편화되었고, 일과 삶의 균형을 중시하는 사회적 흐름이 자리 잡았다. 이에 따라 혁신 역시 '어렵고 고통스러운 일'이라는 이미지를 벗고, 개인의 삶까지 긍정적으로 변화시키는 '즐겁고 행복한 활동'으로 인식될 필요가 있다. 현장 혁신이 고통스러운 과제가 아니라, 성취와 만족을 가져오는 과정으로 변화되어야 하는 시점이다.

◆ 단계별로 진행하는 행복 혁신

행복은 인간만이 느낄 수 있는 감정이다. 이는 지적 능력과 도덕적 판단력을 갖춘 인간만이 스스로 평가하고 경험할 수 있기 때문이다. 또한, 행복은 매우 주관적인 감정으로, 같은 상황에서도 개인마다 느끼는 정도는 다르다. 이러한 행복은 단계적으로 인식되고 발전한다. 행복은 3단계가 있다고 한다.

- 1단계 : 육체가 느끼는 감정으로 기쁨이나 즐거움 등 기분이 좋은 상태.
- 2단계 : 살면서 만족하는 것으로, 즐거움과 고통을 비교해 보고 장기적으로 삶이 더 만족스럽다고 평가하는 것. 전체적인 상태에 대해 종합적인 판단과 다른 가능성과 비교하는 보다 복잡한 인식 과정을 포함한다.
- 3단계 : 감정 상태를 의미하는 것이 아니라, 자신의 진정한 잠재력을 실현하는 삶으로 도덕적인 것과 이데올로기를 포함한다.

그렇다면 행복한 혁신활동의 3단계는 어떻게 진행될 수 있을까?

   QSS 유한한 자원을 무한한 창의로

행복한 혁신활동 1단계

활동한 결과에 대하여 바로 즐거움과 행복을 느끼는 것으로 청소나 정리 정돈과 같은 하기 쉬운 활동을 말하며, 결과에 대해서는 격려와 칭찬을 통해 행복을 느끼도록 하는 것이다.

행복한 혁신활동 2단계

장기적으로 만족을 느끼는 것으로 개인의 발전과 성장이 보이도록 하는 활동 방법과 제도의 마련이다. 활동을 하면 할수록 업무 능력이나 개선 역량이 향상된다고 느끼며 진급이나 승진이 되는 체계가 필요하다.

행복한 혁신활동 3단계

본인 스스로 일에 대한 의미를 부여하고 잠재력을 발휘하여 개선을 통해 삶의 태도가 바뀌는 단계이다.

◆ 혁신, 개인과 조직이 함께하는 행복한 여행

그러나 많은 기업은 혁신의 첫 단계에서만 머무르는 경우가 많다. 단기적인 변화로 분위기를 전환하고 일시적인 성과를 얻어 내지만, 장기적인 체계가 부족해 금세 열기가 식는다. 2단계와 3단계로 나아가기 위해서는 직원들이 자신의 성장을 직접 경험하고, 이를 통해 삶의 태도가 변화할 수 있도록 돕는 체계가 필요하다.

　혁신은 단순히 과제나 업무에 머무르는 것이 아니라, 개인의 삶과 연결되어야 한다. 개선활동을 통해 성취감을 느끼고, 이를 장기적인 성장으로 연결해 나가야 한다. 혁신은 스스로의 가치를 실현하는 과정이며, 개인이 자신의 일에서 진정한 의미를 찾도록 지원하는 시스템이 뒷받침되어야 한다. 이제 혁신은 고통스러운 것이 아닌, 개인의 삶과 조직의 성장을 함께 이루어 가는 행복한 여행이 되어야 한다.

요약 ∽

혁신은 어렵고 힘든 것이 아니라, 성장과 만족을 통해 행복해지는 과정이다.

　　QSS 유한한 자원을 무한한 창의로

마라톤과 혁신의 공통점

"누우면 죽고 걸으면 산다."는 말은 건강을 지키기 위한 꾸준한 노력을 강조한다. 이는 단순한 속담이 아니라 과학적 근거로도 뒷받침된다. 미국 질병통제예방센터, 국립노화연구소, 국립암연구소가 공동으로 참여한 연구 결과가 JAMA 저널에 발표되었다.

연구에 따르면, 하루에 8,000보(약 6㎞)를 걷는 사람은 4,000보(약 3㎞)를 걷는 사람보다 심혈관 질환과 암을 포함한 여러 질병으로 인한 사망 위험이 절반으로 줄어든다고 한다. 걷는 양이 많을수록 건강 위험이 낮아진다는 연구 결과는 꾸준한 실천이 삶의 질을 결정짓는다는 사실을 보여 준다.

최근 한 예능 프로그램에서는 웹툰 작가 겸 방송인 기안84가 마라톤 풀코스에 도전해 화제가 되었고, 정치인 안철수 의원도 춘천마라톤에서 풀코스를 완주하며 이목을 끌었다. 이제는 5㎞, 10㎞, 하프 마라톤(21.0975㎞) 등 다양한 거리의 마라톤 코스에 일반인들의 참여도 활발해지고 있다. 이러한 도전은 단순한 체력 훈련이 아니라, 꾸준한 준비와 극복의 과정으로 신체적·정신적 건강을 동시에 얻기 위한 노력이다. 이러한 과정이 중요하다는 점에서 마라톤과 '기업의 혁신'은 놀라울 정도로 닮아 있다.

첫 번째 공통점 : 지속적인 노력

마라톤은 오랜 시간 동안 꾸준한 훈련과 노력을 필요로 한다. 한 번의 시도로는 완주가 불가능하다. 매일 일정한 거리를 걷고 달리며 체력을 길러야 한다. 혁신도 이와 같다. 조직은 기존의 틀에서 벗어나 새로운 가치를 창출하기 위해 지속적인 개선과 노력이 필요하다. 변화는 하루아침에 이루어지지 않는다. 작은 개선과 경험이 쌓여야 비로소 새로운 성과로 이어진다. 현장에서의 작은 개선, 꾸준한 실험과 도전이 쌓여야 큰 변화가 가능해진다.

두 번째 공통점 : 일관성

마라톤은 일정한 속도로 꾸준히 달리는 것이 핵심이다. 순간적으로 속도를 내기보다, 꾸준히 일정한 리듬을 유지하는 것이 더 중요하다. 이는 체력 소모를 줄이고, 안정적으로 목표에 도달할 수 있도록 한다. 혁신도 마찬가지다. 단기적인 성과에만 집중하면 지속적인 개선이 어렵다. 장기적인 계획을 세우고, 일관되게 실행해 나가는 것이 필요하다. 작은 아이디어라도 꾸준히 실행하고, 지속적으로 개선해 나가는 것이 중요하다. 혁신은 단기적인 열정이 아니라 일관된 노력의 결과다.

세 번째 공통점 : 도전과 극복

마라톤은 육체적·정신적 한계를 시험하는 과정이다. 경기 중에 포기하고 싶은 순간이 찾아오지만, 이를 극복해야만 완주라는 목표에 도달할 수 있다. 혁신도 마찬가지다. 기존의 관행이나 제약을 뛰어넘어야 한다. 새로운 시도는 늘 실패의 가능성을 내포하지만, 이를 반복적으로 극복해 나가야 혁신이 완성된다. 마라톤에서 한계를 극복하면 자신감을 얻는 것처럼, 혁신에서도 문제를 해결하면서 조직의 경쟁력을

 QSS 유한한 자원을 무한한 창의로

강화할 수 있다.

네 번째 공통점 : 목표의식

마라톤은 주어진 목표 거리를 완주하는 것이 최종 목표다. 이를 위해 적절한 페이스를 설정하고, 중간 목표를 세워 단계적으로 준비해 나간다. 혁신도 동일하다. 최종 목표를 명확히 하고, 이를 달성하기 위해 단계별 전략과 세부 실행 계획을 수립해야 한다. 각 단계에서 얻는 성취감은 다음 단계로 나아갈 수 있는 동력이 된다.

다섯 번째 공통점 : 성공 체험

마라톤에서 완주는 단순히 체력적인 결과가 아니라, 자신이 설정한 목표를 이루어 냈다는 성취감으로 이어진다. 이는 자신감으로 확장되어, 이후 더 큰 도전을 가능하게 만든다. 혁신에서도 마찬가지다. 문제를 해결하고 작은 성공을 쌓아 가면, 이는 조직에 큰 자신감을 제공한다. 특히, 혁신을 통해 기업이 긍정적인 변화를 이끌어 낸다면, 이는 단순한 개선을 넘어 조직 문화 전반에 긍정적인 영향을 준다.

마라톤 선수들은 실제 경주보다 훈련에 더 많은 시간을 투자한다. 전체 시간의 80%가 훈련이고, 20%만이 실제 경기다. 우리가 보는 화려한 결과는 하이라이트일 뿐이다. 그 이면에는 고된 훈련과 극복의 과정이 있다. 혁신도 이와 같다. 현장에서의 작은 노력과 반복적인 개선이 쌓여야만 성공적인 결과가 나온다. 보이는 결과는 극히 일부일 뿐이며, 보이지 않는 땀과 고통의 연속이 결과를 만들어 낸다.

마라톤과 혁신은 동일한 원리를 공유한다. 지속적인 노력, 일관성, 도전과 극복, 목표의식, 그리고 성공 체험. 이 다섯 가지가 결국 성과를 만들어 낸다. 혁신은 단기적인 성과가 아니라 꾸준한 실천과 개선을 통해 이루어진다. 마라톤의 완주가 개인의 건강과 자부심을 가져다주듯, 현장의 혁신은 기업의 지속 가능한 경쟁력을 만들어 낸다. 따라서 혁신은 마라톤처럼 바라봐야 한다. 끝없는 연습과 실천을 통해 일상 속에서 자연스럽게 정착되어야 한다. 이러한 과정이야말로 기업이 진정한 변화를 이끌어 내는 핵심이 될 것이다.

요약 ∾

혁신도 마라톤처럼, 꾸준함과 도전이 완주를 만든다.

개선은 부가 업무인가?

개선활동은 조직이나 개인이 기존 작업이나 프로세스에서 발생하는 문제를 해결하거나 더 나은 성과를 얻기 위해 지속적으로 노력하는 활동이다. 품질향상, 효율성증대, 비용절감, 안전강화 등을 목표로 하며, 다양한 방법과 도구가 활용된다. 기업에 필수적인 과정임에도 불구하고, 많은 현장에서는 이를 부가적인 업무로 인식하는 경우가 있다.

◆ P사의 지속적인 현장 개선활동

P사는 1968년 창립 이후 지속적인 현장 개선활동을 추진해 왔다. 1973년 박태준 명예회장이 일본 제철소에서 자주관리 활동을 도입하면서 시작된 이 활동은2002년까지 29년 동안 이어졌다. 이후 이구택 회장은 '6시그마'를 도입해 본격적인 개선활동을 추진했다.

당시 P사는 전 직원 대상으로 6시그마 교육을 실시하고, 이를 현장 개선에 접목하고자 했다. 하지만 많은 직원들은 6시그마를 어렵고 부담스러운 활동으로 인식했다. 이에 P사는 현장에 적합한 형태로 개선활동을 재구성하여 QSS(Quick Six Sigma) 활동을 도입했다.

QSS는 기존 6시그마의 개선 방법론인 DMAIC를 유지하면서도, 설비의 기본 기능을 학습하고 복원하는 TPM 활동과 도요타생산방식의 낭비 제거 사상을 접목한 형태이다. '빠르고 신속한 개선'을 추구한다는 의미에서 'Quick'을 추가해 활동의 속도와 효율성을 강조했다. 2025년은 QSS 활동이 시작된 지 20년이 되는 해다.

◆ 개선활동의 본질과 오해

P사는 4조 2교대 도입, 주 40시간 근무 체계 변화, 안전 환경 강화 등 시대적 변화에 맞춰 QSS 활동을 지속적으로 발전시켜 왔다. 그 결과 현장의 설비들은 기능을 복원하여 생산성을 회복했고, 자재와 재료, 제품들이 정리 정돈되어 근무환경이 눈에 띄게 개선되었다.

그러나 최근 현장 개선활동을 체험했던 고근속 직원들의 대거 퇴직과 함께, 젊은 직원들 사이에서 QSS 활동이 단순한 부가 업무로 인식되는 경우가 늘어나고 있다. 이는 개선활동의 궁극적인 목적이 충분히 공유되지 않았거나, 너무나 당연하게 여겨져 그 가치가 인식되지 않는 탓이다. 또한 활동의 불편함만을 보고 본질적인 의미를 놓치는 경우도 많다.

하지만 QSS 활동은 단순한 정리 정돈을 넘어, "내가 하고 있는 일을 쉽고 편하게, 그리고 안전하게 수행하기 위한 활동"이다. QSS의 핵심은 현재의 작업 방식이 가장 효율적이고 안전한지 고민하는 것이다. 이를 통해 불필요한 낭비와 위험을 제거하고, 작업을 보다 간소화하고 안전하게 만든다.

하지만 많은 사람들은 QSS를 단순히 청소나 정리 정돈으로 오해하곤 한다. 이는 QSS 활동의 본질을 제대로 이해하지 못한 결과다. 최근 P

 QSS 유한한 자원을 무한한 창의로

사의 한 임원은 'QSS하자'라는 동사화된 표현을 제안했다. 이는 QSS 활동이 품질, 안전, 설비 등 모든 현장에서 필수적인 활동임을 강조하는 표현이다. 실제로 운전, 정비, 사무, 현장 등 다양한 분야에서 QSS 활동은 필수적으로 적용되어야 하는 핵심 업무이다.

◆ 개선, 선택이 아닌 필수

일본 교세라의 창립자 이나모리 가즈오는 일본항공(JAL)을 적자에서 흑자로 전환하는 과정에서 다음과 같은 철학을 강조했다. "소선(小善)은 대악(大惡)과 닮아 있고, 대선(大善)은 비정(非情)과 닮아 있다." 이는 필요한 개선활동을 "좋은 게 좋다."는 이유로 미루거나 포기하면, 결국 더 큰 위기를 초래할 수 있다는 의미다. 반대로, 모두가 어렵더라도 반드시 필요한 개선은 비정하게 추진해야 한다는 메시지다.

현장 혁신은 바로 이러한 철학을 바탕으로 해야 한다. 불편함을 잠시 감수하더라도, 장기적으로 조직과 개인에게 도움이 되는 방향으로 나아가야 한다. 개선은 선택이 아닌 필수이며, 이를 부가적인 업무로 인식하는 순간 조직의 경쟁력은 저하된다.

QSS 활동을 단순히 업무의 연장선으로 보는 것이 아니라, 현장의 안전과 효율성을 높이는 핵심 업무로 인식할 필요가 있다. 혁신은 작은 개선에서부터 시작된다. 그리고 그 작은 변화들이 쌓여야만 조직은 지속 가능한 성장과 경쟁력을 확보할 수 있다.

따라서 QSS는 단순한 업무가 아니다. 이는 현장을 변화시키고, 더 나은 미래를 준비하는 핵심적인 활동이다.

> **요약** ✆
>
> 현장 개선은 부가 업무가 아니라, 내가 하고 있는 일을 더 쉽고
> 안전하게 만드는 필수 역량이다.

풍요는 어디서 오는가?

통계청 자료에 따르면, 억대 연봉자는 2017년 71만 9천 명에서 2019년 85만 2천 명으로 증가했고, 2021년에는 112만 3천 명에 이르렀다. 주 5일 근무라는 제한된 시간 속에서도 높은 소득을 유지할 수 있는 이유는 무엇일까? 이는 단순한 운이나 사회적 혜택이 아니라, 생산성 향상과 기술 발전이라는 토대 위에서 가능해진 결과다. 19세기 말 미국의 과학적 관리법을 제창한 프레드릭 윈슬로 테일러(F. W. Taylor)의 사례는 이를 잘 설명해 준다.

◆ 테일러의 혁신

테일러는 공장관리자로 근무하던 시절, 근로자들의 생산성을 관찰하며 효율성의 중요성을 깨달았다. 그는 경영의 목적이 사용자와 종업원의 상호 발전에 있으며, 종업원과 기계가 최대 생산성을 달성해야 임금과 복지의 향상이 가능하다고 보았다. 당시 구두공장은 숙련된 작업자가 생산성을 결정했다. 생산된 구두는 비싸서 보통 사람들은 5년에 한 켤레만 구입할 수 있을 정도였다. 그러나 생산 공정의 기계화와 최적화가 이루어지면서 구두 원가는 급격히 낮아졌고, 누구나 구두를 신을 수 있는 시대가 열렸다. 이는 생산성 향상과 기술 발전이 가져온 직접적인 결과였다.

공정의 세분화와 분업화

테일러의 혁신은 공정의 세분화와 분업화에서 출발했다. 생산 프로세스를 단순화하고, 각 작업자가 특정 업무에 집중하도록 설계했다. 이는 숙련도를 높이고, 작업 속도를 향상시켰다. 생산성이 높아진 만큼 기업은 더 높은 임금을 지급할 수 있었고, 이는 인재를 확보하는 기반이 되었다.

작업 절차의 표준화

또한 테일러는 시간과 동작을 철저히 연구했다. 그는 작업자의 효율성을 높이기 위해 세밀한 동작 분석을 진행했다. 예를 들어, 철광석이나 톱밥처럼 밀도가 다른 재료를 동일한 규격의 삽으로 다루던 방식에 주목했다. 테일러는 재료의 특성과 작업자의 체력에 맞게 삽의 크기와 형태를 최적화했다. 이를 통해 작업 효율은 크게 개선되었고, 노동자는 더 적은 노력으로 더 많은 성과를 얻을 수 있었다. 이 개선 효과는 단순히 한 작업장의 변화에 그치지 않았다. 표준화된 작업 방식이 도입되면서 전체 산업 현장의 효율성 향상으로 이어졌다.

그는 이러한 효과를 지속하기 위해 작업 절차를 표준화했다. 모든 작업자가 동일한 방식으로 일하도록 매뉴얼을 작성하고, 필요한 기술과 지식을 체계적으로 교육했다. 이는 작업자 간 차이를 줄이고, 누구나 일정 수준 이상의 품질을 유지할 수 있도록 만들었다. 맞춤형 훈련은 생산성 향상을 더욱 가속화했다. 테일러의 접근 방식은 현대 산업화에 지대한 영향을 미쳤고, 오늘날에도 여전히 유효한 원칙으로 작용하고 있다.

◆ 지속적인 현장 혁신과 개선이 풍요로 이끈다

몇십 년 전만 해도, 전 국민의 95%가 농업에 종사했지만, 식량 부족은 일상이었다. 그러나 현대에 들어서면서 전문화와 분업화가 확산되었고, 이제는 전 국민의 5%만 농업에 종사해도 잉여 생산이 가능한 시대가 되었다. 이는 사회가 기술 발전과 효율성 향상을 통해 구조적으로 변화해 왔기 때문이다. 생산성이 극대화되면서 더 많은 사람들에게 더 많은 혜택이 돌아가고 있다.

풍요로움은 결코 우연히 주어지지 않는다. 생산성을 극대화하고, 효율성을 개선하기 위해 지속적인 혁신과 노력이 필요하다. 기업 현장도 마찬가지다. 지속적인 현장 혁신과 개선이 없다면, 경쟁력은 자연스럽게 약화될 수밖에 없다. 단순히 반복적인 업무에서 벗어나, 효율성을 높이고 새로운 기술과 방식을 적용하려는 노력이 필수적이다.

◆ 지속 가능한 미래를 위해

테일러가 강조한 것처럼, 작은 작업 단위의 개선과 표준화는 큰 변화를 가져올 수 있다. 이러한 변화는 단순히 기업의 이익을 넘어, 더 나은 사회적 풍요로 이어진다. 오늘날 우리가 누리고 있는 풍요로움도 결국 과거의 작은 개선과 혁신이 쌓인 결과물이다. 미래에도 이 풍요로움을 유지하고 확장하기 위해서는 현장에서 끊임없는 혁신과 개선을 추구해야 한다.

풍요는 더 큰 생산성 향상에서 비롯된다. 이는 현장의 작은 개선과 효율적 작업 방식의 도입에서 시작된다. 모든 혁신은 현장에서부터 출발하며, 작은 변화가 모여 조직과 사회 전반의 풍요로움으로 이어진다. 이는 선택이 아닌 필수적인 과정이며, 지속 가능한 미래를 위해 반드시 실천되어야 할 과제다.

요약 ☙

기술 발전과 생산성 향상이 우리가 누리는 풍요의 원천이다.

    QSS 유한한 자원을 무한한 창의로

생각해 보기

좋은 리더십과 건강한 기업문화가
조직의 성과에 어떤 영향을 미치는가?

2장

리더십과 기업문화

리더십은 기업의 성공과 실패를 결정짓는 핵심 요소이다. 유능한 리더는 명확한 비전과 목표를 제시하며, 구성원들을 이끌어 우수한 성과를 창출한다. 최근 경영 환경의 급격한 변화 속에서 리더십과 기업문화의 혁신은 선택이 아닌 필수가 되었다.

◆ 현대 리더십의 핵심 요소

현대의 리더십에서 가장 중요한 요소에는 여러 가지가 있으나, 그중 몇 가지 핵심 요소를 꼽는다면 다음과 같다.

  - 명확한 비전과 목표설정 : 리더는 조직의 방향성을 제시하고,

구성원들이 공감할 수 있는 비전을 공유해야 한다. 이를 통해 모두가 같은 목표를 향해 나아갈 수 있다.
- 감성 지능과 공감 능력 : 구성원들의 감정을 이해하고, 그들의 입장에서 생각하는 능력은 신뢰 구축의 기반이 된다. 감성 지능이 높은 리더는 팀의 사기를 높이고, 협업을 촉진한다.
- 유연한 리더십 스타일 : 상황에 따라 다양한 리더십 스타일을 적용할 수 있는 유연성이 필요하다. 때로는 지시적 리더십이, 때로는 코치형 리더십이 효과적일 수 있다.

특히 최근에는 기술 변화와 AI를 열정적으로 수용하는 리더십이 강조되고 있다. 리더들은 끊임없는 학습의 마인드셋을 채택하여 기술 발전의 속도를 따라잡고 AI를 활용한 혁신을 주도해야 한다.

◆ **기업문화와 리더십의 상호 작용**

리더십은 기업문화에 직접적인 영향을 미친다. 리더의 행동과 결정은 조직의 가치관과 분위기를 형성하며, 이는 구성원들의 행동에 큰 영향을 준다. 긍정적인 기업문화는 직원들의 참여도와 생산성을 높이며, 이는 결국 기업의 성과로 이어진다. 특히, 다양성·공정성·포용성·소속감(DEIB)을 중시하는 문화는 현대 기업에서 더욱 중요해지고 있다. 이러한 문화를 통해 직원들의 만족도와 참여도를 높일 수 있다.

◆ 효과적인 관리 기법

효과적인 관리 기법에는 여러 가지가 있으나, 그중 중요한 몇 가지를
정리하면 다음과 같다.

> - 지속적인 피드백과 코칭 : 구성원들의 성장을 위해 정기적인 피
>   드백과 코칭이 필요하다. 이는 단순한 평가를 넘어, 개인의 발
>   전을 도모하는 과정이다.
> - 투명하고 솔직한 소통 : 리더는 구성원들과의 열린 대화를 통해
>   신뢰를 구축해야 한다. 솔직한 소통은 문제해결과 혁신의 출발
>   점이 된다.
> - 자율성과 책임 부여 : 구성원들에게 자율성을 부여하면서도 명
>   확한 책임을 지게 함으로써, 주인의식을 고취시키고 업무 효율
>   성을 높일 수 있다.

이 밖에도 직원들의 웰니스와 포용성을 위한 프로그램 도입도 중요
하다. 이는 직원들의 만족도와 생산성을 높이는 데 기여한다. 현대의
리더는 변화하는 환경에 맞춰 자신의 리더십 스타일을 유연하게 조정
하고, 긍정적인 기업문화를 조성하며, 효과적인 관리 기법을 통해 구
성원들의 역량을 최대한으로 이끌어 내야 한다. 이를 통해 조직은 지속
가능한 성장을 이룰 수 있을 것이다.

　　　　　QSS 유한한 자원을 무한한 창의로

리더의 중요성

기술 발전은 한때 각광받던 물건을 순식간에 시장에서 사라지게 만든다. 대체 기술이 등장하면 기존 제품은 소비자의 기억 속에서 잊히고, 관련 산업은 사양산업으로 분류된다. 사양산업에 진입한 기업은 업종 전환을 시도해 성공하거나, 시장과 함께 사라지는 운명을 맞는다. 그러나 사실 '사양산업'은 없다. 소비자는 여전히 더 저렴하고 편리한 제품을 찾는다. 변화하는 것은 제품을 만드는 기업일 뿐이다.

기업이 지속적으로 성장하기 위해서는 무엇보다 리더의 역할이 중요하다. 기업은 리더가 이해하는 범위를 넘어서 성장할 수 없다. 시장과 고객을 제대로 이해하지 못하면서 인재 채용이나 권한 위임으로 문제를 해결하려는 접근은 한계에 부딪힐 수밖에 없다. 세상은 빛의 속도로 변화하고, 제품의 효용과 유행 주기는 점점 짧아지고 있다. 리더의 철학이 반영되지 않은 의사결정은 결국 기업을 위기에 빠뜨린다.

◆ 성공한 리더는 끊임없이 공부하고 배운다

아무리 유능한 인재를 채용하고 권한을 위임해도, 최종 의사결정자가 이해하는 수준을 조직이 뛰어넘기는 어렵다. 따라서 리더는 신입사원의 마음가짐으로 시장의 변화와 지식 도메인을 지속적으로 배우고 익혀야 한다.

AI 기술이 급속도로 발전하는 현시점에서, 'AI가 할 수 있는 일을 내가 왜 배워야 하는가?'라는 의문을 가지는 경우가 많다. 그러나 이는 위험한 착각이다. 최신 기술만을 추구하며 기본을 소홀히 하면, 필수적인 역량이 결여될 수 있다. 아무리 기술이 발전해도 실력은 인격을 넘어설 수 없고, 이론은 실행을 이길 수 없다. 진정 필요한 인재는 기업이 직접 육성해야 한다는 점을 간과해서는 안 된다.

성공한 리더는 끊임없이 공부하고 배운다. 사회 초년생보다 더 열정적으로 시장을 분석하고 지식을 습득한다. 예를 들어, 이재용 회장은 영어와 일본어를 유창하게 구사한다. 단순히 통역을 고용할 수 없어서 공부한 것이 아니다. 통역을 거친 의사소통은 중요한 핵심이 필터링되어 전달될 수 있다. 직접 발로 뛰고, 스스로 이해하는 과정이야말로 리더십의 본질임을 그는 경험을 통해 체득했다.

◆ 시대의 흐름을 읽고, 방향을 제시하는 리더

AI의 기술적 활용에서도 리더의 판단은 중요하다. AI는 하드코딩보다 최소 100배 비용이 높지만, 사람보다는 100배 저렴하다. 하드코딩으로 가능한 일을 AI로 대체하는 것은 합리적이지만, AI가 할 수 있는 일을 사람에게 맡긴다면 이는 비효율적인 결정이 된다. 시대의 흐름을 읽지 못하는 리더가 내리는 의사결정은 조직을 사양기업의 소용돌이로 몰아넣을 위험이 있다.

이처럼 사양산업에서 블루오션을 찾아내기 위해서는 시대의 흐름을

　　　QSS 유한한 자원을 무한한 창의로

정확히 읽고, 방향을 제시할 수 있는 리더가 필요하다. 단순히 인재를 영입하거나 기존 방식을 답습하는 것으로는 한계가 있다. 변화를 정확히 파악하고, 기술과 시장의 흐름을 바르게 해석하는 것이 핵심이다. 이는 현장 혁신과도 깊은 관련이 있다. 리더가 현장을 이해하고, 개선의 방향을 정확히 제시해야 조직이 변화하고 발전할 수 있다.

◆ 사양산업은 있어도 사양기업은 없다

이 말은 단순한 구호가 아니다. 변화에 적응하지 못한 기업은 결국 사라질 수밖에 없다. 하지만 시대의 흐름을 읽고, 정확한 방향성을 제시하는 리더가 있다면 사양산업에서도 기회를 발견할 수 있다. 기업의 성장은 리더의 역량과 의사결정에 달려 있다. 변화하는 시장에서 살아남기 위해서는, 리더가 누구보다 먼저 배우고 익혀야 한다. 이는 조직의 지속 가능한 성장을 위한 필수적인 조건이다.

요약 ☞

기업의 성장 한계는 리더의 이해 수준을 넘지 못한다.

리더에게 필요한 능력

투자의 귀재로 불리는 워런 버핏은 "독서를 이기는 것은 없다."고 강조했다. 독서를 통해 우리는 성공과 실패를 간접 경험하며, 미래의 위험 지점을 미리 파악할 수 있다. 이는 목표 달성에 있어 가장 효과적인 방법 중 하나다. 정보를 바탕으로 결정을 내리는 과정에서, 좋은 책을 집필하는 사람이나 이를 소개해 주는 사람은 모두 귀중한 스승이다.

수많은 정보가 넘쳐나는 시대에서 시간과 노력을 낭비하지 않으려면 '가지치기'가 필요하다. 필요한 정보를 선별하고 효율적으로 습득하는 것처럼, 기업에서도 문제를 명확히 정의하고 자원과 노력을 어디에 집중할지 결정하는 리더의 역할이 중요하다.

◆ 기업에서 요구하는 리더의 능력

현장 혁신 역시 명확한 문제 정의와 우선순위 설정에서 시작된다. 조직이 지속적으로 발전하기 위해서는 리더가 방향을 제시하고 문제해결의 기준을 세워야 한다. 기업에서 요구하는 리더의 능력은 크게 네 가지로 구분된다.

문제가 발생했을 때 신속하게 해결하는 능력

이는 기존의 '고치는 품질 시대'에서 중요한 역할을 했다. 발생한 문

 QSS 유한한 자원을 무한한 창의로

제를 빠르게 찾아 해결하는 방식으로, 드러난 문제를 제거하는 데는 효과적이지만, 재발 방지에는 한계가 있었다. 이러한 방식은 무결점 공장이나 지속 가능한 개선을 이루기에는 부족하다.

문제를 만들어 내는 능력

이는 '지키는 품질 시대'에 적합한 접근이다. 완성품에서 문제가 발생하기 전에 공정 단계에서 문제를 발견하고 선제적으로 대응하는 것이다. 이 방식은 사람의 역량에 의존하기보다는 시스템을 통해 문제를 사전에 관리하고 예방하는 데 중점을 둔다. 문제가 명확하게 정의되어 있다면, 해결은 그리 어렵지 않다. 이는 현장 혁신에서도 핵심이 된다. 문제가 명확할수록 개선의 방향이 뚜렷해지고, 빠르고 효과적인 개선이 가능해진다.

지표 설정

조직이 나아가야 할 방향을 명확히 제시하고, 이를 위한 성과 지표를 설정하는 것이 필수적이다. 기업에서 필요한 성과 지표는 크게 두 가지다. 하나는 '기술적 성과'다. 이는 표준과 전략에 맞추어 정확하게 업무를 처리하는 능력이다. 예를 들어, 식당의 조리사가 정확한 칼로리와 염도를 맞춰 일관된 맛을 유지하는 과정이 이에 해당한다. 기술적 성과는 일관성과 표준화된 프로세스를 통해 고객의 기대를 충족시킨다.

임기응변적 성과

이는 표준을 넘어서는 창의적 대응력을 의미한다. 손님의 기호나 건강 상태에 따라 조리 방식을 조정하거나, 예상치 못한 상황에서 적절하게 대처하는 것이 이에 속한다. 임기응변적 성과는 새로운 시장을 개척하거나 신제품을 개발할 때 필수적이다. 이는 조직 내 창의력과 혁신을 촉진시킨다.

◆ 변화의 시대, 진정 필요한 리더는

그러나 많은 기업의 리더들은 기술적 성과에만 지나치게 집중하는 경향이 있다. 정해진 절차와 규정에만 집착하고, 변화하는 시장에 유연하게 대응하는 능력을 간과하기도 한다. 이러한 태도는 목표는 달성하지만, 결과적으로 시장 변화에 실패하는 결과를 초래할 수 있다. 일본 기업들이 디지털 시대에 적응하지 못한 이유도 여기에 있다. 아날로그 시대의 절차와 규정에만 집착하면서, 변화하는 시장에 빠르게 대응하지 못했다.

공공 부문에서도 절차와 규정 중심의 문화가 뿌리 깊다. 이는 적응적 성과보다 기술적 성과를 중시해 온 사회적 분위기 때문이다. 그러나 변화의 시대에서는 '적응적 성과'가 더욱 중요한 가치로 부각되고 있다. 시장 변화와 기술 혁신은 빠르게 이루어지며, 기존의 절차와 규정만으로는 새로운 문제를 해결할 수 없다. 따라서 리더는 변화에 유연하게 대응하고, 상황에 따라 최적의 선택을 내릴 수 있는 능력을 키워야 한다.

  QSS 유한한 자원을 무한한 창의로

◆ 리더는 조직의 나침반이다

　리더는 문제를 명확히 정의하고, 조직이 집중해야 할 방향을 제시하는 역할을 해야 한다. 단순히 정해진 절차를 따르는 것에서 벗어나, 변화하는 시장과 기술 흐름을 읽고, 그에 맞는 전략을 세우는 것이 중요하다. 현장 혁신도 마찬가지다. 현장에서 발생하는 작은 문제라도 명확히 인식하고, 개선할 수 있는 구조를 만들어야 한다.

　리더는 조직의 나침반이다. 변화의 방향을 읽고, 그에 맞는 전략과 지표를 제시할 때 조직은 지속 가능한 발전을 이룰 수 있다. 이는 단순히 업무를 잘 처리하는 것에서 끝나지 않는다. 변화에 유연하게 대응하고, 미래를 예측하며, 현장 혁신을 지속적으로 추진하는 것이 진정한 리더의 역할이다.

요약 〜

리더는 문제를 해결하는 능력과 문제를 예측하고 대비하는 능력이 있어야 한다.

완벽한 조직을 만드는 리더십

P사의 현장 혁신활동 중 대표적인 프로그램은 '개선리더 활동'이다. 이는 개선 역량이 뛰어난 인재를 선발해 양성하는 과정이다. 공장별로 평균 2~4명의 인원을 선발해 개선팀을 구성하고, 이들은 약 4개월간 현업에서 분리되어 현장의 고질적인 문제를 해결하는 데 집중한다. 먼저 일주일간 기본교육을 통해 일과 낭비의 개념, 낭비발굴 방법, 그리고 개선 기법 등을 학습한다. 이후 현장에서 실제 문제를 해결하는 과정을 통해 일하는 법을 배우고, 성공 체험을 쌓는다. 이러한 경험은 현업 복귀 후에도 지속적인 개선을 이어 갈 수 있는 힘이 된다.

◆ 개선리더의 역할

일반적으로 리더란 조직이나 단체에서 목표 달성과 방향성을 이끄는 사람을 의미한다. 흔히 카리스마가 있거나 소통을 잘하는 사람을 리더십이 있다고 평가한다. 그러나 리더는 단순히 특정 인물을 지칭하는 것이 아니다. 리더십은 사회적 · 조직적으로 긍정적인 영향력을 발휘하여 조직을 이끄는 역할이다. 이는 특정 직위나 권한이 아닌, 자신의 역할을 정확히 이해하고 조직에 긍정적인 성과를 만들어 내는 태도와 행동에서 비롯된다.

개선리더 역시 현장의 고질적인 문제를 해결하고 성과를 창출하는 역할을 수행하는 리더다. 4개월간의 개선활동이 종료되는 시점에서, 이들은 문제해결뿐 아니라 개인 역량의 향상이라는 결과를 가져와야 한다. 이를 위해 지속적인 체크와 피드백을 통해 개선 과정을 관리하고, 성과가 조직 전체로 확산될 수 있도록 지원하는 것이 리더의 핵심 역할이다.

혁신활동에서 리더는 자신이 맡은 업무의 본질을 정확히 파악하고, 현재 상태를 면밀히 분석해야 한다. 이를 통해 달성하고자 하는 목표를 설정하고, 현상과 목표의 차이인 '문제'를 명확히 정의해야 한다. 이후 조직원들이 각자의 역량을 발휘하여 문제를 해결하도록 지원하는 것이 리더의 역할이다.

◆ 혁신 리더십의 핵심

특히 문제를 유발하는 요인을 빠짐없이 도출하고, 적절한 인재를 선정하여 문제해결을 맡기는 것이 중요하다. 이 과정에서 '언제까지, 어디까지'라는 명확한 기준을 제시하고, 지속적인 피드백과 지원을 통해 과정을 관리해야 한다. 이러한 관리와 지원이 바로 혁신 리더십의 핵심이다.

여기서 말하는 '일의 본질'은 고객의 관점에서 자신의 업무가 가치를 제공하고 있는지를 기준으로 판단하면 된다. 예를 들어 제조업에서는 좋은 제품을 합리적인 가격에 공급하고, 적시에 납품하는 것이 본질이다. 이는 흔히 Q.C.D(Quality, Cost, Delivery)로 표현된다. 설비 정비

업무는 고장을 예방하고, 발생 시 신속하고 정확하게 수리하는 것이 본질이다. 품질 분석 업무는 정확하고 신속하게 필요한 정보를 제공하여 고객이 신뢰할 수 있도록 하는 것이 핵심이다.

◆ 완벽한 개인은 없어도 완벽한 조직은 있다

조직 내에서 종종 '불량'이라는 단어가 사람에게 사용되기도 한다. 이는 특정 개인이 자신의 역할을 정확히 이해하지 못하거나, 조직의 기대와 다른 방향으로 행동할 때 사용된다. 즉, 태도나 자세가 불량하다는 말은 곧 조직 내 역할을 제대로 수행하지 못하고 있다는 의미이기도 하다.

'완벽한 개인은 없어도 완벽한 조직은 있다.'는 말이 있다. 이는 조직 구성원 각자가 자신의 역할을 성실히 수행하고, 서로 다른 능력을 최대한 발휘할 때 가능하다. 모든 구성원이 각자의 자리에서 리더십을 발휘할 때, 조직은 비로소 완벽에 가까워질 수 있다. 조직의 완벽함은 개별 역량이 아닌, 공동의 목표를 향해 나아가는 과정에서 만들어진다.

리더는 구성원들이 자신의 역할을 명확히 인식하고, 각자의 역량을 최대한 발휘할 수 있도록 지원해야 한다. 이는 단순히 업무를 지시하는 것을 넘어, 현장의 문제를 함께 고민하고, 개선을 유도하며, 성과를 조직 전체로 확산시키는 과정에서 실현된다. 현장 혁신은 이러한 리더십을 바탕으로 이루어지며, 작은 변화가 조직의 지속 가능한 경쟁력으로 이어진다. 진정한 혁신리더는 문제를 발견하고, 이를 해결해 가는 과

   QSS 유한한 자원을 무한한 창의로

정에서 조직을 한 단계 더 성장시키는 역할을 해야 한다.

리더는 완벽하지 않은 개인들의 역량을 살려 완벽한 조직을 만드는 능력이다.

솔선의 중요성

조직 생활에서 자주 듣는 단어 중 하나가 '솔선'이다. 솔선(率先)은 "남보다 앞장서서 먼저 행동함"을 의미한다. 어떤 조직이든 구성원 모두가 솔선하는 마음으로 일한다면, 높은 성과는 물론이고 트러블도 줄어들 것이다. 『열광의 조건』의 저자 데이비드 시로타는 조직에서 사람들이 가장 중시하는 가치를 공정성, 성취감, 동료애라고 말한다. 트러블은 대부분 공정하지 못한 업무나 평가에서 비롯된다고 분석했다.

◆ 가정과 직장에서의 솔선

가정에서도 마찬가지다. 맞벌이 부부가 많은 요즘, 가정 내 갈등의 주요 원인은 가사 분담이다. 아내가 직장에서 피곤하게 돌아와 밥을 짓고 빨래를 하는데, 남편은 거실에서 TV를 보는 경우 불만이 쌓인다. 이를 해결하기 위해 요일별로 가사를 분담하는 경우도 있지만, 진정한 솔선은 서로가 정해진 역할이 있더라도 여유가 되는 사람이 먼저 나서서 실천하는 것이다.

더 나아가, 솔선은 대가를 바라지 않는 행동이어야 한다. 대가를 기대하는 순간 "나는 이만큼 했는데 당신은 왜 안 하냐?"는 불만이 생기기 때문이다. 이는 작은 불편이 커다란 갈등으로 발전할 수 있음을 의미한다.

직장에서도 솔선의 가치는 동일하게 적용된다. 여유가 있는 사람이 조금 더 동료의 일을 도와주고, 상사는 더 앞장서서 일을 처리하는 것이 기본적인 솔선이다. "부하는 상사의 등을 보고 배운다."라는 말처럼, 리더의 솔선은 조직 문화를 결정짓는다. 리더가 솔선하지 않으면 조직은 자연스럽게 정체되거나 퇴보하게 된다.

◆ P사의 '마이머신' 활동

P사의 혁신활동이 성공적으로 자리 잡을 수 있었던 배경에도 솔선이 있었다. 초기의 솔선활동은 단순히 현장 직원들과 함께 설비 주변을 청소하는 수준이었다. 그러나 시간이 지나면서 솔선의 범위는 넓어졌다. 단순한 청소를 넘어서, 설비를 직접 개선하는 '마이머신(My Machine)' 활동을 통해 현장에서 활용 가능한 팁을 직원들에게 제공하는 방식으로 발전했다. 최근에는 '공장장/리더 모델 Plant 활동'을 통해 공정의 문제를 리더들이 직접 주도하고 개선하는 단계로 발전했다. 리더가 앞장서서 문제를 해결하는 모습은 현장의 혁신적 변화를 가속화했다.

이러한 솔선은 위기 상황에서도 조직을 지탱하는 힘이 되었다. 2022년 대형 태풍 힌남노로 인해 제철소 대부분의 설비가 물에 잠겨 가동이 중단되는 위기가 있었다. 그러나 본사와 현장을 가리지 않고 모든 직원과 직책자들이 솔선하여 복구에 나섰고, 예상보다 빠르게 대부분의 설비를 정상화시킬 수 있었다. 이러한 성과는 단기간의 노력이 아니라 오랜 시간 쌓아 온 솔선의 문화가 만들어 낸 결과였다.

2006년 QSS 활동이 처음 시작되었을 때도 모든 직원들이 솔선하여 마이머신 활동에 참여했다. 특히 2열연공장의 800m가 넘는 지하 설비를 새것처럼 개선한 성과는 당시 경영진들로부터 "상상할 수 없는 일을 했다."라는 평가를 받았다. 이는 단순한 관리가 아니라, 직원들이 자발적으로 솔선하여 개선을 이룬 결과였다.

◆ 지속 가능한 발전을 이루는 솔선의 힘

솔선은 단순한 행동이 아니다. 이는 조직과 개인이 위기를 극복하고 지속 가능한 발전을 이루는 원동력이다. 조직에서 솔선은 단기적인 성과를 넘어, 장기적인 문화로 자리 잡아야 한다. 이는 현장 혁신에서도 마찬가지다. 리더가 솔선하여 작은 문제라도 먼저 해결하고 개선하는 모습을 보일 때, 조직 전체에 긍정적인 변화가 확산된다.

조직의 성장과 발전은 솔선하는 사람들에 의해 이루어진다. '남보다 앞장서서 먼저 한다.'는 자세는 혁신의 시작점이다. 어려움이 닥쳐도 솔선하는 마음가짐을 유지한다면, 극복하지 못할 문제는 없다. 이는 조직뿐 아니라 개인의 성장에도 필수적인 자세다.

따라서 조직은 리더부터 솔선의 가치를 실천하고, 이를 통해 조직 전체의 변화를 이끌어야 한다. 솔선은 단순히 빠르게 행동하는 것이 아니라, 문제를 먼저 인식하고 이를 해결하려는 자세에서 비롯된다. 현장 혁신도 이러한 솔선에서 시작된다. 작은 변화라도 리더가 먼저 시작하고, 그 과정을 통해 조직 구성원들에게 긍정적인 영향을 미칠 때, 조직은 한층 더 성장할 수 있다. 이것이 바로 조직이 지속 가능한 발전을 이루는 길이다.

요약 ❧

솔선하는 마음으로 먼저 나서면, 조직은 성과를 이루고 트러블 없이 발전할 수 있다.

개선 문화와 인재양성

기업 활동에서 자주 사용되는 개념 중 하나가 '본질(本質)'이다. 본질이라는 단어는 농경 시대에서 유래되었다. 당시 도구인 '도끼(斤)'를 통해 '돈(貝, 조개)'을 버는 근본(本)이 되는 것을 의미했다. 현대 기업에서는 이를 '본원경쟁력'이라 표현한다. 이는 '좋은 제품을 남보다 싸게 만들어, 고객이 필요할 때 필요한 양만큼 공급하는 능력'을 뜻한다. 그러나 이러한 경쟁력은 단순히 생산설비나 기술력에서만 비롯되지 않는다. 그 기반은 바로 현장에서 일하는 '사람'의 성장에 있다. 그럼에도 불구하고 많은 기업은 눈에 보이는 이익에 집착하여 인재양성을 소홀히 하는 경우가 많다.

◆ 개선 문화의 정착을 위해 필요한 요소

기업의 개선활동에서 '인재'란 단순히 업무를 잘 수행하는 사람을 의미하지 않는다. 현장에서 발생하는 낭비를 발굴하고, 이를 스스로 개선해 나갈 수 있는 사람이 진정한 인재이다.

정신

이러한 인재를 육성하기 위해서는 무엇보다도 '정신(Mind)'이 중요하다. 개선을 왜 해야 하는지, 그 필요성에 대한 공감대가 형성되어야 한다. 이 공감대가 없으면 개선활동은 단발성으로 끝나고, 조직 내 문화로 자리 잡지 못한다.

행동

정신적인 공감이 이뤄졌다면, 다음 단계는 '행동'이다. 매일 낭비를 발굴하고, 개선을 실천하는 태도가 필수적이다. 단순히 생각에 그치는 것이 아니라, 적극적으로 실천하는 문화가 자리 잡아야 한다. 이를 위해서는 모든 사업장에 보편적으로 적용 가능한 '개선 도구'가 필요하다. 예를 들어, 낭비 분석을 위한 체크리스트나 개선 아이디어를 기록하고 공유하는 시스템 등이 있을 수 있다.

제도적 지원

또한, 개선활동이 지속되기 위해서는 제도적 지원이 필요하다. 경영진이 개선활동을 전폭적으로 지원하고, 개선 결과에 대한 적절한 보상이 이뤄져야 한다. 직원들은 이러한 제도를 통해 개선활동에 대한 보람과 성취감을 느낄 수 있으며, 이는 장기적인 동기부여로 이어진다. 제도적인 기반이 마련되어야만 개선이 문화로 자리 잡을 수 있다.

◆ 도요타의 인재양성 체계

필자가 지도하고 있는 P사도 이러한 체계를 잘 구축하고 있다. 그러나 개선 문화가 가장 잘 자리 잡힌 기업으로는 일본의 도요타자동차가 대표적이다. 도요타의 성공적인 인재양성 체계는 '타산지석(他山之石)'의 교훈처럼 벤치마킹의 좋은 사례가 된다. 선도기업의 장단점을 분석하고, 이를 자사에 맞게 적용하는 것은 본원경쟁력과 인재양성의 중요한 변곡점이 된다.

도요타는 인재의 역량을 5단계 테크니션 레벨로 구분해 체계적으로 육성한다. 레벨이 올라갈수록 자동차 전체를 조립할 수 있는 장인으로 성장하는 시스템을 갖추고 있다. 이러한 체계 덕분에 도요타 출신의 임직원들은 퇴직 후에도 대학이나 정부기관 등에서 높은 인기를 누리며, 다양한 분야에서 활약하고 있다. 이는 단순한 인재육성을 넘어, 도요타의 조직문화가 사회 전반으로 확산된 사례라 할 수 있다.

◆ 인재양성은 기업의 미래에 대한 투자다

이처럼 인재양성은 기업의 개선활동이 문화로 자리 잡는 출발점이다. 이를 위해 정신, 행동, 방법, 제도가 유기적으로 연결되어야 한다. 특히 '일을 통해 사람이 성장하고 발전해야 한다.'는 인간존중의 사상이 기반이 되어야 한다. 이는 단순한 업무 처리를 넘어, 조직과 개인이 함께 성장하는 선순환 구조를 만든다. 이러한 인재양성의 철학이 기업에 깊이 자리 잡을 때, 조직은 지속 가능한 성장을 실현할 수 있다.

궁극적으로 인재양성은 기업의 미래에 대한 투자다. 이는 단순히 인재를 확보하는 것을 넘어, 지속 가능한 창의 융합의 기반이 된다. 인재양성은 기업 경영의 기초이자, 혁신 성장의 밑거름이다. 이는 단순한 인사관리 차원이 아닌, 기업의 장기적 비전과 가치 실현을 위한 전략적 선택이다.

모든 경영 활동은 결국 사람에서 시작되고, 사람으로 완성된다. 개선과 혁신도 예외는 아니다. 현장 혁신의 핵심은 인재양성에서 출발하며, 이를 체계적으로 실현할 때 기업은 변화와 위기 속에서도 지속 가능한 경쟁력을 확보할 수 있다.

요약 

기업의 지속 성장은 인재를 키우는 데서 시작된다.

《역린》은 조선 22대 왕 정조의 암살 시도를 다룬 영화로, 정조가 아버지 사도세자의 비극적 죽음과 정치적 역경 속에서 어떻게 군주로 성장했는지를 그린다. 영화에서 암살자 갑수는 정조를 암살하기 위해 접근하지만, 정조의 인간적 면모에 감화되어 결국 정조를 구한다. 정조는 신하들에게 『중용』 23장을 인용하며, 형식적인 학습을 넘어 실질적인 토론과 대안을 제시하라고 강조한다. 이는 단순한 학문을 넘어서 현실을 직시하고, 실질적인 해결책을 찾으라는 메시지다.

이 장면은 정조가 어떤 철학으로 역경을 극복하고자 했는지를 보여주는 상징적인 장면이다. 필자 역시 혁신활동을 국내외에 전파하면서 "작은 것에도 정성을 다하면 세상을 바꿀 수 있다."는 『중용』 23장의 교훈을 깊이 체감했다. 혁신은 단순한 시스템 개선이나 절차의 변화만이 아니라, 사람의 마음을 얻는 과정에서도 시작된다.

◆ P사의 QSS FT

혁신활동에서 가장 어려운 부분은 사람의 마음을 얻는 것이다. P사의 혁신활동에서도 이러한 고민은 깊었다. 특히, P사의 현장 혁신활동은 4개월 동안 현업에서 벗어나 공장의 문제를 해결하는 개선리더 과정과, 일상업무 중 발생하는 불합리한 부분을 개선하는 일상개선활동으로 구성된다. 이러한 경험을 통해 역량을 입증한 직원들은 인재창조원에서 6개월간의 교육을 받고, 인증 과정을 통해 QSS FT(퍼실리테이터) 자격을 부여받는다.

QSS FT로 임명된 후, 이들은 2년간 현장에서 활동한다. 그러나 초반에는 어려움이 많다. 현장 직원들이 변화를 거부하거나, "왜 이런 걸 하느냐?"며 냉담한 반응을 보이기도 한다. 그럴 때마다 필자는 "진정성을 담아 도움을 주라."고 조언한다. 진심은 시간이 지나면 자연스럽게 말과 행동에서 드러난다.

이 과정을 통해 많은 QSS FT들이 1년 정도가 지나면 "조언해 준 대로 하니 직원들이 고마워하고 찾는 사람이 많아졌습니다."라는 피드백을 전해 온다. 심지어 2년간의 활동을 마치고 현업에 복귀한 후, 협의회 대표가 되거나 부서장에게 인정받아 중요한 직책을 맡게 된 사례도 많다. 이는 작은 일에도 정성을 다하는 태도가 사람의 마음을 얻는 혁신으로 연결된다는 것을 보여 준다.

◆ **진정성 있는 혁신**

『중용』 23장에는 다음과 같은 말이 있다. "작은 일도 무시하지 않고 최선을 다해야 한다. 작은 일에도 최선을 다하면 정성스럽게 되고, 정성스럽게 되면 겉으로 드러나게 된다. 겉으로 드러나면 이내 밝아지게 되고, 밝아지게 되면 남을 감동시키고, 남을 감동시키면 변하게 되며, 변하면 생육된다. 그러니 세상에서 지극히 정성을 다하는 사람만이 나와 세상을 변화시킬 수 있다."

이 말은 단순한 철학이 아니다. 현장 혁신에서도 작은 변화와 개선의 실천이 결국 사람들의 마음을 얻고, 조직을 변화시키는 원동력이 된다. 진정성 있는 혁신은 현장의 불편함과 문제점을 함께 고민하고, 이를 진심으로 개선하려는 노력에서 시작된다. 단기적인 결과를 목표로 하기보다는, 시간이 걸리더라도 사람의 신뢰를 얻는 과정이 필수적이다.

현장 혁신에서 사람의 마음을 얻는 일은 단순히 성과를 내는 것 이상의 의미가 있다. 이는 조직문화를 바꾸고, 지속 가능한 개선 문화를 만들어 가는 과정이다. 조직 구성원들이 진정성을 느끼고 변화에 동참할 때, 비로소 진정한 혁신이 이루어진다. 작은 행동 하나가 큰 변화를 만들어 내는 것이다.

◆ 혁신은 신뢰 속에서 이루어진다

혁신은 시스템만으로 이루어지지 않는다. 진심으로 현장을 이해하고, 문제를 함께 해결해 나가려는 태도가 필요하다. 그리고 이러한 과정은 반드시 사람의 마음을 얻는 것으로 연결된다. 현장에서 작은 일이라도 정성을 다하고, 그 정성이 쌓이면 조직은 변화하고 성장하게 된다. 이는 혁신이 단순한 절차가 아닌, 사람과 사람의 신뢰 속에서 이루어진다는 것을 다시 한번 일깨워 준다.

혁신을 이끄는 리더는 단순히 지시하고 결과만을 요구하는 것이 아

니라, 진정성 있는 태도로 사람들의 마음을 얻고, 그 마음을 기반으로
함께 문제를 해결해 나가야 한다. 이 과정이야말로 진정한 현장 혁신의
시작점이며, 지속 가능한 변화로 이어질 수 있는 유일한 길이다.

요약

혁신은 사람의 마음을 얻는 데서 시작된다.

사람을 움직이는 힘

최근 정년 퇴직하는 세대는 1960년대 초반에 태어난 이들로, 한국의 산업화와 경제 발전을 이끈 주역들이다. 이들은 급격한 산업화 시기, 철강 수요의 증가로 인해 대규모로 입사해 설비 도입 초기부터 시운전과 운영을 담당하며 수십 년간 현장을 이끌어 왔다. 경험과 실력을 겸비한 이 세대의 퇴직은 현장에 큰 변화를 가져오고 있다. 동시에, 2030 세대 젊은 직원들이 자연스럽게 늘어나면서 현장의 세대 교체가 진행 중이다.

◆ 젊은 세대를 현장 혁신에 참여시키는 다섯 가지 전략

젊은 세대는 개선에 대한 성공 체험이 부족하다. 이들은 현장 활동에 동참하는 것을 주저하거나, 심지어 개선활동의 필요성 자체를 이해하지 못하는 경우도 있다. 이는 단순한 개인의 문제를 넘어, 인구 변화와 세대 교체가 가져온 전반적인 현상의 일부다. 혁신과 개선을 지속하기 위해서는 이러한 세대 간 인식 차이를 해소하고, 젊은 세대가 현장 혁신에 자연스럽게 참여하도록 이끄는 전략이 필요하다. 이를 위해 다음과 같은 다섯 가지 접근이 필요하다.

QSS 유한한 자원을 무한한 창의로

개선의 필요성에 대한 인식 교육

젊은 세대가 개선활동에 동참하도록 하려면, 왜 개선이 필요한지 명확히 인식시켜야 한다. 개선은 단순히 현장의 문제를 해결하는 것이 아니다. 이는 본인의 일을 더 쉽고, 더 안전하게 만들기 위한 과정이며, 개인의 성장과 직결된다. 더 나아가, 개선을 통해 회사의 이익에 기여하게 되며, 이는 자신과 조직이 지속적으로 발전해 나가는 토대가 된다. 이 과정에서 성취감을 얻고, 자신의 성장이 조직의 성장과 연결된다는 것을 알게 하는 것이 핵심이다.

명확한 목표설정

개선활동은 막연하게 진행되어서는 안 된다. 생산, 품질, 원가, 안전, 환경 등 각 분야에서 구체적인 목표를 제시해야 한다. 현재 수준과 목표 수준 간의 차이를 문제로 정의하고, 이를 해결하기 위한 과제를 선정하는 과정이 필요하다. 목표는 개인이 설정할 수도 있지만, 조직의 지표와 연계해 상사가 방향을 제시해 주는 것이 효과적이다. 이를 통해 조직원들은 동일한 문제에 대한 관심을 공유하게 되고, 자연스럽게 소통과 협력의 기반이 마련된다.

개선활동에 대한 인정과 격려

개선활동은 단기적인 성과보다 과정의 지속성이 중요하다. 이를 위해 개선 진행 과정을 주기적으로 점검하고, 어려움이 있을 경우 적극적으로 지원해야 한다. 작은 진전이라도 인정하고 격려하는 것이 필요하다. 이러한 인정은 금전적 보상 이상의 효과를 발휘한다. 진심 어린 격려와 도움은 직원들에게 고마움을 느끼게 하고, 조직에 대한 소속감을 강화한다. 이러한 경험은 젊은 세대가 개선활동에 적극적으로 참여하도록 유도하는 동력이 된다.

개인과 조직의 성장 기회 제공

개선활동은 단순히 현장의 문제를 해결하는 데서 끝나지 않는다. 문제를 발굴하고 해결하는 과정에서 개인의 전문성과 역량이 성장한다. 특히, 눈에 보이지 않는 문제를 발견하고 해결하는 능력은 경험과 학습을 통해 길러진다. 따라서 공정과 설비에 대한 깊은 이해가 필수적이다. '아는 만큼 보인다.'는 말처럼, 깊은 학습과 경험을 통해 문제를 발견하고 개선하는 능력이 강화된다. 이러한 경험이 쌓이면, 개인은 조직 내에서 더 큰 역할을 담당하게 되고, 이는 자연스럽게 성취감으로 연결된다.

적절한 보상 체계

개선활동의 성과는 적절하게 보상되어야 한다. 이는 단순한 금전적 보상을 넘어, 지속적인 동기부여로 작용한다. 개선활동을 통해 달성한 성과가 개인에게 실질적인 보상으로 돌아갈 때, 조직원들은 개선의 가치를 더욱 깊이 인식하게 된다. 보이지 않는 인정과 성장, 그리고 보이는 보상이 균형을 이룰 때 사람은 진정으로 변화하고 움직인다.

    QSS 유한한 자원을 무한한 창의로

◆ 현장 혁신은 혼자 이룰 수 없다

이러한 다섯 가지 접근은 현장 혁신을 지속하는 데 있어 필수적인 요소다. 세대 간의 인식 차이를 극복하고, 젊은 세대가 개선활동에 자연스럽게 참여하도록 유도하는 것은 조직의 지속 가능한 발전을 위해 반드시 필요하다.

사람을 움직이는 힘은 단순한 지시나 규정이 아니다. 개선의 의미를 함께 공유하고, 작은 성과라도 인정과 격려를 아끼지 않으며, 성장을 위한 기회를 제공하고, 공정한 보상을 약속하는 것에서 시작된다. 이러한 과정이 반복될 때, 조직은 자연스럽게 개선과 혁신의 문화를 확립하게 된다.

현장 혁신은 결코 혼자 이룰 수 없다. 구성원들의 마음을 얻고, 함께 방향성을 설정하고, 작은 성공을 쌓아 가는 과정에서 조직은 점차 변화하고 발전한다. 그리고 이러한 변화는 결국 조직의 경쟁력을 강화하고, 지속 가능한 미래로 이어진다.

요약 ∽

사람을 움직이는 힘은 교육, 목표, 인정, 성장, 보상의 조화에서 나온다.

속도 관리의 중요성

기업의 성과를 이끄는 것은 리더의 핵심적인 역할 중 하나다. 이에 따라 서점가에는 리더가 갖춰야 할 지침서가 넘쳐나고, 각종 콘퍼런스와 강연에서는 교훈적인 이야기들이 쏟아진다. 그러나 '인덕을 갖춰라.'거나 'MZ 세대와 이렇게 소통하라.' 같은 조언은 현장성이 떨어진다. 이러한 말들은 책을 덮는 순간, 강의실을 나서는 순간 사라지기 쉽다. 감성적 교훈은 잠시 마음을 두드릴 수 있으나, 성과로 연결되지 않으면 조직에서 지속적인 영향력을 발휘하기 어렵다. 리더는 성과로 말해야 한다. 성과가 리더의 존재 이유이며, 조직을 지속 가능하게 만드는 핵심 요소이기 때문이다.

◆ 가격과 기술보다 더 중요해진 경쟁력, 속도

과거 기업은 제품의 가격 경쟁력을 통해 생존을 도모했다. 그러나 이제는 기술력을 통해 세상에 가치를 더하고, 인류에게 효용을 제공하는 것이 기업의 생존 방정식이 되었다. 과거 포경산업이 번성했던 이유도 단순히 고래 고기가 아니라 양초를 만들기 위한 고래의 지방 때문이었다.

그러나 19세기 말, 정유 기술의 발전은 포경산업의 종말을 가져왔다. 존 록펠러가 세운 스탠더드 오일이 원유를 정제해 값싼 석유를 공급하자, 촛불은 가정에서 빠르게 사라지고 석유 램프가 그 자리를 대신하게 되었다. 이는 기술이 인류의 삶에 가치를 더하고, 산업의 패러다임을 어떻게 바꾸는지를 보여 주는 사례다.

하지만 아무리 뛰어난 기술이라도 시장에 빠르고 저렴하게 공급하지 못한다면, 그 가치는 제한적일 수밖에 없다. 기술력과 가격 경쟁력, 그리고 시장에서의 지속 가능성은 결국 '속도'라는 요소로 귀결된다. 속도는 기술의 상용화를 가속화하고, 시장에서의 우위를 확보하게 해 준다. 따라서 리더는 속도 관리의 중요성을 인식하고, 이를 전략적으로 관리해야 한다.

◆ 속도는 기업의 생존과 직결된다

속도 관리는 리더십의 핵심 역량이다. 상품 개발 단계에서부터 완성까지 걸리는 시간, 고질적인 문제를 해결하는 프로젝트의 리딩 속도, 생산 과정에서 계획된 생산량을 불량 없이 완성하는 속도 등은 모두 리더의 성과 지표로 작용한다. 방향성도 중요하지만, 속도가 없는 방향성은 단순한 희망에 불과하다. 반면, 빠른 속도는 잘못된 방향성을 수정할 수 있는 기회를 제공한다. 속도는 성과를 시간으로 나눈 값으로 정의할 수 있으며, 이는 조직의 경쟁력과 직결된다.

리더는 자신의 관리 범위 내에서 속도를 읽을 수 있어야 한다. 만약 속도가 떨어졌다, 사람과 설비, 혹은 표준화된 프로세스 중 어디에서 문제가 발생했는지를 즉각적으로 파악해야 한다. 예를 들어, 한 시간에 10개를 생산하던 공정이 갑자기 5개로 줄어들었다면 이는 단순히 생산성이 떨어진 것이 아니다. 실제로는 그 시간 중 30분 동안 설비가 멈췄을 가능성이 크다. 이 경우 근본적인 원인을 빠르게 찾아 개선하는 것이 리더의 역할이다.

속도가 늦어지면 불가피하게 생산 단가는 높아진다. 설비가 멈춘 시간 동안에도 전력과 인건비 등 제반 비용은 지속적으로 발생하기 때문이다. 이로 인해 제품 가격이 올라가고, 이는 결국 시장에서의 외면으로 이어진다. 경쟁력에서 밀려나는 순간, 기업의 존속은 위협받게 된다. 이는 속도가 단순한 생산성 지표가 아니라, 기업의 생존과 직결된다는 것을 보여 준다.

◆ 현장 혁신의 핵심은 속도 관리

우리가 프리미어 리그에 열광하는 이유도 여기에 있다. 같은 90분 동안 진행되는 경기라도, 선수들의 움직임과 플레이 속도가 다르면 경기의 질과 몰입도는 크게 달라진다. 기업 경영도 마찬가지다. 같은 자원과 시간 속에서도 속도와 효율성에서 차이를 보이는 기업이 결국 경쟁력을 갖는다.

따라서 현장 혁신에서도 속도 관리는 중요한 핵심이다. 문제해결을 위한 피드백 속도, 개선안을 실행하는 속도, 그리고 결과를 측정하고 다시 개선하는 속도는 조직의 혁신 문화를 결정짓는다. 리더는 이러한 속도 관리를 통해 조직 내 문제를 신속히 파악하고, 유연하게 대처해야

QSS 유한한 자원을 무한한 창의로

한다.

속도는 단순히 빨리 움직이는 것 이상의 의미를 가진다. 그것은 조
직의 생존과 성장, 경쟁력 강화에 직결된다. 리더는 속도를 정확히 읽
고, 이를 전략적으로 관리해야 한다. 그리고 이러한 속도 관리가 바로
현장 혁신의 핵심이자, 지속 가능한 기업으로 성장하는 원동력이 될
것이다.

요약

속도를 통제하는 리더가 성과를 결정한다.

기(氣) 살리기 활동

가을이 되면 들판은 황금빛으로 물들고, 수확의 기쁨으로 사람들의 얼굴에는 자연스러운 미소가 번진다. 이러한 풍요는 봄부터 시작된 씨앗 파종, 잡초 제거, 적절한 거름 등 지속적인 노력의 결과이다. 그러나 지금의 결과에 안주하고 미래를 준비하지 않으면 더 이상의 발전은 기대하기 어렵다. 현재 우리가 보는 결과는 과거 노력의 그림자일 뿐이며, 앞으로도 결과를 제어하려면 과정 관리가 필수적이다. 이는 기업 현장에서도 동일하게 적용된다.

◆ P사의 4단계 '기(氣) 살리기 활동'

2022년 9월, 제11호 태풍 '힌남노'로 인해 포항시 남구의 냉천이 범람하면서 포항제철소의 지하 제품 생산라인이 침수되고 조업이 중단되는 초유의 사태가 발생했다. P사 창사 이래 처음으로 전 공장이 가동을 멈추었으며, 매출 피해는 약 2조 400억 원에 달했다.

복구를 위해 임직원과 협력사 등 140만여 명이 참여해 복구 작업을 진행했고, 핵심 제철 공정인 2열연공장은 4개월여 만에 재가동되었다. 135일 만에 완전 복구를 선언하며 정상 조업을 이어 갔지만, 현장에는 여전히 침수로 인해 발생한 불필요품과 필요품이 혼재된 상태였다. 이러한 상황은 언제든 문제를 유발할 위험이 있었기에, 근본적인 복구가 필요한 시점이었다.

압연 부소장은 "범사회적 지원으로 큰 틀은 정상화되었지만, 경영활동의 기본 조건은 여전히 정상 수준에 도달하지 못했다."며, 기본 조건을 갖추기 위한 구체적인 방법론을 고민하기 시작했다. 이러한 고민 끝에 '기(氣) 살리기 활동'이라는 4단계 프로그램이 제시되고 실행되었다.

① 들어내氣 ⊘
현장/사무실 자그마한 문제라도 모두 들어내기
안전/환경/설비 불합리, 일상업무 중 낭비, 불필요품

② 자리찾氣 ⊘
편하고 안전하게 물건을 두는 방법의 표준화
물건의 사용빈도, 용도, 형태, 크기, 중요도에 따라 정위치화

③ 표시하氣 ⊘
자재, 지그류, 배관, 게이지 보이는 현장 체계 구축
정상과 이상이 한눈에 알 수 있는 현장

④ 유지하氣 ⊘
들어내기/자리찾기/표시하기 지속 유지관리
주기적 진단, Audit으로 Rule이 살아 있는 현장 만들기

기(氣) 살리기 활동 단계

1단계 : 들어내氣

첫 번째 단계는 현장이나 사무실에서 불필요한 물품을 모두 들어내

는 작업이다. 특히, 현장의 통로상에는 어떤 불필요한 물품도 두지 않아야 안전이 확보될 수 있다. 이를 위해 공장 내 모든 공간에 물건 배치 장소를 명확히 표시하고, 필요하지 않은 물품은 전부 철거해 필요품만을 표준화하여 관리하도록 했다. 이를 통해 현장의 안전성과 효율성을 동시에 확보할 수 있었다.

2단계 : 자리잡氣

두 번째 단계는 필요한 물품의 위치를 사용하는 사람이 직접 결정하도록 했다. 이는 필요한 물품을 쉽게 꺼내고, 사용 후에는 다시 제자리에 두기 쉬운 환경을 조성하는 것이다. 이 과정에서는 안전 · 환경 · 설비 · 프로세스 등 각 분야에 맞게 복원 작업이 이뤄졌으며, 지그(Jig)와 공구 등은 정위치를 명확히 하여 재고품을 최소화하고, 수량을 철저히 통제했다. 이를 통해 자원의 효율성이 극대화되었으며, 필요 이상의 재고로 인한 낭비도 줄일 수 있었다.

3단계 : 표시하氣

세 번째 단계는 물품, 자재류, 지그류, 유틸리티 배관, 게이지류 등에 시각적 관리(Visual Management, VM)를 적용하는 것이다. 이를 통해 수량과 형태를 쉽게 관리할 수 있도록 했다. 정상과 이상 상태를 한눈에 파악할 수 있도록 색상, 표시 등을 적용해 시각적 관리체계를 구축했다. 이로 인해 현장의 상태를 직관적으로 파악하고, 문제 발생 시 신속하게 대응할 수 있는 기반이 마련되었다.

4단계 : 유지하氣

마지막 단계는 앞선 3단계를 지속적으로 관리하는 과정이다. 이를 위해 주기적인 진단, 체크, 감사, 설문 등을 통해 관리 규칙이 현장에서 지속적으로 작동하도록 했다. 규칙이 자리 잡은 현장을 만들기 위해 매뉴얼화하고, 필요시 개선 사항을 적극적으로 반영했다. 활동이 완료된 후, 압연 부소장이 직접 현장을 방문해 미비점을 점검하고 보완을 지원함으로써, 실질적인 복구가 이루어질 수 있도록 격려했다.

◆ 꾸준한 실행과 개선의 반복이 변화를 이끈다

'기(氣) 살리기 활동'은 단순히 물리적인 복구를 넘어서, 작업환경을 쾌적하게 만들고, 직원들의 사기를 높이는 데 중점을 두었다. 깨끗하고 정돈된 환경은 자연스럽게 직원들의 심리적 안정감과 자부심을 높였으며, 이는 현장 개선의 핵심 요소로 작용했다.

이 활동을 진행하면서 필자가 느낀 점은, '기억은 기록을 넘어서지 못하고, 기록은 실행을 이기지 못한다.'는 사실이었다. 기록은 과정의 일부일 뿐이며, 진정한 변화와 개선은 실행을 통해 이루어진다. 아무리 뛰어난 계획과 기록도 현장에서 실행되지 않으면 무의미하다. 성공과 실패는 결국 실행의 결과물일 뿐이다.

현장 혁신을 위한 개선활동은 계획 단계에서 멈추지 않아야 한다. 작은 실행이라도 꾸준히 이어 나갈 때, 조직은 비로소 지속 가능한 성과를 만들어 낼 수 있다. 현장은 변화의 최전선이며, 그 변화를 이끄는 것은 꾸준한 실행과 개선의 반복이다.

'기(氣) 살리기 활동'은 이러한 원칙을 바탕으로 진행되었으며, 결과적으로 포항제철소가 침수 피해에서 벗어나 정상적인 조업을 이어 갈 수 있도록 하는 핵심 동력이 되었다.

요약 ∽

기억은 기록을 넘어서지 못하고, 기록은 실행을 이기지 못한다.
따라서 성공이나 실패는 결국 실행의 결과물이다.

생각해 보기

우리 조직은 기본에 충실한 경영을 실천하고 있는가?

그리고 기본을 지키지 않아 발생하는 문제는 무엇인가?

3장

기본의 실천과 가치 추구

기업의 성공은 화려한 전략이나 첨단 기술만으로 이루어지지 않는다. 오히려 기본에 충실한 경영이야말로 지속 가능한 성장과 경쟁력의 원천이 된다. 기본적인 업무 수행과 원칙을 철저히 지키는 것은 기업의 신뢰도를 높이고, 내부 역량을 강화하며, 외부 환경의 변화에도 유연하게 대응할 수 있게 한다.

◆ 기본에 충실한 경영

기본에 충실한 경영은 기업의 모든 활동에서 일관성과 신뢰성을 부여한다. 이는 고객과의 신뢰 관계를 구축하고, 직원들의 사기를 높이며, 파트너와의 협력을 강화하는 데 기여한다. 또한, 기본을 지키는 기업은 위기 상황에서도 흔들리지 않는 견고한 기반을 갖추게 된다. 그렇다면 기본에 충실한 기업의 구체적인 사례를 살펴보자.

P사

고(故) 박태준 회장은 최고 수준을 지향하며 투명 경영과 공정 인사, 구성원 행복을 최고의 가치로 삼았다. 이러한 기본에 충실한 경영 관리와 기업문화는 P사를 세계적인 철강 기업으로 성장시키는 원동력이 되었다.

다이소

'본질 경영' 철학을 바탕으로 불필요한 요소를 제거하고 상품의 본질적 가치에 집중했다. 이를 통해 가격과 품질을 모두 잡는 전략으로 소비자들에게 큰 사랑을 받고 있다.

◆ 기본에 충실한 경영을 위한 실천 방안

그렇다면, 어떻게 하면 기본에 충실한 경영을 실천할 수 있을까?

- 명확한 비전과 가치관 수립 : 기업의 존재 목적과 핵심 가치를 명확히 정의하고, 이를 전 직원과 공유하여 일관된 방향으로 나아가도록 해야 한다.
- 투명한 의사소통 : 경영진과 직원 간, 부서 간의 원활한 소통을

통해 신뢰를 구축하고, 문제 발생 시 신속하게 대응할 수 있는 체계를 마련해야 한다.

- 지속적인 교육과 훈련 : 직원들의 역량 강화를 위해 정기적인 교육 프로그램을 운영하고, 기본 업무 수행 능력을 향상시켜야 한다.
- 윤리 경영 실천 : 법과 윤리를 준수하며, 사회적 책임을 다하는 경영을 통해 기업의 신뢰도를 높여야 한다.
- 품질관리 강화 : 제품과 서비스의 품질을 지속적으로 개선하여 고객 만족도를 높이고, 시장에서의 경쟁 우위를 확보해야 한다.

이 중에서도 특히 투명한 의사소통과 윤리 경영 실천은 기업의 신뢰도를 높이는 데 핵심적인 역할을 한다.

◆ 기본에 충실한 경영의 효과

기본을 지키는 기업은 내부적으로는 직원들의 만족도와 업무 효율성이 향상되고, 외부적으로는 고객의 신뢰와 충성도를 얻을 수 있다. 이는 매출 증대와 브랜드 가치 상승으로 이어지며, 장기적인 관점에서 기업의 지속 가능한 성장을 도모한다.

기본에 충실한 경영은 단순한 이론이 아니라, 실제로 기업의 성과와 직결되는 중요한 요소이다. 따라서 화려한 전략이나 일시적인 성과에 집착하기보다는, 기본을 지키는 꾸준한 노력이야말로 진정한 경쟁력을 갖춘 기업으로 성장하는 길이다.

경쟁력의 조건

　관성의 법칙은 물리학에서 기본적인 원리로, 정지해 있던 물체는 계속 정지하려 하고, 움직이던 물체는 계속 같은 방향으로 움직이려 한다는 성질을 의미한다. 하지만 이 법칙은 물리적 세계뿐만 아니라 우리의 일상과 조직 내 활동에도 동일하게 작용한다. 매일 반복되는 회의, 익숙해진 출퇴근 길, 반복적인 업무는 개인과 조직 모두 관성에 지배되기 쉽다. 이는 익숙함이 주는 안도감 때문이다. 변화는 불편함을 수반하고, 안정적인 패턴은 위험을 줄여 주기에 우리는 쉽게 관성에서 벗어나지 못한다.

　개인이나 조직이 관성의 법칙에 안주한다면, 그 순간부터 경쟁력은 점차 하락하게 된다. 변화와 혁신을 위한 가장 기본적인 시작점은 '기본의 실천'이다. 『논어』에서는 "본립도생(本立道生)"이라 하여 "기본이 바로 서야 나아갈 길이 생긴다."고 했다. 이는 곧 기본이 충실해야 미래로 나아갈 길이 보인다는 뜻이다. 기본의 실천은 개인이나 기업이 경쟁력을 확보하고 시장에서 살아남기 위해 반드시 거쳐야 하는 관문이다.

◆ **현장 혁신을 위한 기본 요소**

　현대 산업은 데이터와 기술에 의존하고 있다. 특히, 딥러닝과 같은 인공지능 기술은 방대한 데이터를 기반으로 다양한 변수를 분석하고, 최적화된 조건을 도출하여 생산성을 극대화하고 불량률을 최소화하고 있다. 하지만 이러한 기술도 '기본'이 제대로 갖춰지지 않으면 아무 소용이 없다. 현장 혁신을 위해 반드시 지켜야 할 기본적인 요소는 다음 세 가지다.

데이터 신뢰성의 확보

데이터는 현장 혁신의 출발점이다. 신뢰할 수 없는 데이터는 잘못된 의사결정으로 이어지고, 이는 생산성과 품질 저하로 직결된다. 데이터 신뢰성은 곧 부품 신뢰성과 연결된다. 부품은 제 기능을 온전히 발휘해야 하고, 이를 위해 습도나 온도 같은 환경적 요소를 철저히 관리해야 한다. 부품의 기능이 열화되지 않도록 주기적인 점검과 관리가 필수적이다. 설비가 최상의 성능을 유지해야만 데이터 또한 신뢰성을 확보할 수 있으며, 이는 결과적으로 현장 혁신의 기초가 된다.

완전한 점검 체계 구축

점검은 단순히 형식적으로 이루어져서는 안 된다. 자투리 시간을 이용한 간헐적 점검은 오히려 더 큰 문제를 야기할 수 있다. 점검은 정해진 시기에, 정해진 절차에 따라 철저히 수행되어야 한다. 이를 위해 세 가지 조건이 필요하다. 첫째, 점검에 필요한 스킬을 갖추기 위한 지속적인 학습과 교육이 이루어져야 한다. 둘째, 점검은 '가치 있는 일'이라는 인식을 조직 전반에 확산시켜야 한다. 셋째, 관리자는 점검이 원활히 진행될 수 있도록 환경을 조성하고 지원해야 한다. 완전한 점검은

    QSS 유한한 자원을 무한한 창의로

설비의 열화와 데이터 신뢰성 저하를 방지하는 필수적인 과정이다.

설비관리체계의 기반 다지기

설비관리는 단순한 이론이나 계획으로는 완성되지 않는다. 현장에서의 실천과 경험이 축적될 때 비로소 체계화된다. 설비를 관리하는 기본은 단순하다. 새것처럼 닦고, 느슨한 부분은 조이며, 마찰이 발생하는 곳에는 기름을 치는 것이다. 이러한 기본적인 관리가 꾸준히 이루어질 때, 설비는 고장이 없는 안정성과 강건함을 유지하게 된다. 그리고 이러한 기본적 실천이 결국 '데이터 신뢰성'을 확보하고, 조직의 경쟁력을 강화하는 결과로 이어진다.

◆ 기본적인 관리와 실천이 중요한 이유

현장 혁신은 거창한 계획이나 복잡한 이론에서 출발하지 않는다. 가장 기본적인 관리와 실천에서 시작된다. 불필요한 낭비를 줄이고, 설비의 기본 상태를 유지하는 것만으로도 생산성은 크게 향상될 수 있다. 실제로 한 현장에서는 단순히 부품 관리를 철저히 하고, 점검 절차를 세분화했을 뿐인데, 불량률이 30%나 감소하고, 생산성이 20% 향상된 사례가 있었다. 이는 기본의 실천이 어떻게 경쟁력 강화로 이어지는지를 보여 주는 사례다.

경쟁력은 복잡한 전략에서 나오는 것이 아니다. 기본에 충실하고, 이를 꾸준히 실천하는 과정에서 자연스럽게 확보된다. 특히, 현장 혁신에서는 데이터 신뢰성 확보, 철저한 점검, 그리고 설비관리라는 기본적인 요소가 필수적이다. 이러한 실천이 누적될 때 조직은 지속 가능한 경쟁력을 갖추게 되고, 급변하는 시장에서도 흔들림 없이 성장할 수 있다.

조직은 '기본'에 대한 중요성을 끊임없이 인식하고, 이를 습관화하도록 해야 한다. 그리고 이러한 습관이 조직 문화로 정착될 때, 비로소 현장 혁신은 성공적으로 이루어질 수 있다. 이것이 경쟁력을 유지하고 발전시키는 가장 확실한 길이다.

요약

경쟁력은 기본을 실천하는 힘에서 시작된다.

   QSS 유한한 자원을 무한한 창의로

기본 실천과 인간존중

"기업은 결국 사람이다."라는 말은 4차 산업혁명의 시대에도 여전히 유효하다. 아무리 기술이 발전해도 기업의 성장과 혁신은 사람을 통해 이루어진다. 1980년대까지 한국은 '만들면 팔리는 시대'를 거치며 압축적이고 고도화된 성장을 이루어 냈다. 그러나 1990년대부터는 '팔리는 것을 만드는 시대'로 전환되면서 경영혁신과 신공법 개발이 필요해졌다. 2000년대 초반부터 6시그마 등 다양한 경영혁신 기법이 대기업을 중심으로 자리 잡았고, 2016년 다보스포럼에서 4차 산업혁명이 선언되면서 스마트팩토리가 본격적으로 국내 기업에 도입되기 시작했다.

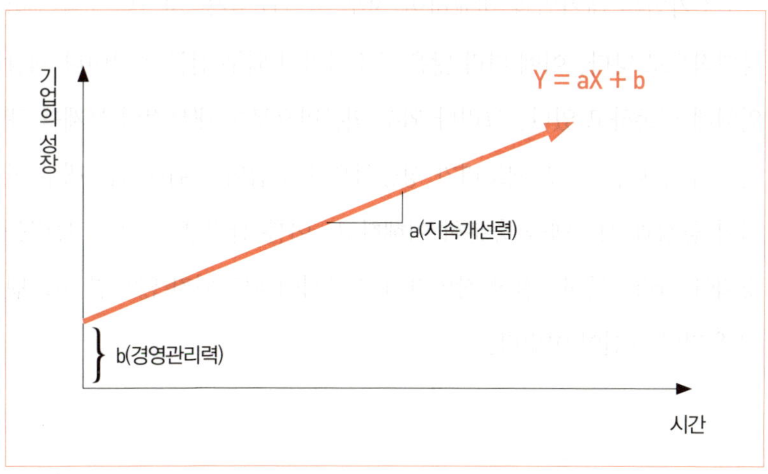

기업의 성장은 관리력과 개선력의 함수

◆ 중소기업에서 스마트팩토리 도입이 어려운 이유

국내에는 10인 이상의 제조기업이 약 6만 7천 개가 있다. 이 중 약 20%만이 스마트팩토리를 부분적으로 도입하거나 적용하고 있다. 자동화와 ICT 기반의 정보화를 통해 품질, 생산성, 원가 등 제조 역량의 근본적 향상을 목표로 하고 있으며, 2022년까지 3만 개 기업으로의 확산을 목표로 진행되었다. 그러나 이러한 노력과 기대에도 불구하고, 스마트팩토리가 성공적으로 구축된 중소기업은 많지 않다. 이는 기업의 특성과 문화, 그리고 기본이 제대로 자리 잡지 못했기 때문이다.

중소기업에서 스마트팩토리 도입이 어려운 이유는 크게 세 가지 기본적인 문제로 설명할 수 있다.

전문 인력과 기존 운영 시스템의 부재

중소기업은 대기업과 비교하여 전문 인력과 운영 시스템의 수준이 상대적으로 낮다. 이에 따라 많은 중소기업이 외부 전문 기관이나 개발 업체에 의존하고 있다. 그러나 외부 의존만으로는 내부적인 문제를 해결할 수 없다. 스마트팩토리가 성공적으로 도입되기 위해서는 내부 인력이 공정과 시스템을 충분히 이해하고, 이를 관리할 수 있는 능력을 갖춰야 한다. 특히, 현장 작업자의 전문성이 확보되지 않으면 시스템의 유지와 개선이 어렵다.

지속적인 개선 문화의 부족

ISO는 지속적인 개선을 강조하지만, 많은 중소기업은 이러한 문화가 정착되어 있지 않다. 시스템을 도입하더라도 지속적으로 관리하고 개선하지 않으면 시스템은 금세 노후화되고, 효율성은 저하된다. 개선은 단순한 업무가 아니라 기업의 체질을 강화하는 핵심 과정이다. 이를 위해서는 개선활동이 조직의 문화로 자리 잡아야 하며, 전 직원이 문제를 인식하고 해결하려는 의지가 필요하다.

강한 제조 현장과 표준 체계의 부재

스마트팩토리는 단순히 기계를 자동화하는 것이 아니다. 현장 작업이 철저하게 표준화되어야 하고, 모든 데이터가 신속하고 정확하게 기록되고 관리되어야 한다. 데이터의 신뢰성이 확보되지 않으면 스마트팩토리 시스템은 의미가 없다. 또한, 표준화된 관리체계가 구축되어야 현장에서 발생하는 문제를 신속하게 파악하고 개선할 수 있다. 이는 곧 현장의 기본이자 경쟁력의 핵심이다.

◆ 성공적인 스마트팩토리 구축을 위해 필요한 요소

저자가 일본에서 지혜로운 자동화에 대해 배우던 시절, 한 가지 중요한 질문을 받았다. "자동화된 시스템에 문제가 발생했을 때 어떻게 대응할 것인가?"라는 질문이었다. 그 답은 명확했다. 바로 인간이 문제 해결의 주체가 되어야 한다는 것이다. 아무리 시스템이 정교하더라도 예기치 못한 문제가 발생할 수 있으며, 이를 해결하는 것은 결국 사람의 몫이다.

따라서 스마트팩토리 도입 이전에 해당 공정을 철저히 이해하고, 문제를 신속하게 해결할 수 있는 전문 역량과 관리 역량을 갖추는 것이 필수적이다. 성공적인 스마트팩토리 구축을 위해서는 다음과 같은 기본 실천이 필요하다.

표준화된 관리체계 구축

제조 현장은 철저하게 표준화되어야 한다. 모든 데이터는 정확하고 신속하게 기록되어야 하며, 이러한 데이터는 신뢰성을 바탕으로 관리되어야 한다.

지속적인 개선 문화 정착

개선은 단발성으로 끝나서는 안 된다. 개선활동이 일상화되고, 모든 직원이 개선의 주체가 되어야 한다.

인간 중심의 시스템 구축

스마트팩토리는 인간을 대체하는 개념이 아니다. 인간을 중심으로 시스템이 조화를 이루어야 한다. 기계와 시스템이 인간의 작업을 지원하고, 인간은 이를 바탕으로 문제를 해결하고 개선해 나가야 한다.

◆ 스마트팩토리 성공적 도입을 위한 필수 두 축

근본이 부실하면 결코 성공적인 결과를 얻을 수 없다. 스마트팩토리

　　　　　QSS 유한한 자원을 무한한 창의로

가 중소기업에 성공적으로 도입되기 위해서는 기본 실천과 인간존중이라는 두 가지 축이 필수적이다. 이를 통해 낭비를 최소화하고, 지속 가능한 경쟁력을 확보할 수 있다.

'사상누각'이라는 말이 있다. 기초가 튼튼하지 않으면 아무리 화려한 건물을 세워도 금세 무너진다는 뜻이다. 스마트팩토리도 마찬가지다. 기본이 약한 상태에서 시스템만을 도입하면 결국 실패로 이어질 수밖에 없다. 따라서 지금은 기본을 다시 돌아보고, 인간 중심의 시스템을 구축해야 할 시점이다.

기업의 성과는 하루아침에 이루어지지 않는다. 기본의 실천과 인간에 대한 존중, 그리고 이를 토대로 한 꾸준한 개선이 쌓여야만 진정한 혁신이 가능하다. 이러한 과정이야말로 현장 혁신의 핵심이며, 기업의 지속 가능한 성장을 이끄는 원동력이 될 것이다.

요약 ⤳

스마트팩토리는 기술이 아니라, 기본 실천과 인간존중에서 시작된다.

중요한 일과 급한 일

시간은 누구에게나 공평하게 주어지는 자원이다. 하루 24시간은 모두에게 동일하게 주어지며, 이를 어떻게 사용하느냐에 따라 개인의 삶과 성과가 결정된다. 목표를 향해 집중적으로 사용한 시간은 결과로 나타나지만, 무의미하게 허비한 시간은 결국 상응하는 대가를 치르게 마련이다. 지금 이 순간에도 초 단위로 흐르고 있는 시간들이 모여 인생이 되기에, 매 순간의 시간 사용은 결코 가벼이 여겨질 수 없다.

조나단 에드워즈는 시간의 중요성과 시급성에 따라 시간 사용을 네 가지로 구분하였다. 첫째, 급하고 중요한 일. 둘째, 급하지 않지만 중요한 일. 셋째, 급하지만 중요하지 않은 일. 넷째, 급하지도 중요하지도 않은 일이다. 이 개념은 스티븐 코비의 『성공하는 사람들의 7가지 습관』에서 더욱 발전되어, 시간관리 매트릭스로 정립되었다. 그는 급하지 않지만 중요한 일을 계획적으로 처리해야만 급한 일을 줄일 수 있다고 강조했다.

◆ 현장에서의 시간관리

현장에서도 이러한 시간관리는 중요한 원칙으로 작용한다. 생산 현장은 고객이 원하는 제품을 적시에 제공하기 위해 재료, 사람, 설비를 효율적으로 운영해야 한다. 이 과정에서 예상치 못한 문제가 발생할 수 있으며, 이러한 문제는 대부분 '급하고 중요한 일'로 분류된다. 문제해결을 위해서는 많은 시간과 자원이 소모된다.

현장에서 발생하는 문제 대부분은 '급하지 않지만 중요한 일'을 소홀히 한 결과다. 예를 들어, 설비를 정기적으로 점검하고 관리하는 일, 재료와 자재를 체계적으로 정리하고 관리하는 일은 당장은 급하지 않지만, 이러한 기본적인 관리가 누락되면 언젠가는 심각한 문제로 이어진다. 설비를 정비하고, 자재를 정리하고, 불필요한 낭비를 제거하는 일은 급하지 않지만 반드시 수행해야 할 중요한 일이다. 이러한 활동이 누적되면 급한 문제는 자연스럽게 줄어들고, 현장은 안정적으로 운영된다.

◆ 급하지 않지만 중요한 일

필자의 경험에서도 일을 잘하는 사람일수록 이러한 기본적인 관리에 충실했다. 이들은 현장의 설비와 주변 환경을 깨끗이 관리하고, 자재와 재료를 정리 정돈하여 체계적으로 관리했다. 이러한 사람들은 새로운 제안을 받았을 때도 시간이 없다거나 바쁘다는 변명을 하지 않았다. 오히려 방법이나 사례에 대해 조언을 구하고, 이를 자신의 업무에 적극적으로 반영하려 했다. 이들은 급하지 않지만 중요한 일을 미리 계획하고 실천하여, 문제 발생을 미연에 방지하고 있었다.

아이젠하워 대통령은 "긴급한 일 중에 중요한 일은 없고, 중요한 일 중에 긴급한 일은 없다."고 했다. 이는 중요한 일은 미리 계획하고 꾸준히 실천함으로써, 급한 일을 최소화할 수 있다는 의미이다. 중요한 일은 자율적인 계획과 의지를 바탕으로 지속적으로 실천되어야 한다. 반면, 급한 일은 대부분 준비가 부족했거나 관리가 소홀했던 결과로 나타난다.

◆ 시간관리, 미래를 위한 준비 과정

시간관리는 단순히 바쁜 일정을 관리하는 것이 아니다. 중요한 일을 우선순위로 두고 계획적으로 실행해 나가는 과정이다. 생산 현장에서의 시간관리도 마찬가지다. 현장의 안정성과 효율성을 높이기 위해서는 급하지 않지만 중요한 일들을 꾸준히 실천하는 것이 필수적이다. 설비 점검, 환경 정비, 자재 정리 등은 이러한 중요한 일들에 속한다. 이를 실천함으로써 급한 일을 예방하고, 결과적으로 시간과 자원을 절약할 수 있다.

시간은 내는 것이 아니라 만드는 것이다. 필요에 의해 주어진 것이 아니라, 자신의 의지로 계획하고 만들어 가야 한다. 급한 일에 쫓기지 않기 위해서는 급하지 않지만 중요한 일을 꾸준히 실천하는 습관이 필요하다. 이는 현장 혁신의 기본이자, 경쟁력을 유지하고 발전시키는 핵심적인 원칙이기도 하다.

시간관리는 단순한 일정 조정이 아니다. 이는 미래를 위한 준비 과정이며, 급하지 않지만 중요한 일들을 미리 계획하고 실천하는 습관에서 비롯된다. 이런 습관은 조직과 개인 모두에게 지속적인 경쟁력과 혁신

　　QSS 유한한 자원을 무한한 창의로

을 가져다준다. 현장에서도 이러한 시간관리 원칙이 뿌리내릴 때, 진정한 혁신과 성과를 이끌어 낼 수 있을 것이다.

요약

중요한 일을 먼저 하면 급한 일은 줄어든다.

낭비 제거와 가치 추구

시간과 자원은 제한적이며, 이를 효율적으로 활용하지 못하면 우리는 '낭비했다'는 표현을 사용한다. 열심히 노력했음에도 불구하고 원하는 결과가 나오지 않을 때, 실망과 허탈감에 빠지게 된다. 시간이라는 재생 불가능한 자원과 그 안에 투입된 노력은 한 번 지나가면 다시 되돌릴 수 없다. 따라서 시간과 자원을 헛되이 사용하지 않는 것은 현장 혁신의 핵심적인 조건이 된다.

벤자민 프랭클린은 낭비 없는 삶을 실천한 대표적인 인물이다. 그는 인쇄업·정치·과학·발명 등 다양한 분야에서 업적을 남겼으며, 매일 13가지 덕목을 기록하고 실천하며 자신을 발전시켰다. 그가 강조한 덕목 중 하나는 바로 "시간을 낭비하지 않는다."는 원칙이었다. 그는 필요 없는 말과 행동을 지양하고, 결심한 일은 반드시 실천하며, 모든 일에 계획과 실행을 철저히 지켰다. 그의 철학은 오늘날 '프랭클린 다이어리'라는 기록 방식으로 이어져 많은 직장인의 시간관리와 목표설정에 도움을 주고 있다.

◆ 시간관리와 낭비 제거를 위한 실천 계획

현장에서도 이러한 철저한 시간관리와 낭비 제거가 필요하다. 계획 없는 작업, 중복된 공정, 불필요한 자원 사용은 모두 낭비로 이어진다.

 QSS 유한한 자원을 무한한 창의로

이러한 낭비는 생산성을 저하시킬 뿐만 아니라, 조직의 경쟁력을 약화시킨다. 따라서 낭비를 제거하고 가치를 극대화하기 위해서는 구체적인 실천 계획과 지속적인 관리가 필요하다.

목표를 명확히 설정하기

목표가 불명확하면 실천 계획이 흐트러지고, 결국 낭비로 이어진다. 연간 목표를 세우고, 이를 분기·월간·주간 계획으로 세분화하여 실천 가능한 구체적인 계획을 수립해야 한다. 목표를 세우는 과정에서 중요하지 않은 작업을 과감히 배제하고, 핵심적인 목표에 집중하는 것이 필요하다.

일상의 작은 실천을 통해 낭비 줄이기

현장에서 불필요한 자재나 장비는 정리 정돈을 통해 효율적으로 관리하고, 설비는 정기적으로 점검하여 고장을 예방해야 한다. 작은 실천들이 모여 큰 변화로 이어진다. 하루 10분씩만 투자해도 일주일이면 70분, 한 달이면 5시간이 절약된다. 이러한 시간은 더 중요한 업무에 집중할 수 있는 기회를 제공한다.

시간과 자원의 가치를 인식하기

일주일은 168시간으로 구성되며, 평균 7시간의 수면을 제외하면 119시간이 활동 시간이다. 이 시간 동안 어떻게 자원을 활용하느냐가 결국 개인과 조직의 성과를 결정한다. 단순히 시간이 흘러가는 것을 방치하는 것이 아니라, 흐르는 시간 속에서 가치를 창출할 수 있도록 노력해야 한다.

성과와 변화를 지속적으로 기록하고 평가하기

기록은 실천의 흔적이며, 실천은 결과로 이어진다. 기록된 데이터는 문제점을 발견하고 개선할 수 있는 기반이 된다. 매일의 작업을 기록하고, 주기적으로 평가하여 개선점을 찾아야 한다. 이를 통해 낭비를 지속적으로 줄이고, 가치 있는 결과를 도출해 낼 수 있다.

◆ 지속적으로 가치 있는 결과를 만들어 내는 과정

시간과 자원은 우리가 어떻게 활용하느냐에 따라 그 가치가 결정된다. 낭비 없는 현장 혁신은 단순히 공정을 줄이거나 비용을 절감하는 것이 아니라, 지속적으로 가치 있는 결과를 만들어 내는 과정이다. 이를 위해서는 작은 실천에서부터 철저한 계획과 지속적인 평가가 필요하다.

'시간은 흐르는 배'라는 비유가 있다. 우리는 그 배 위에서 자원을 활용하여 가치 있는 목적지로 나아가야 한다. 낭비 없는 관리와 가치 중심의 실천을 통해, 우리의 인생이라는 항로에서 의미 있는 결과를 만들어 나가야 한다. 이러한 노력들이 쌓여, 결국 "나는 잘 살고 있고 행복하다."고 자신 있게 말할 수 있는 삶을 만들어 갈 것이다. 그리고 이러한 삶의 방식이야말로 현장 혁신의 본질이자, 지속 가능한 경쟁력을 만들어 가는 첫걸음이 될 것이다.

　QSS 유한한 자원을 무한한 창의로

요약 

낭비 없는 시간관리가 행복을 만든다.

일신우일신(日新又日新)

'개선'은 국어사전에서 "잘못된 것이나 부족한 것, 나쁜 것 따위를 고쳐 더 좋게 만듦"이라고 정의된다. 그러나 산업 현장에서의 개선은 단순히 문제를 해결하는 데 그치지 않는다. 개선된 결과가 지속적으로 유지되고 관리되어야 비로소 진정한 가치를 발휘한다. 하지만 빠르게 변화하는 현대 사회에서는 단순한 유지관리가 아니라, 지속적인 발전과 변화가 필수적이다. 현상 유지만으로는 기업의 강점이 될 수 없다. 오히려 정체된 상태는 개선이 필요한 새로운 문제로 인식될 수 있다.

지속적인 개선은 조직과 프로세스, 제품, 서비스 전반에 걸쳐 필요하다. 이러한 지속성은 성공적인 혁신의 핵심 동력이다. 고대 중국 은나라 시조 성탕 임금은 "일신일신우일신(日新日新又日新)"이라는 글귀를 반명(盤銘)에 새겨 놓고 매일 발전하고 변화하는 삶을 다짐했다. 이 표현은 과거에서 현재까지 지속적이고 깨어 있는 발전적 노력이 기업의 진화와 발전의 핵심 요소임을 일깨운다.

◆ 지속적인 개선과 발전 사례

제한된 자원을 기술력으로 무한하게 확장한 사례는 여러 산업에서 찾아볼 수 있다. 1970년대까지만 해도 석유 생산은 대륙붕 연안에서만 가능했고, 탐사 기술은 초보적이었다. 석유가 20년 이내에 고갈될 것이라는 예측도 있었다. 그러나 기술이 발전하면서 심해나 바위틈 같은 어려운 환경에서도 석유와 가스를 채취하게 되었다. 이러한 기술적 혁신은 한때 한계로 여겨졌던 자원을 새로운 자원으로 전환시키며, 자원의 지속 가능성을 확보해 왔다. 기업들은 이러한 기술력을 통해 안정적으로 필요한 에너지를 확보하며 지속적인 생산 활동을 이어 가고 있다.

또한, 최근 각광받고 있는 랩 그로운 다이아몬드도 이러한 지속적인 개선의 대표 사례다. 벨기에의 안트베르펜 다이아몬드 센터(AWDC)에 따르면, 랩 그로운 다이아몬드의 생산 비용은 2008년 캐럿당 4,000달러에서 2018년에는 300~500달러로 감소했다. 이는 지속적인 기술 개발로 인한 결과다.

또한, 랩 그로운 다이아몬드는 블러드 다이아몬드와 같은 윤리적 문제에서도 자유롭고, 채굴 방식보다 탄소 배출량이 적어 환경적으로도 지속 가능성을 갖춘다. 초기의 성공에 안주하지 않고 지속적인 개선을 이룬 결과, 랩 그로운 다이아몬드는 보다 많은 소비자에게 접근 가능한 상품으로 자리 잡게 되었다.

◆ 안 되는 이유 대신, 할 수 있는 방법을

이러한 사례들은 공통적으로 '지속성'이라는 키워드를 가지고 있다. 조직은 '안 되는 이유'를 나열하는 대신, '할 수 있는 방법'을 지속적으로 찾고 시도해야 한다. 혁신은 단순히 한 번의 개선으로 끝나지 않는다. 지속적으로 새로운 가능성을 모색하고, 변화에 능동적으로 대응하는 자세가 필요하다.

이러한 지속성은 인간의 생물학적 시스템에서도 확인할 수 있다. 인체는 약 37.2조 개의 세포로 구성되어 있으며, 매일 약 0.025%의 세포가 교체된다. 이는 매일 약 930억 개의 세포가 죽고 새로운 세포가 탄생하는 과정이다. 약 11년이 지나면 인간의 대부분 세포는 완전히 교체된다. 이러한 생물학적 신진대사가 멈추지 않기에 인간은 생존할 수 있다.

그렇다면 우리는 기업과 조직 내에서 어떤 신진대사를 이루고 있는가? 지속적인 개선과 변화의 노력이 없다면, 조직은 정체될 수밖에 없다. '일신우일신'의 철학은 기업에도 그대로 적용된다. 조직은 끊임없이 스스로를 점검하고, 개선하며, 새로운 방식으로 진화해야 한다.

지속적인 개선과 발전은 선택이 아니라 필수다. 제한된 자원과 환경에서도 기술과 노력으로 끊임없이 새로운 가능성을 열어 가는 것이 바로 '일신우일신'의 실천이다. 그리고 이러한 지속성이 현장 혁신의 핵심이자, 기업의 지속 가능성을 담보하는 확실한 길임을 다시금 명심해야 한다.

요약 ∾

멈추지 않는 변화와 혁신이 곧 생존의 법칙이다.

새 생명을 불어넣는 개선

　가을이 되면 들녘은 온통 황금빛으로 물들고, 땀방울을 흘리며 추수하는 농부의 얼굴이 떠오른다. 우리는 언제부터 추수한 곡식을 저장하고 서로 가진 것을 사고 팔기 시작했을까? 아마도 농경 사회가 본격적으로 시작되고 농사 기술이 발전하여 생산량이 늘어나면서부터일 것이다. 수확량이 늘면서 자연스럽게 남는 곡식을 저장하고 필요한 물건들을 서로 물물교환하며, 많은 저장과 이동이 이루어졌고, '유통'이라는 개념이 탄생하게 되었다.

　유통은 생산과 소비 사이를 연결하는 기능을 의미한다. 생산과 소비 사이에는 장소, 시간, 사람 간의 이격이 존재한다. 예를 들어 식탁에 오르는 생선은 근해나 원양에서 오는 것으로, 생산과 소비 사이에는 장

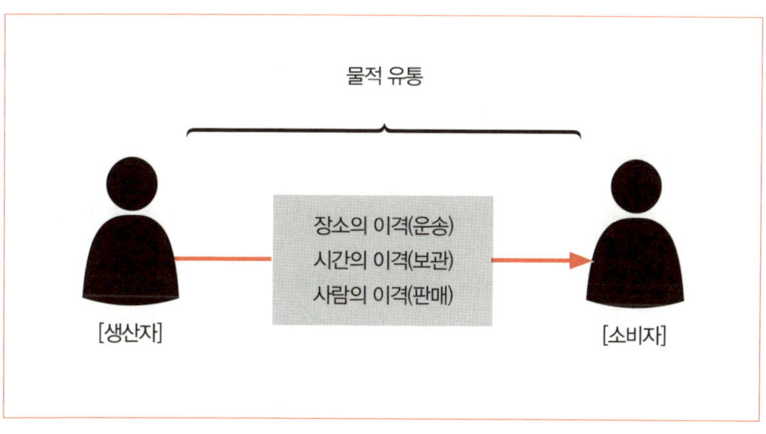

물류의 개념과 개선

소적 이격이 존재한다. 이를 연결하는 것이 바로 '운송기능'이다. 쌀은 가을에 수확되지만 연중 소비되므로, 생산과 소비 사이에는 시간적 이격이 존재하며, 이를 연결하는 것이 '보관기능'이다. 또한, 쌀을 생산한 사람은 필요 이상의 양을 팔아 현금화하고 다른 물건을 구매하고자 한다. 이러한 과정은 '판매기능'이 담당한다.

◆ 제조 현장에서의 물류의 개선

이렇게 장소와 시간의 이격을 메우는 것이 '물적유통(물류)'이며, 사람 간의 이격을 메우는 것이 '상적유통(상류)'이다. 제조 현장에서는 특히 물류의 개선이 중요하다. 물류의 핵심은 장소와 시간적 이격을 줄여 생산품이 낭비 없이 흐르도록 만드는 것이다. 그러나 종종 생산 현장에서는 물류의 본질을 잊고 필요 이상으로 저장 공간을 확보하거나, 시간적 이격으로 인해 재고가 늘어 제품 회전이 늦어지는 경우가 발생한다.

필자가 지도한 회사 중에는 1,000종류 이상의 내화물을 생산하는 공정이 있었다. 해당 공정에서는 가열로에서 나온 내화물을 종류와 사이즈별로 팔레트에 적재하여 별도의 저장 공간에 보관하였다. 하지만 입출고 통로가 하나뿐이어서, 제품을 포장하기 위해 다시 저장 공간에서 꺼낼 때 역물류가 발생하고, 필요한 제품을 찾는 데 많은 시간이 소요되었다.

이를 개선하기 위해 생산로트(Lot) 크기를 줄여 재고량을 최소화하고, 입고와 출고 통로를 별도로 구분하여 물건이 한 방향으로 흐르도록

　　QSS 유한한 자원을 무한한 창의로

변경했다. 그 결과, 하루에도 수백 번 발생하던 역물류가 감소하고, 제품 회전 속도도 크게 향상되었다.

◆ 물류 흐름의 단순화, 이격의 최소화

'물류'는 '사물이 흐른다'라는 의미를 지닌다. 즉, 생산하는 제품의 행선지와 두는 곳을 정하고, 시간과 수량을 최적화하여 흐름을 관리하는 것이다. 이는 일종의 '생명을 불어넣는' 과정이라고 할 수 있다. 목적지와 시간이 없는 물건은 존재 가치가 없는 죽은 물건이 되기 때문이다. 제조 현장에서 모든 제품에 생명을 불어넣고, 장소와 시간의 이격을 줄이는 노력을 지속한다면, 직원들은 낭비를 발굴하는 역량이 향상되고, 기업은 제품 회전의 가속화를 통해 경쟁력을 강화할 수 있을 것이다.

혁신은 작은 개선에서 시작된다. 물류 흐름을 단순화하고, 이격을 최소화하는 작업은 기업에 생명을 불어넣는 과정이다. 이러한 일련의 노력이 현장 혁신의 시작점이자 지속 가능한 경쟁력을 확보하는 핵심이 된다.

요약

제품에 생명을 불어넣고 장소, 시간, 사람의 간격과 흐름을 최적화하는 것이 물류의 개선이다.

생산 현장의 3현(現)의 실천

디지털 기술이 발전하면서 생산 현장은 실시간으로 모니터링할 수 있는 시스템으로 빠르게 진화하고 있다. 원격으로도 현장의 상황을 실시간으로 확인할 수 있는 시대가 되었고, 이는 업무 효율성을 높이는 긍정적인 변화를 가져왔다. 그러나 모니터 화면에 나타나는 정보는 단지 표면적인 사실일 뿐, 현장 너머의 진실까지 담아내기는 어렵다. 현장의 진실을 파악하기 위해서는 반드시 직접적인 확인과 체험이 필요하다.

◆ 현장 혁신의 기본, 3현(現) 철학

제조업에서 혁신은 정확한 사실 파악에서 시작된다. 그러나 우리는 종종 경험이나 추측에 의존해 사실을 왜곡하거나 단순화하는 오류를 범한다. 특히, 오랜 현장 경험을 가진 이들은 과거의 경험을 바탕으로 문제를 단순히 예측하려는 경향이 있다. 실험에 따르면 이러한 추측의 적중률은 약 80%로 높지만, 남은 20%는 치명적인 실수로 이어질 수 있다. 변화가 잦은 생산 현장에서는 이러한 실수가 품질 저하나 생산 차질로 직결된다.

이러한 문제를 방지하기 위해 제조 현장에서는3현(現)의 실천이 필수적이다. 3현은 일본 혼다자동차 창업자인 혼다 소이치로가 강조한 개

 QSS 유한한 자원을 무한한 창의로

념으로, '현장(現場)', '현물(現物)', '현실(現實)'을 뜻한다. 즉, 현장에서 직접 현물을 확인하고 현실을 인식해야만 정확한 문제 파악과 해결이 가능하다는 원칙이다. 이 철학은 P사, 현대자동차, LG디스플레이 등 국내 주요 제조기업에서도 혁신의 기본 이념으로 적용되고 있다.

◆ 3현(現)의 실천 방안

3현의 실천은 단순히 현장을 방문하는 것만으로는 부족하다. 시스템적이고 지속적인 관리가 필요하다.

경영진의 실천과 문화 정착

경영진이 먼저 현장을 방문하여 현물로 직접 확인하고 문제를 파악하는 문화를 정착시켜야 한다. 현장의 문제를 서류나 보고서로만 확인하는 방식은 실질적인 문제해결로 이어지기 어렵다. 경영진이 솔선수범하면 조직 내에서도 3현 실천의 중요성이 자연스럽게 강조된다.

눈으로 보는 관리

현장에서 직접 눈으로 현물을 보고 이상 징후를 즉시 파악할 수 있도록 관리시스템을 구축해야 한다. 이를 위해 시각적 관리(VM, Visual Management)를 적극적으로 도입하고, 설비나 제품의 이상 여부를 쉽게 인식할 수 있도록 표시와 관리체계를 마련해야 한다. 예를 들어, 제품의 이상 여부를 색상이나 표식으로 쉽게 구별하도록 설계하거나, 주기적인 현장 점검을 강화하여 이상 징후를 사전에 발견하도록 한다.

3현은 단기적 실천으로 끝나는 것이 아니라 지속적인 실행이 중요하다. 이를 위해 주기적인 점검, 피드백, 성과 평가 시스템을 운영해야 한다. 특히, 젊은 직원과 경력 직원 간의 협업을 통해 경험과 새로운 시각이 함께 반영될 수 있도록 해야 한다.

◆ 세대 간의 3현 실천 과제

최근 현장에서는 세대 간 경험의 차이로 인해 3현 실천이 어려운 경우가 많다. 고근속 직원들은 경험과 노하우가 풍부하지만, 퇴직을 앞두고 몸을 사리는 경우가 많다. 반면, 젊은 세대는 디지털 기술에 익숙하지만 직접적인 현장 경험은 부족한 경우가 많다. 이런 인력 구조에서는 3현 실천이 더욱 어려워질 수 있다.

이를 극복하기 위해서는 세대 간의 소통과 협력이 필요하다. 경험 많은 직원들이 젊은 직원들에게 현장 경험과 노하우를 전수하고, 젊은 직원들은 디지털 기술과 새로운 접근 방식을 도입하여 3현 실천을 강화해야 한다. 또한, 조직 차원에서 3현 실천을 독려하고, 이를 조직 문화로 자리 잡게 하기 위한 다양한 교육과 훈련이 필요하다.

3현은 단순한 관리 방법이 아니라, 현장 혁신을 이루기 위한 기본 철학이다. 이는 단순히 문제를 발견하고 해결하는 것을 넘어, 현장의

     QSS 유한한 자원을 무한한 창의로

진실을 파악하고 이를 통해 지속적인 개선과 혁신을 이끌어 내는 활동
이다.

현장에서의 3현 실천은 생산성과 품질을 높이고, 문제 발생 시 신속
한 대응을 가능하게 한다. 또한, 현장 직원들의 문제해결 역량을 강화
하고, 조직 전반의 혁신 역량을 한층 강화하는 데 기여한다. 지금이야
말로 3현 실천을 통해 생산 현장의 혁신을 이루고, 경쟁력을 강화해 나
가야 할 시점이다.

요약 ∽

현장에서 현물을 직접 보고, 확인하고, 행동하는 3현(現)이 개선
의 시작이다.

자율과 규율

자율과 규율은 조직의 지속 가능한 혁신과 성장을 좌우하는 중요한 원칙이다. 특히 생산 현장에서는 제품의 품질과 생산성을 좌우하는 기준이 된다. 한 사람의 인생에서도 자율과 규율은 삶의 방향을 결정짓는 기준이 되며, 이는 기업의 경쟁력 확보와 직결된다.

◆ 자율과 규율의 조화를 이룬 기업 사례

삶은 누구에게나 굴곡이 있으며, 좋은 결과와 나쁜 결과가 반복된다. 중요한 것은 나쁜 결과는 반복되지 않도록 방지하고, 좋은 결과는 지속적으로 유지하는 것이다. 이를 위해서는 결과가 도출되는 원리를 규명하고, 그 원리에 따라 일관되게 행동할 수 있는 규칙을 설정해야 한다.

생산 현장에서는 이를 '작업표준'이라 한다. 양품을 지속적으로 생산하기 위해서는 작업표준을 철저히 지키는 것이 필수적이며, 이는 현장의 규율이다. 그러나 단순한 규율만으로는 혁신을 이끌어 내기 어렵다. 자율적인 참여와 개선 의지가 함께 병행되어야 한다. 자율이란, 개인이 충분한 정보를 바탕으로 스스로 결정을 내릴 수 있는 능력이다. 규율은 조직이나 집단 내에서 일관된 행동과 질서를 유지하기 위한 기준이다.

QSS 유한한 자원을 무한한 창의로

삼성전자의 '포지티브 시스템'·'네거티브 시스템'

삼성전자의 권오현 전 회장은 이를 '포지티브 시스템'과 '네거티브 시스템'으로 구분하여 설명했다. 포지티브 시스템은 허가된 것만을 행하는 규율 기반 시스템이며, 네거티브 시스템은 금지되지 않은 모든 것을 허용하는 자율 기반 시스템이다. 현장에서 이 두 시스템은 적절히 균형을 이뤄야 한다. 지나친 규율은 창의성을 제한하고, 과도한 자율은 혼란을 초래할 수 있기 때문이다.

P사의 '자기사랑, 동료사랑, 회사사랑'

P사의 QSS(Quick Smart Solution) 활동은 규율과 자율의 균형을 통해 현장 혁신을 이루어가는 대표적 사례이다. QSS는 업무 지침을 규율로 정하고, 활동은 자율적으로 이루어지도록 설계되어 있다. 이 활동은 '자기사랑, 동료사랑, 회사사랑'이라는 철학을 바탕으로 진행된다.

자기사랑은 스스로의 가치를 높이고 지속적인 학습과 개선을 통해 성장을 추구하는 것을 의미한다. 동료사랑은 서로를 배려하며 공동의 목표를 설정하고 협력하는 과정이다. 마지막으로 회사사랑은 개인과 조직의 성공을 연결 짓는 철학으로, 전체적인 기업 경쟁력을 강화하는 데 기여한다. 이러한 활동은 자율적 참여와 규율의 준수를 통해 20년째 지속적으로 이루어지고 있다.

◆ 조직의 성공을 이끄는 자율과 규율의 균형

역사적으로도 자율과 규율의 중요성은 강조되어 왔다. 이순신 장군의 『난중일기』는 이러한 점을 잘 보여 준다. 그는 전쟁 중에도 엄격한 규율을 지키되, 전략적 토론과 건의에는 자율을 허용하였다. 특히 조직 내 무질서를 바로잡기 위해 탈영과 같은 사안에 대해서는 엄격히 처벌하였으며, 동시에 전쟁의 승리를 위해서는 누구든지 의견을 자유롭게 제시할 수 있도록 장려하였다. 이러한 자율과 규율의 균형은 그의 조직을 강하게 만들었으며, 결국 조선의 승리를 이끌어 냈다.

조직의 성공은 자율과 규율의 적절한 균형에 달려 있다. 규율 없는 자율은 무질서를, 자율 없는 규율은 경직성을 초래한다. 기업은 직원들이 자율적으로 개선활동에 참여하도록 장려하면서도, 규율을 통해 일관된 품질과 성과를 유지하도록 해야 한다. 이를 위해 조직 내 명확한 표준을 수립하고, 자율적 참여를 유도하는 시스템을 설계하는 것이 필요하다. 궁극적으로 자율과 규율이 조화를 이루는 조직만이 진정한 혁신과 지속 가능한 성장을 이룰 수 있다.

요약 ∾

자율과 규율이 균형을 이룰 때, 조직은 유연하고 강해질 수 있다.

QSS 유한한 자원을 무한한 창의로

일과 열 그리고 에너지 절감

기온이 상승하거나 신체가 운동이나 작업을 할 때, 인체에서는 자연스럽게 열이 발생하고, 이는 땀을 통해 배출된다. 마찬가지로 기계나 물체도 작동 시 필연적으로 열을 발생시킨다. 오늘날 우리는 열이 입자들의 평균 운동 에너지로 정의되며, 수많은 입자의 운동이 열로 감지되고 온도로 측정된다는 사실을 쉽게 이해하고 있다.

이러한 이해는 과학의 발전을 통해 이뤄진 결과이다. 아인슈타인의 원자론을 1908년 장 바티스트 페랭이 실험적으로 증명하기 전까지, 열은 물질로 인식되었다. 프랑스의 자연철학자 라부아지에는 열을 "칼로릭(Caloric)이라는 원소가 흐르는 것"이라 정의하였고, 사디 카르노는 칼로릭의 흐름이 모든 열기관의 동력이라고 믿었다. 그러나 영국의 물리학자 벤저민 톰슨은 대포의 포신을 물에 담근 채 마찰을 가하면 물이 뜨거워지는 현상을 통해 열이 마찰이라는 운동, 즉 '일'에 의해 생성된다는 사실을 증명하였다.

이후 에너지는 '일을 할 수 있는 능력'으로 정의되었고, 일은 물체에 힘을 가하여 일정한 거리만큼 이동시키는 과정으로 설명되었다. 이 힘은 자연계의 중력·전자기력·양력·강력 등에서 발생하며, 기업은 이러한 자연의 힘을 이용해 생산에 필요한 에너지를 확보하고 이를 자원으로 활용한다.

◆ 에너지 절감의 8가지(8R) 착안 사항

기업 입장에서 에너지는 도입과 운용에 많은 비용이 소요되기 때문에, 낭비 없이 효율적으로 사용하는 것이 필수적이다. 이를 위해 기업에서는 에너지 절감의 8가지(8R) 착안 사항을 중점적으로 검토한다. 이는 다음과 같다.

- 재이용(Reuse) : 사용 중인 에너지를 회수하여 다른 설비의 에너지원으로 활용한다.
- 감소(Reduce) : 에너지 사용 조건을 최적화하여 적정 필요량으로 줄인다.
- 재활용(Recycle) : 설비 개선을 통해 버려지는 에너지를 다시 활용한다.
- 억제(Refrain) : 설계와 제작 단계에서 원류 관리를 통해 에너지 사용을 억제하거나 고효율 설비로 전환한다.
- 재설계(Redesign) : 고효율 설비로 교체하여 에너지 손실을 줄인다.
- 재배열(Relayout) : 설비와 공정을 적정 위치로 재배치하여 효율성을 극대화한다.
- 재변화(Rechange) : 운전 조건이나 방법을 재조정하여 에너지를 절약한다.
- 재구성(Reformulation) : 제품, 부품, 원료, 설비를 다시 구성하여 효율을 높인다.

<table>
<tr><td>재이용(Reuse)</td><td>재설계(Redesign)</td></tr>
<tr><td>감소(Reduce)</td><td>재배치(Relayout)</td></tr>
<tr><td>재활용(Recycle)</td><td>재변화(Rechange)</td></tr>
<tr><td>억제(Refrain)</td><td>재구성(Reformulation)</td></tr>
</table>

에너지 절감 착안 사항

◆ 재설계와 재변화의 개선활동이 필요한 이유

실제 사례로, 필자가 지도한 한 전기로 공장은 재설계와 재변화를 통해 연간 약 5억 원의 에너지 비용을 절감하였다. 공장 내 700여 대의 모터를 전수 조사하여 공정별 필요 용량을 재설정하고, 고효율 모터로 교체하였다. 또한, 상시 가동과 일시 가동을 분리하여 에너지 사용을 최소화하였다. 이러한 노력은 단순히 비용절감 효과를 넘어, 전체 공정의 효율성을 개선하고 불필요한 낭비를 제거하는 결과로 이어졌다.

에너지는 설비에만 국한되지 않는다. 인체도 외부로부터 음식을 섭취하고, 이를 분해하고 소화하여 포도당이라는 에너지를 생성하여 세포에 공급한다. 체내 에너지는 효율적인 소비를 위해 끊임없이 조절된다. 기업에서도 이러한 원리를 응용해 개선활동을 추진해야 한다.

설비는 낭비 없는 에너지 사용이 가능하도록 개선하고, 작업환경은 직원이 효율적으로 작업할 수 있도록 배치하는 것이 중요하다. 이러한 개선은 단순히 에너지 비용을 절감하는 차원을 넘어, 기업의 경쟁력을 높이는 핵심 전략이 된다. 에너지 효율이 개선되면 생산 공정이 원활해지고, 이는 곧 제품 품질과 납기에도 긍정적인 영향을 미친다. 또한, 친환경 경영이 강조되는 시대에 있어. 에너지 절감은 기업의 지속가능성을 확보하는 핵심적인 활동으로 자리 잡는다.

에너지를 절약하는 개선활동은 단순한 비용절감을 넘어, 기업의 지속 가능한 미래를 위한 투자임을 인식해야 한다. 혁신은 거창한 것에서 시작되지 않는다. 일상 속에서 낭비를 줄이고, 효율을 높이며, 작은 변화들을 꾸준히 실천하는 것이 진정한 혁신의 시작이다.

요약

일과 열은 에너지로 연결되며, 효율적 사용이 곧 기업의 경쟁력이다.

  QSS 유한한 자원을 무한한 창의로

생각해 보기

우리 조직에서 소통이 원활하게 이루어지고 있는가?

그리고 협력을 방해하는 요소는 무엇인가?

4장

소통과 협력

소통은 기업 내외부에서 협력과 신뢰를 구축하는 데 핵심적인 역할을 한다. 우선, 명확하고 투명한 소통은 조직의 유연성과 적응력을 높이는 데 필수적이다. 업무 효율성을 높이고, 불필요한 오해나 갈등을 줄이는 데 기여하기 때문이다. 그뿐 아니라, 소통을 통해 구성원들은 조직의 목표와 비전을 공유하고, 각자의 역할과 책임을 명확히 이해하게 된다. 따라서 효과적인 소통은 조직의 문제해결 능력을 향상시키고, 구성원 간의 협업을 촉진하여 기업의 경쟁력을 강화한다.

◆ 소통을 통한 협력과 문제해결

그렇다면, 소통이 협력과 문제해결에 어떻게 기여할까? 원활한 소통은 협업을 촉진하고, 복잡한 문제를 해결하는 데 중요한 역할을 한다. 구성원들이 자유롭게 의견을 교환하고, 다양한 아이디어를 공유할 수 있는 환경은 창의적 해결책을 도출하는 데 도움이 된다. 또한, 소통을 통해 서로의 전문 지식과 경험을 결합하여 시너지 효과를 창출할 수 있다.

◆ 현대 기업의 소통 전략

최근 기업들은 소통 활성화를 위해 어떤 전략을 도입하고 있을까?

HD현대중공업

메타버스 간담회를 통해 대표이사와 임직원 간의 자유로운 의견 교환을 촉진하고 있다. 이는 온라인 소통을 선호하는 트렌드에 부합하며, 가상 환경에서 익명 채팅을 통해 개선점과 아이디어를 허심탄회하게 제안할 수 있도록 돕는다.

현대자동차

'일하는 방식, 콕(CoC)'을 중심으로 업무 몰입을 위한 다양한 조직문화 프로그램을 전개하고 있다. 이를 통해 수평적인 문화를 형성하고, 임직원들의 창의성과 도전 정신을 증진시키는 자율적이고 능동적인 업무 분위기를 조성하고 있다.

◆ **소통 문화 정착을 위한 방안**

소통은 신뢰 형성의 기반이 된다. 투명하고 일관된 소통은 구성원들 간의 신뢰를 높이며, 이는 조직의 안정성과 연대감을 강화하기 때문이다. 신뢰가 구축된 조직은 변화와 도전에 더욱 효과적으로 대응할 수 있다. 그렇다면, 소통 문화를 정착시키기 위해 어떤 방안을 고려할 수 있을까?

- 직급 체계 단순화와 호칭 변경 : 수평적 문화를 조성하여 자유로운 의견 교환을 촉진할 수 있다.
- 정기적인 간담회와 소통 프로그램 운영 : 경영진과 직원 간의 직접적인 대화를 통해 상호 이해를 증진할 수 있다.
- 디지털 소통 도구 활용 : 메타버스, 익명 게시판 등 다양한 플랫폼을 통해 소통의 장을 확대할 수 있다.
- 피드백 문화 정착 : 구성원들의 의견을 경청하고, 이를 반영하는 문화를 통해 참여도를 높일 수 있다.

소통은 협력과 신뢰의 초석이며, 이를 통해 조직은 문제해결 능력을 향상시키고 지속 가능한 성장을 이룰 수 있다. 따라서 기업은 소통 문화를 정착시키기 위해 지속적인 노력을 기울일 필요가 있다.

마음을 여는 소통

마음속에는 여러 개의 방이 존재한다. 어떤 방은 항상 열려 있어 누구나 자유롭게 드나들 수 있지만, 어떤 방은 굳게 닫혀 있어 쉽게 접근하기 어렵다. 또 어떤 방은 밖에서 잠겨 있어, 반드시 맞는 열쇠가 있어야만 들어갈 수 있다. 이러한 마음의 방은 사람마다 다르며, 기분이나 상황에 따라 열고 닫는 방식도 각기 다르다.

어떤 사람은 항상 마음의 문을 열어 두어 외향적으로 보인다. 반면에, 누구에게도 마음을 열지 않는 사람은 내성적으로 보일 수 있다. 때로는 누군가의 닫힌 방을 보고 "마음을 열어야 한다."고 권하지만, 마음을 여는 일은 생각보다 쉽지 않다. 때로는 나 자신도 내 마음속에 어떤 방이 있는지조차 알기 어렵다. 그렇기에 타인이 내 마음의 방을 찾고 열기를 바란다는 것은 더 어려운 일일 수 있다.

◆ 상대방의 마음의 문을 여는 열쇠

이러한 맥락에서 소통은 단순한 대화를 넘어 마음의 방에 들어가는 일이다. 소통은 '타인에게 이르는 가장 선한 길'이 되며, 상대방이 진심으로 문을 열고 나를 받아들일 때 진정한 소통이 이루어진다. 억지로 열려는 방은 방어벽이 작동하여 소통을 가로막지만, 적절한 열쇠로 문을 열 때 비로소 따뜻한 온기가 전해진다. 이는 마치 겨우내 얼어붙은

땅을 풀어내고 새싹이 자라나는 과정과도 같다.

이 열쇠는 충고보다 경청을, 판단보다는 응원을 선택하는 태도에서 시작된다. 그리스 철학자 아리스토텔레스는 효과적인 소통을 위해 세 가지 열쇠, 즉 에토스(Ethos) · 파토스(Pathos) · 로고스(Logos)를 제시하였다. 에토스는 진정성과 높은 윤리의식을 말한다. 자신이 솔선수범하며 진정한 마음을 가지고 다가갈 때 신뢰가 생긴다. 파토스는 상대방의 감정에 공감하고 기쁨과 슬픔을 함께 나누는 감성적 태도이다. 감정적 공감은 말보다 더 깊은 소통을 이끌어 낸다. 마지막으로 로고스는 논리적이고 사실에 기반한 설득을 말한다. 이는 거짓 없이, 상대가 납득할 수 있는 방식으로 자신의 생각을 전달하는 것이다.

◆ 소통의 핵심은 감성, 진정성, 방향성

진실된 태도만으로는 부족하다. 감성이 더해지면 소통의 영향력은 세 배가 되고, 여기에 진정성이 더해지면 여섯 배로 커진다. 소통은 강요가 아닌 배려로, 판단이 아닌 공감으로 접근해야 한다. 마음의 방은 억지로 열리는 것이 아니라 스스로 열리는 순간에만 진정한 소통이 가능하다.

현장 혁신에서도 소통은 핵심이다. 변화와 개선은 직원들의 마음이 열릴 때 가능하며, 이때 리더는 에토스 · 파토스 · 로고스를 적극적으로 실천해야 한다. 진정성을 바탕으로 공감하고, 논리적으로 방향성을 제시하는 리더가 있을 때 조직은 보다 건강하게 성장할 수 있다.

 QSS 유한한 자원을 무한한 창의로

현장의 소통은 단순한 지시와 보고를 넘어서야 한다. 서로의 마음을 이해하고 진심을 주고받는 과정이 필수적이다. 이러한 소통이 반복될 때, 혁신은 단순한 변화가 아닌 조직 문화로 자리 잡을 수 있다. 그래서 우리는 오늘도 상대방의 마음속 문을 열기 위해, 경청하고 공감하며 진심으로 다가가야 한다. 이것이 바로 현장 혁신의 첫걸음이다.

요약 ❧

마음을 여는 소통은 공감과 진정성에서 시작된다.

건강한 소통

우리말에 "발품을 판다."는 말이 있다. 이는 직접 발로 뛰어다니며 얻은 경험과 노력으로 결과를 만들어 내는 과정을 의미한다. 이러한 과정에서 쌓인 경험은 오랜 시간 기억에 남아 긍정적인 성과를 만들어 내는 중요한 에너지원이 된다.

하지만 현대인의 삶에서 발품을 파는 일은 점차 줄어들고 있다. 차를 타고 이동하거나 엘리베이터로 오르내리며 최소한의 이동만 하는 생활이 일상화되었다. 그러다 보니 예전처럼 고달픈 순간이나 벅찬 감동을 느끼는 일도 줄어들었다. 편리함은 주어졌지만, 그로 인해 소중한 경험이 사라진 셈이다. 희생과 고생의 과정이 사라진 곳에서는 새로운 희망이 자리 잡기 어렵고, 건강한 경쟁 역시 뿌리내리기 힘들다.

◆ 혼자보다 함께, 땀 흘리는 경험

과거에는 보릿고개를 넘었던 경험을 통해 삶의 교훈을 전하고자 했다. 부모들은 자녀들에게 고생했던 시절을 이야기하며 감사함과 삶의 의미를 가르치려 했다. 그러나 단순히 말로만 전해지는 교훈은 원하는 행동을 이끌어 내기 어렵다. 반복되는 이야기는 오히려 피로감을 주고 소통의 단절로 이어질 수 있다.

서울대학교 '행복연구센터'의 연구에 따르면, 사람은 혼자보다 함께

할 때 더 큰 행복을 느끼며, 특히 몸으로 함께 땀 흘리는 경험은 행복감을 배가시킨다고 한다. 이 같은 경험은 기업문화에서도 긍정적인 역할을 한다. 최근에는 마라톤 같은 단체 스포츠 활동이 인기를 끌고 있다. 연인, 가족 단위의 참가자뿐만 아니라, 임직원들이 함께 참여해 고통의 순간을 나누고 서로 응원하며 뛰는 모습이 일상이 되었다. 완주 후 서로를 얼싸안고 기쁨을 나누는 모습은 말로 설명할 수 없는 소통의 순간이다.

◆ 달리기, 개인과 기업의 성장 동력으로

특히 마라톤은 2030 세대 사이에서 새로운 소통의 문화로 자리 잡고 있다. 2024년 서울 마라톤에서는 2030 세대의 참가 비율이 50.4%로 급증했다. 이는 단순한 건강 관리 차원이 아니다. 제니퍼 헤이스의 『운동의 뇌과학』에 따르면, 달리기는 집중력과 창의력을 높이고, 노화 예방과 정신적 건강을 유지하는 데 도움을 준다고 한다.

자연스럽게 달리기는 젊은 세대의 라이프스타일로 자리 잡았고, '러닝 크루'라는 이름으로 소통의 공간이 확장되고 있다. P사를 비롯한 철강 기업들은 매년 5월 하남시 미사 경정공원에서 '철강마라톤'을 개최해 세대를 초월한 소통의 장을 마련하고 있다. 필자도 직원들과 함께 달리며, 업무 외 소통의 시간을 가지려 노력하고 있다. 함께 땀을 흘리는 과정에서 형성된 신뢰와 유대감은 단순한 업무 관계를 넘어서는 긍정적인 에너지가 된다.

　건강한 몸에 쌓이는 지식은 결국 기업과 개인 모두에게 성장의 원동력이 된다. 그렇기 때문에 필자는 '달리기'를 기업과 개인이 함께 실천할 수 있는 건강한 소통 방법으로 제안하고 싶다. 달리면서 쌓인 체력은 개인에게 자신감을, 기업에는 지속 성장의 에너지를 제공할 것이다. 이러한 경험을 통해 얻은 성과는 단순한 체력 이상의 가치를 지닌다. 이것이 바로 현장에서 체험하고, 몸으로 부딪히며 얻어지는 혁신의 진정한 모습일 것이다.

서울대학교 행복연구센터

요약 ∽

함께 뛰며 땀 흘리는 순간, 소통은 가장 건강한 힘을 갖는다.

감사한 마음이 소통을 만든다

새해가 되면 사람들의 마음은 새로운 다짐과 희망으로 가득 찬다. 그해 해당하는 띠의 기운처럼 활기찬 결심과 소망이 가득하고, 서로 주고받는 새해 인사 속에는 기쁨과 건강을 바라는 마음이 담긴다. 이러한 시기에는 소통의 벽이 자연스럽게 허물어지는 듯하다. 과거의 어려움도 쉽게 용서되고, 세대 간, 조직 간 소통도 부드럽게 이루어진다. 하지만 이런 자연스러운 소통은 왜 평소에는 어려운 걸까? 이 질문은 '감사한 마음'에서 해답을 찾을 수 있다.

◆ 소통의 시작, '감사'의 힘

기업에서는 세대 간 소통과 부문 간 협력을 위해 다양한 프로그램을 시행한다. 사외 강사를 초청해 교육을 진행하고, 소통 프로그램을 개발하여 실행하지만 기대만큼의 성과는 얻기 어렵다. 그러나 새해가 되면 특별한 노력 없이도 소통이 원활해지는 것은 누구나 '나눠 주는 자(Giver)'가 되기 때문이다. 감사와 긍정을 나누고, 지나간 실수는 관대하게 넘기며, 건강과 행복을 기원하는 마음을 전한다. 이러한 자세가 진정한 소통의 시작이다.

소통은 나이와 지위가 아닌, 주고받는 마음의 차이에 달려 있다. 마치 높은 곳에 있는 사람이 아래 사람과 대화하려면 스스로 내려가야 하듯, 진정한 소통은 상대방의 위치로 다가가는 것에서 시작된다. 그리고 그 중심에는 '감사한 마음'이 자리 잡는다. 감사한 마음은 소통의 열쇠이자, 위기 상황에서 조직을 지탱해 주는 힘이다.

감사는 원석과 같다. 그 자체로도 가치가 있지만, 어떻게 가공하느냐에 따라 다양한 쓰임새를 갖는다. 감사한 기억은 평소에는 잘 느껴지지 않지만, 예상치 못한 어려움이 닥쳤을 때 강력한 응원의 도구가 된다. 상대방이 진심으로 고마움을 느꼈던 경험은 위기 상황에서 소통을 원활하게 하고, 조직의 결속력을 강화시킨다.

◆ 형식이 아닌 진정성 있는 '평소의 소통'으로

그러나 형식적이거나 의도적인 소통은 오히려 독이 될 수 있다. 겉으로만 하는 칭찬이나 억지로 진행되는 조직 프로그램은 구성원들에게 진정성을 전달하지 못하고, 오히려 소통의 벽을 더 두텁게 만들 수 있다. 특히 상대방의 진심을 읽지 못하고 강요하듯 소통하려 한다면, 이는 오히려 신뢰를 잃게 만드는 결과를 초래한다.

조직이 위기를 극복하는 힘은 결국 '평소의 소통'에서 나온다. 위기에 직면해도 평온함을 유지하고, 업무 조율과 의사결정이 원활하게 이루어지는 조직은 이미 탄탄한 소통의 기반을 갖추고 있다. 반면 위기가 닥쳤을 때 비로소 열심히 움직이고 구호를 외치는 조직은 위기 대응 시스템이 부재하다는 증거다. 시스템 없는 조직은 망하기 직전이 가장 바쁘다는 말처럼, 위기를 대비하는 노력은 사전에 이루어져야 한다.

진정한 소통은 감사에서 시작된다. 작지만 진심 어린 감사의 표현은 상대방의 마음을 열게 하고, 평소에 쌓인 감사의 기억은 조직의 위기 대응력을 강화시킨다. 조직의 건강한 소통을 위해서는 형식이 아닌 진정성 있는 소통이 필요하다. 감사한 마음을 자주 표현하고, 이를 조직 문화로 정착시키는 것이 진정한 소통의 출발점임을 기억해야 한다.

요약 ❧

감사의 마음이 소통의 문을 열고, 조직을 단단하게 만든다.

엘리베이터 소통

기업을 경영하는 CEO들의 공통된 고민 중 하나는 시간 부족이다. 업무 특성상CEO가 일반 직원을 직접 만나는 기회는 드물다. 특히, 직원들이 가지고 있는 아이디어나 의견이 CEO에게 직접 전달되는 일은 더욱 어렵다. 대부분의 경우 상급자를 통해 여러 단계를 거쳐야 하며, 이 과정에서 평균적으로 한 단계마다 20~40% 정도의 정보가 왜곡된다고 한다. 세 단계를 거치게 되면 70% 이상이 왜곡된 정보로 전달되는 셈이다.

그렇다면 직접 의견을 전달할 수 있는 기회, 바로 '엘리베이터 스피치'를 어떻게 활용할 것인지 고민해 볼 필요가 있다. 엘리베이터 스피치는 CEO와 함께 엘리베이터에 탄 짧은 시간 동안 자신의 의견을 명확하고 효과적으로 전달하는 것을 말한다. 이 기회를 제대로 활용하지 못하면 자신의 능력을 제대로 보여 주지 못할 수 있다.

◆ 엘리베이터 소통의 세 가지 유형

예를 들어, 어느 날 김 과장이 우연히 CEO와 함께 엘리베이터를 타게 되었다. CEO는 "에너지 절감 프로젝트는 잘되고 있나?"라고 물었다. 이때 김 과장이 보일 수 있는 세 가지 유형의 반응을 살펴보자.

당황한 나머지 아무 말도 하지 못하는 경우

머릿속에 여러 단어들이 떠올라 정리가 안 되고, 결국 우물쭈물하다가 엘리베이터가 도착해 아무 말도 하지 못하는 상황이다. 이 경우, 김 과장은 CEO에게 무능력한 인상만 남기게 된다.

말을 길게 이어 가다가 시간을 초과하는 경우

"계획 중입니다만, 이것도 문제고, 저것도 문제고, 생산성도 고려해야 하고….''라고 이야기하다가 CEO가 내릴 층에 도착하면, CEO는 '아직 문제가 많구나.'라는 인상만 받게 된다. 결국 김 과장이 속한 부서 전체가 부정적인 평가를 받을 수 있다.

명확하게 전달하는 경우

세 번째 유형은 가장 이상적인 사례다. "현재 직원들의 에너지 절감 의식이 아직 부족하지만, 지속적인 변화 관리와 성공 체험을 통해 3분기 말까지 1차 목표를 달성할 계획입니다. 김 대리가 8월부터 현장에 배치되면 더욱 밀도 있게 진행하여 프로젝트를 성공적으로 마무리할 것입니다." 이렇게 명확하게 전달한 후, CEO가 추가 질문을 하면 간결하게 '예' 또는 '아니오'로 답변하고 상황을 종료하는 것이다. 이 경우, 김 과장은 준비된 인상과 함께 긍정적인 평가를 받을 수 있다.

◆ 명확한 소통과 준비된 대응

이처럼 자신의 업무를 함축적으로 정리하여 명확하게 전달하는 연습은 매우 중요하다. 평소에 준비되어 있지 않으면, 중요한 순간에 제대로 대응하지 못하고 기회를 놓칠 수 있다. 엘리베이터 스피치는 짧은 시간 안에 자신의 역량을 효과적으로 보여 줄 수 있는 기회다.

또한, 말을 길게 이어 가기보다는 핵심만 전달하고 상대방의 반응을 살피는 것이 좋다. 필요 이상으로 시간을 초과하여 말하는 것보다는 짧고 명확하게 전달하는 것이 더욱 효과적이다. 이는 단순히 엘리베이터라는 한정된 공간에서의 상황에만 국한되는 것이 아니다. 일상 속에서도 종종 발생하는 상황이기 때문에, 자신의 생각을 항상 정리해 두는 습관이 필요하다.

현장 혁신을 이루기 위해서는 명확한 소통과 준비된 대응이 필수적이다. 짧은 시간 안에 효과적으로 소통하는 능력은 개인의 역량을 강화할 뿐 아니라, 조직 내 원활한 의사소통과 현장 혁신에도 긍정적인 영향을 미칠 것이다.

요약 ❧

짧은 순간이 기회를 만들고, 자신의 생각을 잘 정리하는 습관이 경쟁력이 된다.

메시지의 중요성

　기업은 비전 선포나 신년사 등을 통해 내부와 외부 이해관계자들에게 강력한 메시지를 전달한다. 이러한 메시지는 기업의 전략적 방향성을 명확히 하고, 구성원들의 일체감을 조성하며, 사회적 책임을 다하겠다는 실행 지침으로 신뢰와 지지를 이끌어 낸다. 특히 최고경영자의 취임 시 전달되는 메시지는 기업의 미래를 예측하고 이해관계자의 지지를 확보하는 중요한 요소로 작용한다.

◆ 업의 본질을 명확히 직시하기

　메시지의 본질은 기업의 성장과 발전을 결정짓는 주요 요소다. 기업은 대표가 이해하여 선포하는 메시지의 범위를 절대 넘어설 수 없다. 그렇기에 메시지는 기업의 현재와 미래를 평가하는 기준이 된다. 선언적 의미가 담긴 메시지는 업의 본질을 명확히 직시하고, 경쟁사와 차별화된 가치를 제공해야 한다. 이를 통해 내부적으로 조직 문화를 형성하고, 일관된 방향성을 제시해 전 조직이 하나의 목표를 향해 나아가도록 해야 한다.

　업의 본질은 해당 산업의 지속성과 성패를 결정하는 핵심 문제다. 경영자의 메시지는 이러한 본질을 명확히 파악하여 담아야 한다. 만약 시대에 따라 유행하는 말만을 적당히 섞어 메시지를 전달한다면, 시장은 냉담하게 반응할 것이다. 이는 결국 경쟁에서의 실패로 이어진다.

◆ 차별화된 전략의 수립

예를 들어, 전자상거래 업의 본질은 동일한 상품을 판매한다는 점에서 출발한다. 상품의 질과 기능은 플랫폼에 따라 달라지지 않기에, 소비자가 해당 플랫폼에서 상품을 구매할 이유를 제공해야 한다. 쿠팡의 사례가 대표적이다. 쿠팡은 새벽 로켓 배송과 조건 없는 쉬운 반품이라는 차별화된 전략을 통해 소비자들에게 구매 이유를 제공했다. 이를 가능하게 하기 위해 쿠팡은 직접 상품을 매입하고, 물류 혁신을 통해 소비자가 원하는 시간에 상품을 제공하는 시스템을 구축했다. 이처럼 업의 본질을 파악하고 차별화된 전략을 수립하는 것이 핵심이다.

◆ 수도꼭지 효과

또한, 메시지 전달 시 '수도꼭지 효과'를 고려해야 한다. 이는 변화가 효과로 나타나기까지 일정 시간이 필요함을 의미한다. 기업이 새로운 비전을 선포하거나 정책을 도입할 때, 그 효과가 나타나기까지 기다림이 필요하다. 기다리지 못하고 성급하게 방향을 바꾸면 예상보다 큰 부작용이 발생할 수 있다. 변화하는 경영 환경에서는 새로운 해결책이 필요하지만, 업의 본질을 무시해서는 안 된다.

    QSS 유한한 자원을 무한한 창의로

따라서, 메시지를 통해 업의 본질을 정확히 파악하고 이를 기반으로 차별화된 전략을 수립하는 것이 중요하다. 이는 기업의 지속 가능한 성장을 위한 필수 조건이며, 현장 혁신을 이끄는 원동력이 될 것이다.

요약

좋은 메시지는 기업의 방향을 결정짓는 나침반이 된다.

공감과 소통

GE(General Electric)는 산업화 시대를 이끌어 온 미국의 대표적인 기업이었다. 전구, 기관차, 항공기 엔진 등 다양한 산업에서 혁신을 주도하며 1990년대에는 21세기형 기업혁신모델로 인정받았다. 당시 CEO 잭 웰치는 GE의 혁신 리더십을 세계적 벤치마킹 사례로 만들었다. 국내에서도 삼성, LG, P사 등 많은 기업들이 GE형 6시그마 혁신모델을 도입하여 현장 혁신을 추구했다. 특히 워크아웃 타운 홀 미팅을 통해 직원들이 자유롭게 문제를 토론하고, 개선 방안을 도출하며, 리더가 즉시 실행하는 시스템은 기업문화의 혁신적인 사례로 주목받았다.

◆ 장기적 성장보다 단기적 이익에 치중한 결과

그러나 GE는 2018년 다우지수에서 111년 만에 퇴출되며 경영 실패를 경험했다. GE의 몰락은 혁신의 초심을 잃은 것에서 비롯됐다. 제조업 기반의 기업으로 시작한 GE는 금융업에 집중하면서 제조 중심의 기업가 정신을 상실했다. 단기적인 성과와 주주가치 극대화에 집중한 결과, 제조업 기반의 지속 가능성을 저해하였다. 경쟁을 촉진하고 비효율적인 사업부는 구조조정을 단행하며 장기적 성장보다는 단기적 이익에 치중했다. 이러한 방향성은 기업의 DNA를 약화시키고 위기 대응 역량을 저하시키는 결과로 이어졌다.

　　　　QSS 유한한 자원을 무한한 창의로

지속 가능한 기업은 변화 관리에 대한 지속적인 노력이 필요하다. 변화 관리 전문가인 짐 콜린스는 창의성과 혁신을 존중하는 기업문화, 고객과의 지속적인 소통, 그리고 개선과 인재 육성을 강조했다. 실제로 기업의 장기적인 성공은 단기적 성과보다 현장의 문제를 인식하고 해결하려는 노력이 바탕이 된다. 특히 현장 혁신을 위한 소통은 기업이 지속적인 발전을 도모하기 위한 필수 조건이다.

◆ GE의 실패 사례에서 얻는 교훈

GE의 실패 사례는 소통과 공감의 중요성을 시사한다. GE는 제조업의 본질을 잊고 금융업에 집중하며 고객과의 소통이 약화되었다. 내부적으로도 사업부 간 경쟁심을 유도하면서 협업보다는 이기적인 성과 추구가 문화로 자리 잡았다. 이는 혁신을 방해하고 조직의 연속성을 약화시키는 요인이 되었다.

조직은 다양한 인재들이 함께 협력하고 소통하는 과정에서 시너지가 창출된다. 따라서 기업은 위기의식을 갖고 경영층과 직원 간의 공감대를 형성하며, 지속적인 소통으로 현장의 문제를 해결해야 한다. 이런 문화가 형성되어야만 지속 가능한 혁신과 성장을 기대할 수 있다.

기업의 성패는 현장 혁신을 얼마나 잘 이끌어 내는지, 그리고 이를 위해 얼마나 효과적으로 공감하고 소통하는지에 달려 있다. GE의 사례는 기업이 단기적 성과에 집중하기보다는 장기적인 비전과 혁신적 소통을 통해 지속 가능성을 확보해야 한다는 교훈을 남긴다.

요약 ∾

기업의 위기 극복은 공감과 소통으로 지속적 혁신을 추진하는
것이다.

세대 간 소통의 도구

인류는 오래전부터 생존과 발전을 위해 음식을 얻는 방식을 지속적으로 발전시켜 왔다. 이러한 노력은 단순히 식량을 확보하는 차원을 넘어, 인간의 지혜와 지식이 누적되어 발전해 온 과정을 반영한다. 초기에는 동굴 벽화나 구전으로 정보가 전해졌고, 종이와 문자의 발명으로 기록의 형태가 바뀌었다. 현대에 이르러서는 정보통신기술을 통해 영상으로도 손쉽게 정보를 접할 수 있게 되었다. 이러한 발전 과정의 저변에는 정보와 지식의 정리 정돈이 있었다.

◆ 정리 정돈과 5S 활동

정리 정돈은 단순한 청결을 넘어 효율적인 정보 전달과 업무 수행을 위한 필수 조건이다. 국어사전에서는 정리를 '흐트러지거나 혼란스러운 상태에 있는 것을 한데 모으거나 치워서 질서 있는 상태가 되게 함'으로 정의하고, 정돈은 '어지럽게 흩어진 것을 규모 있게 고쳐 놓거나 가지런히 바로잡아 정리함'으로 설명한다.

일본에서는 이러한 정리 정돈의 개념을 산업 현장 관리에 체계적으로 접목하여 5S 활동을 발전시켰다. 5S는 정리(SEIRI), 정돈(SEITON), 청소(SEISO), 청결(SEIKETSU), 습관화(SHITSUKE)의 앞 글자를 따서 명명되었다.

- 정리 : 필요한 것과 불필요한 것을 구분하고, 불필요한 것은 과감히 제거하는 과정
- 정돈 : 정리된 물품을 사용하기 쉽고, 사용 후에도 되돌리기 쉬운 구조로 배치하는 활동
- 청소 : 이러한 정리 정돈 상태를 주기적으로 점검하고 문제점을 개선하는 과정
- 청결 : 청소의 결과물을 유지하기 위한 지속적인 유지관리
- 습관화 : 이를 반복하여 조직 문화로 내재화하는 것

◆ 공동의 목표, 간단한 활동, 소통의 도구

P사는 2005년부터 전 공장에 걸쳐 5S 활동을 지속해 오고 있다. 작업 현장, 자재 창고, 사무실 등 모든 공간에서 5S를 실천하여, 낭비 없는 효율적인 작업환경을 구축해 왔다. 이 활동은 계층, 근속, 지식에 관계없이 모든 직원이 참여하여 동료애와 협동심을 고취하는 데 기여하고 있다. 정돈된 현장은 작업자의 동선을 줄이고, 불필요한 시간을 절약하여 업무 효율을 높인다. 또한 작업환경이 안전하게 유지되어 사고 위험을 줄일 수 있다. 그러나 5S 활동은 당연하게 여겨져 소홀해지기 쉬운 점이 있다.

중요한 것은 이러한 5S 활동을 단순한 관리 차원이 아닌, 세대 간 소통의 도구로 활용하는 것이다. MZ세대를 포함한 다양한 세대가 함께 작업환경을 개선하는 과정에서 자연스럽게 공감대를 형성할 수 있다.

     QSS 유한한 자원을 무한한 창의로

공통된 목표인 '일하기 편하고 안전한 현장'을 만드는 과정에서 세대 간 벽은 허물어질 수 있다.

이러한 활동은 단순히 정리 정돈을 넘어서, 현장 혁신을 실현하는 실질적인 방법이다. 특히, 소통이 어려운 세대 간에도 5S 활동은 일의 결과를 통해 자연스럽게 협력과 공감을 이끌어 낸다. 작은 정리 정돈에서부터 시작된 변화는 결국 큰 조직문화의 변화로 확장될 것이다.

현장 혁신은 단순히 생산성의 향상만을 의미하지 않는다. 구성원들이 함께 개선을 논의하고 실천하는 과정에서 조직 내 소통과 협력이 깊어질 때, 비로소 혁신은 진정한 가치를 발휘하게 된다. 그리고 이러한 혁신은 모든 세대가 함께 만들어 갈 때 더욱 깊은 뿌리를 내릴 수 있다.

요약 ≈

5S 활동은 세대를 넘어 소통하고 협력하는 최고의 도구다.

최소의 법칙

최소량 법칙은 생물학과 다양한 산업 영역에서 중요한 개념으로 자리 잡고 있다. 이는 작물이나 생물체의 성장과 생존이 여러 필수 요소 중 가장 제한적인 요소에 의해 결정된다는 법칙이다. 제한적인 단일 요소가 전체 시스템의 성과를 좌우한다는 의미로, 이 법칙은 제조 현장의 혁신에도 깊은 시사점을 준다.

19세기 독일의 화학자 유스투스 폰 리비히는 식물 생장에 필수적인 여러 요소 중, 가장 부족한 요소가 생장을 제한한다는 사실을 밝혀냈다. 질소, 인산, 칼륨, 석회 중 하나라도 부족하면 다른 요소들이 충분해도 식물은 제대로 성장할 수 없다. 이처럼 단일적인 제약 요소를 정확히 파악하고 이를 개선하는 것이 생태적 균형을 유지하는 핵심이 된다.

◆ 사례와 적용

최소의 법칙은 우리의 일상에서도 쉽게 발견된다. 추석 명절의 고속도로는 병목 구간이 발생하여 극심한 혼잡을 겪는다. 이를 피하기 위해 사람들은 귀성 시점을 조절하거나 경로를 변경하는 등의 지혜를 발휘한다. 인터넷 속도 역시 마찬가지다. 아무리 빠른 컴퓨터와 강력한 회선이 있어도, 가장 성능이 떨어지는 모뎀이 전체 속도를 제한한다. 오

QSS 유한한 자원을 무한한 창의로

디오 시스템 또한 가장 낮은 성능의 기기에 의해 음질이 결정된다. 이러한 사례들은 최소의 법칙이 얼마나 보편적으로 적용되는지를 보여준다.

◆ 제조 현장에서의 최소의 법칙

제조 현장에서 최소의 법칙은 더욱 직접적으로 적용된다. 생산 공정에서 가장 생산성이 낮은 병목 공정이 공장 전체의 생산 수준을 결정짓는다. 이는 관리자가 병목 공정을 지속적으로 모니터링하고 개선해 나가야 하는 이유다. 혁신의 본질은 가장 약한 고리를 찾아 이를 개선하는 데 있다. 병목 공정을 발견하고 개선하는 과정이야말로 현장 혁신의 출발점이라 할 수 있다.

물은 어디까지 차는가?

안전관리에서도 최소의 법칙은 중요하다. 모든 안전 장비가 완벽하게 작동하더라도 작은 위험요소 하나가 전체의 안전을 위협할 수 있다. 그러므로 관리자는 사소한 위험요소라도 세심하게 관리해야 한다. 이는 단순히 사고를 예방하는 차원을 넘어, 현장의 신뢰를 구축하는 근간이 된다.

◆ 인재 육성과 최소의 법칙

기업에서 인재 육성은 단순히 개인의 발전을 넘어서 조직 전체의 지속 가능성을 결정하는 요소다. 조직 내에서 가장 낮은 수준의 역량을 가진 직원이 전체의 성장 한계를 결정할 수 있다. 따라서 기업은 구성원의 능력을 지속적으로 개발하고, 약점을 보완하는 데 집중해야 한다. 이러한 개선은 단기적인 투자로 끝나지 않고, 장기적인 성장을 위한 필수적인 전략이 된다.

◆ 최소의 법칙과 개인의 삶

개인의 건강과 행복 역시 최소의 법칙에서 자유로울 수 없다. 신체적 또는 정신적으로 취약한 부분이 있다면, 그 부분이 삶의 질을 제한하게 된다. 정기적인 건강 검진과 꾸준한 관리로 이러한 제약 요소를 미리 발견하고 보완하는 것이 중요하다. 작은 문제가 방치되면, 그것이 전체 건강에 큰 위협이 될 수 있다. 심리적 영역에서도 마찬가지다. 삶의 만족도를 높이기 위해서는 취약한 부분을 세심하게 점검하고 개선해야 한다.

러시아의 문호 톨스토이는 "행복한 사람은 모든 행복의 요소가 충족된 사람이지만, 불행한 사람은 특정한 요소가 부족해 불행을 느낀다."라고 말했다. 이는 최소의 법칙이 우리 일상에 얼마나 밀접하게 작용하고 있는지를 상기시킨다. 최소의 법칙은 단순한 과학적 이론을 넘어, 우리의 삶과 조직, 제조 현장에 깊이 자리 잡고 있다.

현장 혁신의 출발은 가장 약한 부분을 찾아 이를 개선하는 데 있다. 단일적인 약점이 전체 시스템을 제한하는 만큼, 이를 극복하기 위한 노력이 지속되어야 한다. 그렇게 할 때, 조직은 진정한 의미의 혁신을 이룰 수 있으며, 개인의 삶도 한층 더 풍요로워질 수 있다.

요약 

가장 부족한 요소가 전체를 결정한다.

제조 현장의 일과 낭비를 구분하고
제거하는 방법을 알고 있는가?

5장

위기 관리와 문제해결

기업은 예기치 않은 위기 상황에 직면할 수 있으며, 이러한 상황에서 신속하고 효과적인 대응 능력은 기업의 생존과 직결된다. 따라서 체계적인 위기 관리와 문제해결 방법론을 숙지하고 적용하는 것이 필수적이다.

◆ 위기 관리 계획 수립을 위한 6단계

기업이 예상치 못한 사건이나 상황에 대비하고 대응하는 과정을 '위기 관리'라고 한다. 효과적인 위기 관리는 기업의 핵심 자산과 평판을 보호하며, 장기적인 피해를 최소화한다. 이를 위해서는 사전에 잠재적 위협을 식별하고, 대응 계획을 수립하며, 정기적으로 이를 검토하고 업데이트하는 과정이 필요하다. 이를 체계적으로 정리한 것이 Asana의 가이드이며, 다음과 같은 6단계 위기 관리 계획을 통해 기업은 위기 상황에서도 신속하고 일관된 대응을 할 수 있게 된다.

- 위기 리더십 팀 구성 : 위기 발생 시 대응할 핵심 인력으로 팀을 구성한다.
- 리스크 평가 : 기업이 직면할 수 있는 다양한 위험요소를 식별하고 분석한다.
- 비즈니스 영향 분석 : 각 위험요소가 비즈니스에 미칠 잠재적 영향을 평가한다.
- 대응 방안 계획 : 식별된 각 위험에 대한 구체적인 대응 전략을 수립한다.
- 계획 공고화 : 수립된 계획을 문서화하고, 관련 이해관계자와 공유하여 실행 가능성을 높인다.
- 정기적 검토 및 업데이트 : 환경 변화에 따라 계획을 지속적으로 검토하고 수정한다.

◆ 문제해결을 위한 방법론

위기 상황에서 효과적인 문제해결 능력은 필수적이다. 다양한 문제해결 방법론 중 대표적인 것으로는 맥킨지의 7단계 문제해결 프로세스가 있다. 이러한 단계적 접근을 통해 문제를 체계적으로 분석하고 해결

 QSS 유한한 자원을 무한한 창의로

할 수 있다.

- 문제 정의 : 해결해야 할 문제를 명확히 규정한다.
- 문제 구조화 : 문제를 세부 요소로 분해하고, 우선순위를 설정한다.
- 가설 설정 : 가능한 해결책에 대한 가설을 수립한다.
- 데이터 수집 및 분석 : 가설 검증을 위한 데이터를 수집하고 분석한다.
- 해결책 도출 : 분석 결과를 바탕으로 최적의 해결책을 도출한다.
- 실행 계획 수립 : 도출된 해결책을 실행하기 위한 구체적인 계획을 세운다.
- 성과 평가 및 피드백 : 실행 결과를 평가하고, 필요한 경우 수정 및 보완한다.

이 밖에도 복잡하고 애매한 문제에 직면했을 때, 플렉슨(Flexon) 접근법은 문제의 형태를 변화시켜 혁신적인 해결책을 도출하는 데 유용하다. 이 방법은 다양한 상황과 분석 차원에서 적용 가능하며, 문제를 구조적으로 표현하여 새로운 관점을 제공한다.

◆ **위기 관리의 핵심 원칙**

그렇다면 기업은 위기 상황에서 어떠한 원칙을 핵심적으로 고려해야 할까?

- 가정의 재검토 : 기존의 가정을 다시 확인하여 변화된 상황에 맞게 조정한다.
- 주의와 경계 유지 : 위기 상황에서도 냉철한 판단과 주의를 기울인다.
- 속도와 모멘텀 관리 : 신속한 대응과 지속적인 추진력을 유지한다.
- 핵심 연결망 관리 : 중요한 이해관계자와의 소통과 협력을 강화한다.
- 실패 원인 예측 : 잠재적인 실패 요인을 사전에 파악하고 대비한다.

이러한 원칙을 준수함으로써 기업은 위기 상황에서도 효과적으로 대응할 수 있다. 기업은 위기 관리와 문제해결을 위한 체계적인 방법론을 도입하고, 이를 지속적으로 연습함으로써 예기치 않은 상황에서도 신속하고 효과적으로 대응할 수 있는 역량을 강화해 나가야 한다.

   QSS 유한한 자원을 무한한 창의로

우리 회사는 왜 안되는가

　기업 경영은 예측 가능한 과정만으로 이루어지지 않는다. 특히 사회를 뒤흔드는 기술 변화 속에서 성공과 실패를 가르는 차이는 생각보다 단순한 원인에서 비롯된다. 그러나 이러한 불확실성을 이유로 변화를 회피하거나 부인한다면 현재의 상태조차 유지하기 어렵다. 표면적인 현상만으로 본질적인 변화를 간과해서는 안 된다. '왜 우리 회사는 안되는가?', '왜 우리 조직은 제대로 작동하지 않는가?'라는 질문은 현장 혁신의 시작점이 된다. 컨설턴트로서 마주했던 고민을 공유하고자 한다.

◆ 비전의 공감 부족

　조직의 비전은 단순히 제시하는 것으로 끝나지 않는다. 경영층과 직원 간 비전의 공감대가 형성되어야 한다. 자발적 공감이 어렵다면 진정성 있는 설득 과정이 필요하다. 수직적인 구조 속에서도 수평적인 사고방식을 통해 인간존중의 자세로 설득해야 한다. 강압적 지시나 위계적인 관리 방식은 일견 조직을 단단하게 보이게 하지만, 작은 충격에도 쉽게 무너질 수 있는 약점을 내포하고 있다.

　관리자는 직원들의 어려움에 귀 기울이고, 현실적인 문제해결에 솔선수범해야 한다. 직원들의 신뢰를 얻는 과정이 비전 공감의 시작이다. 비전은 단순한 구호가 아니라, 구성원의 행동으로 구체화될 때 조직의 성장 동력이 된다. 경영층부터 현장 직원에 이르기까지 모두가 비전을 공유하고 실천해야 한다. 그래야만 위기 속에서도 흔들리지 않는 조직이 만들어진다.

◆ 관리자의 구태의연한 업무 방식

현장은 끊임없이 변화하지만, 관리자의 일하는 방식이 변화에 뒤처진다면 조직은 정체될 수밖에 없다. 문제가 있는 설비가 검증 없이 도입되거나, 막대한 투자에도 불구하고 성과 없이 방치되는 경우가 종종 발생한다. 이러한 상황은 조직의 위기를 더욱 심화시킨다. 문제가 발생해도 누구도 책임지지 않고, 위기의 신호를 무시한다면 결국 조직은 중요한 기회를 잃게 된다.

관리자는 현장의 목소리에 더 가까이 다가가야 한다. 진정성 있는 소통과 문제해결의 노력이 필요하다. 표면적인 성과보다는 실제적인 변화와 개선에 집중해야 한다. 비전은 단순히 말로만 존재하는 것이 아니라, 현장에서 체감되는 결과로 이어질 때 비로소 조직 문화로 자리 잡는다. 그러기 위해서는 관리자의 적극적이고도 세심한 현장 관리가 필수적이다.

QSS 유한한 자원을 무한한 창의로

◆ 내실 없는 실적 중심의 문화

조직에서 내실을 다지지 않은 실적 경쟁은 지속 가능한 성과로 이어지기 어렵다. 일회성 성과에 집착하거나 경쟁을 부추기기만 한다면, 결국 조직 내에 남는 것은 불신과 피로감뿐이다. 특히 강압적인 경쟁은 조직의 근본적인 역량을 약화시킨다. 중요한 것은 결과가 아니라, 결과를 만들어 내는 과정이다.

성과는 개인적 노력에서 비롯되기도 하지만, 체계적이고 표준화된 프로세스를 통해 조직적으로 축적될 때 더욱 큰 가치를 지닌다. 개인의 경험은 암묵지로 남지만, 조직적인 성과는 형식지로 축적되어 기업의 지속 성장 기반이 된다. 따라서 기업은 단기적인 성과보다는 장기적인 프로세스 개선과 내실 있는 성과 축적에 집중해야 한다.

현장 혁신은 비전의 공감, 관리자 업무 방식의 개선, 그리고 내실 있는 실적 문화에서 시작된다. 이러한 요소들이 유기적으로 연결될 때, 조직은 외부 변화에도 흔들리지 않는 탄탄한 경쟁력을 갖추게 될 것이다.

요약 ∽

비전의 공감, 일하는 방식, 내실 있는 성과가 기업 성공의 핵심이다.

일과 낭비

일은 인간의 삶을 지탱하는 근본적인 활동이다. 그러나 일의 의미는 시대와 사회에 따라 달라져 왔다. 중세 시대에는 일이 신의 저주로 여겨졌다. 에덴동산에서 쫓겨난 인간이 부여받은 고통스러운 숙명처럼 여겨진 것이다. 하지만 종교개혁 이후, 마틴 루터와 칼뱅은 일을 '소명'으로 해석했다. 일이 신의 부름에 응답하는 가치 있는 행위로 인식되기 시작한 것이다. 이로 인해 직업을 천직으로 여기게 되고, 각 분야에서 장인과 전문가가 탄생했다. 일은 단순히 생계를 위한 수단을 넘어, 자신의 존재를 증명하고 가치를 창출하는 과정이 되었다.

현대 사회에서는 일에 대한 인식이 더욱 확장되었다. 에디슨은 "나는 한 번도 일한 적이 없다. 모두가 재미있는 놀이였을 뿐이다."라고 했고, 아인슈타인은 "성공하고 싶다면 일을 놀이처럼 하고, 놀이를 일

기업에서 일의 개념

처럼 하라."고 말했다. 이러한 인식은 산업혁명을 가능하게 했고, 오늘날 인공지능과 자동화로 이어지는 4차 산업혁명으로까지 발전하게 만들었다.

◆ 기업에서의 일과 낭비의 개념

그렇다면 직장에서의 일은 어떻게 정의할 수 있을까? 기업에서 일은 '고객이 돈을 지불할 가치가 있는 활동'으로 정의된다. 예를 들어, 생산 과정에서 고객의 요구에 따라 재료가 변형·변질·분리·결합으로 가공되는 상태가 바로 '일'이다. 반면, '낭비'는 고객이 가치로 인정하지 않는 활동이다. 재료가 가공되지 않고 이동하거나 정체되는 시간은 낭비로 간주된다. 낭비는 생산비용을 증가시키고 효율성을 저하시킨다.

◆ 낭비 제거는 비용절감을 넘어 생존의 문제다

낭비를 줄이는 것은 현장 혁신의 핵심이다. 동일한 제품을 생산하더라도 기업마다 원가 차이가 발생하는 이유는 낭비관리의 차이 때문이다. 성공적인 기업은 생산 과정에서 불필요한 낭비를 인지하고 지속적으로 개선해 나간다. 일본의 도요타자동차는 이러한 개선활동의 모범적인 사례다. 1937년 설립 이후, 도요타는 '마른 수건도 쥐어짠다.'는 말이 나올 정도로 끊임없는 개선활동을 지속해 왔다. 이러한 노력으로 도요타는 최근 10년 이상 매년 수십조 원에 달하는 영업이익을 기록하며 글로벌 500대 기업 상위권을 유지하고 있다.

이러한 사례는 낭비 제거가 단순한 비용절감의 문제가 아니라, 기업의 생존과 직결된 문제임을 보여 준다. 생산 과정에서 낭비를 줄이고, 효율적인 작업 방식을 체계화하는 것이야말로 경쟁력을 확보하는 길이다. 이는 단순히 기업의 이익을 넘어, 직원들이 보람과 만족을 얻고, 일에 대한 열정을 지속할 수 있는 기반이 된다.

일은 단순한 활동이 아니다. 그것은 삶의 척추와 같다. 직장은 우리가 생계를 유지하고 자아를 실현해 나가는 공간이다. 그렇기에 일과 낭비를 명확히 인식하고, 매일의 업무 속에서 개선을 추구하는 태도가 중요하다. 반복되는 일상 속에서도 끊임없이 낭비를 줄이고, 효율을 높여 나가는 노력은 결국 개인과 조직 모두에게 지속 가능한 발전과 행복을 가져다줄 것이다.

요약 ⁊

고객의 가치로 일을 인식하고, 낭비를 줄이는 것이 곧 기업의 경쟁력이다.

생산 현장의 7대 낭비

생산 현장에서 가장 자주 듣는 말 중 하나는 '원가를 낮춰야 경쟁력을 갖출 수 있다.'는 것이다. 경제의 흐름을 보면, 생산기술은 선진국에서 후진국으로, 기술 선도 국가에서 후발 국가로 전파되어 왔다. 이 과정에서 생산기술이 일반화되면서 제품은 과잉 공급되기 시작했다. 공급이 과잉되면, 제품의 판매가는 자연스럽게 하락하게 된다. 이는 기업이 이익을 내기 위해 원가절감 노력을 하지 않으면 시장에서 도태될 수밖에 없다는 현실을 의미한다. 이러한 상황에서 기업이 유지되어야 할 최소 원가를 '생존원가'라 부른다.

따라서 기업은 원가절감을 위해 생산 과정에서 발생하는 낭비를 적극적으로 제거해야 한다. 이를 위해 '일'과 '낭비'에 대한 명확한 인식이 필요하다. '일'은 고객이 가치를 인정하고 대가를 지불할 의사가 있는 활동을 의미한다. 예를 들어, 제품을 가공하여 고객의 요구에 맞게 만들어 가는 과정이 이에 해당한다. 반면, '낭비'는 고객이 가치로 인정하지 않는 불필요한 활동으로, 생산과정에서 재료가 이동하거나 정체되면서 원가만 상승시키는 상태를 의미한다.

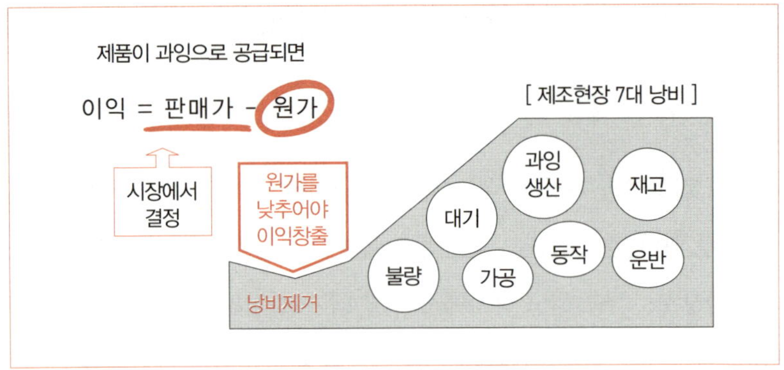

원가를 낮추는 방법

◆ 7대 낭비의 정의

제조 현장에서는 이러한 낭비를 7대 낭비로 정의하고 있다.

- 과잉생산의 낭비 : 고객이 요구하지 않은 제품을 과도하게 생산
  하거나, 수요를 예측해 미리 생산함으로써 재고가 증가하고 자
  원의 낭비를 초래한다.
- 대기의 낭비 : 공정 간의 불균형이나 설비 트러블, 인력의 지연
  으로 발생하는 대기시간이다. 생산 흐름이 중단되면서 비효율이
  발생한다.
- 운반의 낭비 : 공정 간의 과도한 이동, 불필요한 운반 경로, 비
  효율적인 레이아웃 등이 낭비를 초래한다. 이는 생산 흐름을 방
  해하고 원가를 상승시킨다.

QSS 유한한 자원을 무한한 창의로

- 가공의 낭비 : 고객이 요구하지 않는 추가적인 가공이나 필요 이
  상의 공정이 낭비로 이어진다.
- 재고의 낭비 : 필요 이상의 원자재, 반제품, 완제품 재고가 쌓이
  면 불필요한 자본이 묶이고, 보관과 관리비용이 증가한다.
- 동작의 낭비 : 작업자의 불필요한 움직임, 반복적인 잡기, 들
  기, 놓기 등의 동작이 생산성을 저하시키고 피로를 가중시킨다.
- 불량의 낭비 : 제품 불량으로 인해 재가공이나 재작업이 필요한
  경우다. 이는 원가를 상승시키고 납기일을 지연시킨다.

이러한 낭비는 고객의 주문이 수시로 변화함에 따라 생산의 네 가지 요소인 설비, 사람, 재료, 방법이 유연하게 대응하지 못할 때 발생한다. 결국 현장의 관리력과 기업의 역량이 이 대응 능력에 의해 결정된다.

◆ 현장 혁신을 통한 낭비 제거

낭비를 줄이기 위한 대표적인 사례로는 P사의 개선활동이 있다. 이회사는 설비를 '닦고, 조이고, 기름치는' 기본 관리 활동을 전사적으로 수행하고 있다. 이를 통해 설비의 고장을 예방하고 가동률을 높이고 있다. 사람에 대해서는 작업을 표준화하고 위험요소를 제거하여 불필요한 동작을 최소화하고 있다. 재료는 5S 활동을 통해 위치와 재고량을 명확히 관리하고 있다. 방법은 과제활동을 통해 지속적으로 개선하고 있다.

이처럼 낭비를 줄이고 효율을 높이기 위한 노력은 단순히 원가절감을 넘어 현장 혁신의 핵심이다. 고객의 수요 변동에도 신속하게 대응할 수 있는 체계적인 시스템과 관리가 필요하다. 이러한 개선활동은 직원들에게도 자부심과 성취감을 제공한다. 스스로의 업무를 개선해 나가는 과정에서 자신의 성장을 체감할 수 있으며, 이는 기업 경영에도 긍정적인 기여로 이어진다.

낭비를 줄이고 개선을 지속하는 과정은 기업의 경쟁력을 강화하는 핵심이다. 현장에서의 작은 개선이 모여 기업 전체의 체질을 변화시키고, 지속 가능한 성장을 가능하게 만든다. 이는 곧 '현장 혁신'의 시작점이자, 기업과 개인 모두의 발전을 위한 중요한 활동임을 인식해야 한다.

요약

생산 현장의 낭비를 제거하는 것이 곧 기업의 생존이고, 개인의 성장이다.

QSS 유한한 자원을 무한한 창의로

문제해결의 인식

일상과 업무 속에서 우리는 수많은 변화와 결과에 직면한다. 어떤 결과는 단순한 현상으로 지나가지만, 어떤 것은 문제로 인식된다. 문제는 반드시 원인과 해결 방법이 존재한다. 이를 인식하고 제대로 대응하는 능력이 개인의 삶과 조직의 안정성을 좌우한다.

예를 들어, 코로나19 감염병의 4차 대유행이 예상보다 심각해진 이유는 문제를 인식하고 대응하는 과정에서의 부족함과 안이함 때문일 수 있다. 초기의 경미한 징후를 단순한 현상으로 치부하고 적극적인 대응을 미루면서 문제는 확산되었다. 이는 문제해결의 인식이 얼마나 중요한지를 잘 보여 준다.

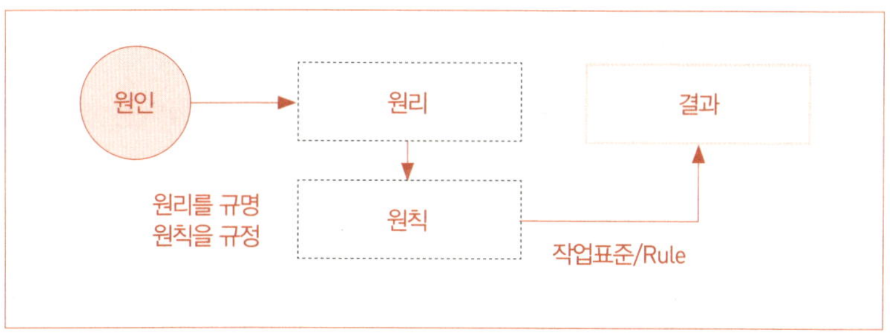

좋은 결과의 도출 방법

◆ 문제해결의 첫걸음인 원리의 이해

문제를 해결하려면 원인과 결과 사이에 작용하는 원리를 인식하는 것이 필수적이다. 이 원리가 제대로 파악되지 않으면, 잘못된 해결 방안으로 인해 문제가 오히려 악화될 수 있다. 반대로 원리를 정확히 이해하면 문제를 올바르게 진단하고 효과적인 해결책을 마련할 수 있다. 원리 인식은 조직의 규범이나 원칙으로 정리되어야 한다. 이는 현장에서 '작업표준'이나 '규칙(Rule)'이 되어 구성원들이 동일한 기준으로 문제를 인식하고 대응하도록 돕는다.

◆ 문제와 문제점의 명확한 구분

문제를 해결하기 위해서는 '문제'와 '문제점'을 명확히 구분해야 한다. 문제는 '현재 상태와 바람직한 목표 사이의 차이'다. 예를 들어, 제품의 불량률이 목표보다 높은 상황이 문제다. 이 문제를 해결한다는 것은 현재와 목표 간의 차이를 줄이거나 없애는 것이다. 반면, 문제점은 이러한 문제를 발생시키는 구체적인 요인으로, 우리가 직접 해결할 수 있는 항목을 말한다. 불량률이 높은 원인이 불량 부품 때문이라면, 불량 부품이 바로 문제점이다.

이러한 구분은 문제의 본질을 정확히 파악하고 해결의 우선순위를 정하는 데 필수적이다. 문제점이 명확해야 실질적인 개선이 가능하다. 이를 위해 현장에서는 문제가 발생할 때마다 원인과 현상을 면밀히 분

    QSS 유한한 자원을 무한한 창의로

석하고, 문제점을 구체적으로 정의하는 노력이 필요하다.

◆ 현장 혁신과 문제해결

문제해결은 단순한 일회성 활동이 아니다. 이는 현장 혁신의 시작점이다. 문제를 인식하고, 원인을 규명하고, 해결책을 실행하는 일련의 과정은 기업의 경쟁력을 강화하는 중요한 과정이다. 이 과정에서 중요한 것은 반복적인 학습과 개선이다. 작업자는 문제를 해결하면서 문제해결 능력을 키우고, 현장은 점점 더 개선되어 간다.

예를 들어, 한 제조 공정에서 불량률이 높아지는 문제가 발생했다고 가정하자. 단순히 불량품을 제거하는 것만으로는 문제를 해결할 수 없다. 왜 불량이 발생하는지를 원리적으로 파악하고, 원인이 되는 문제점을 찾아내야 한다. 그 후 표준작업 절차를 개선하거나 설비를 조정하여 재발을 방지하는 것이 진정한 해결책이다.

문제해결은 단순히 일시적인 성과를 내기 위한 활동이 아니다. 이는 조직의 체질을 변화시키고, 지속 가능한 성장을 위한 기반을 마련하는 과정이다. 문제를 제대로 인식하고, 문제점에 대한 체계적인 분석과 개선이 이루어질 때, 현장은 끊임없이 혁신되고 기업의 경쟁력은 강화된다. 이러한 개선의 반복은 개인의 역량 향상으로 이어지며, 조직 전체의 발전을 이끈다. 이는 단순한 문제해결을 넘어 현장 혁신의 근간이 된다.

문제를 단순히 피해야 할 것이 아니라, 적극적으로 인식하고 개선해 나가는 태도가 중요하다. 문제는 개선의 시작이며, 그 과정을 통해 조직은 한층 더 강해진다.

파레토 법칙

파레토 법칙은 이탈리아 경제학자 비라토 파레토가 발견한 원리로, '20%의 원인이 80%의 결과를 만든다.'는 개념이다. 파레토는 자신의 텃밭에서 완두콩을 수확하던 중, 20%의 콩깍지가 전체 수확량의 80%를 차지한다는 사실을 발견했다. 이 경험을 통해 그는 이탈리아 전 국토의 80%를 20%의 소수가 소유하고 있으며, 전체 국부의 80%도 소수가 차지하고 있음을 관찰했다. 이러한 발견은 다양한 사회 현상과 기업 경영에도 적용되기 시작했다.

◆ 20:80, 선택과 집중의 힘

품질경영 분야에서는 듀란 박사가 이 법칙을 확장 적용했다. 품질 불량의 대부분이 소수 원인에서 발생한다고 분석하여, 문제해결에 있어 효율성을 극대화할 수 있었다. 이는 '20:80 법칙'으로 불리며, 문제의 핵심 원인을 빠르게 파악하고 해결하는 대표적인 품질 개선 도구로 자리 잡았다. 현재도 다양한 기업과 연구소에서 적극적으로 활용되고 있다.

현대 기업 환경은 디지털과 인공지능의 발전으로 빠르게 변화하고 있으며, 불확실성은 더욱 커지고 있다. 이러한 시대에 파레토 법칙은 선택과 집중이라는 지혜를 제공한다. 예를 들어, 기업의 수익 대부분은 소수의 충성 고객에게서 발생하는 경우가 많다. 따라서 기업은 이러한 핵심 고객층을 식별하고, 지속적인 서비스를 제공하여 장기적인 비즈니스 관계를 유지하려 노력한다. 이는 고객 유지 비용을 절감하고, 안정적인 수익 구조를 구축하는 데 기여한다.

◆ 디지털 시대의 파레토 법칙

디지털 시대의 다양한 현상에도 파레토 법칙은 적용된다. 음악 스트리밍 플랫폼에서는 상위 20%의 작곡가가 전체 재생 횟수의 80%를 차지하는 경우가 많다. 이러한 현상은 '롱테일 비즈니스' 전략으로도 확

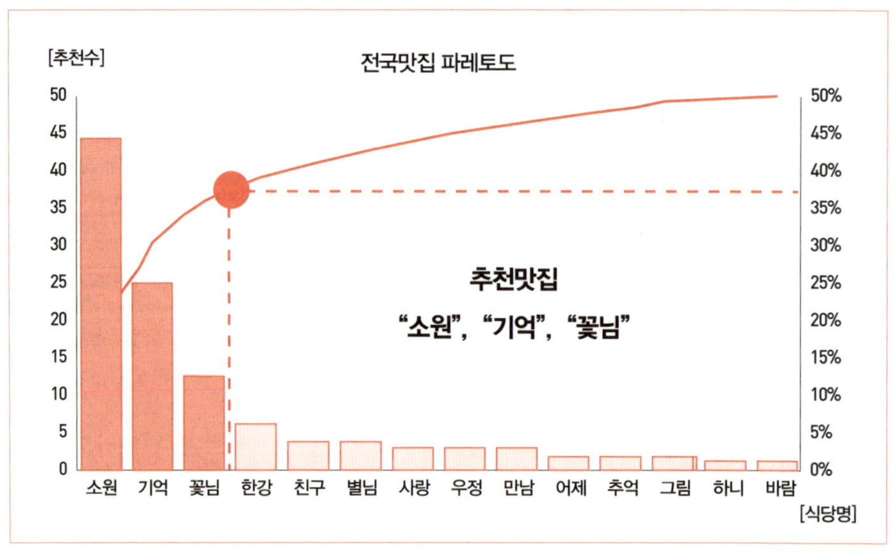

파레토 다이어그램 : 핵심적인 20% 찾기

    QSS 유한한 자원을 무한한 창의로

장되었다. 80%의 잘 알려지지 않은 작곡가들의 곡을 대상으로 새로운 마케팅을 시도하여 새로운 가치를 창출하는 방식이다. 기업들은 이를 통해 자원을 효율적으로 배분하고, 전략적 우선순위를 정하여 경쟁력을 강화하고 있다.

◆ 파레토 법칙의 핵심 지혜

필자는 지난 20여 년 동안 다양한 중견기업과 중소기업을 대상으로 컨설팅을 진행하며, 파레토 법칙의 실효성을 직접 확인해 왔다. 그 경험을 바탕으로 파레토 법칙을 현장 혁신에 적용하기 위해 다음과 같은 지혜가 필요하다고 판단한다.

핵심에 집중하라

파레토 법칙은 가장 중요한 20%의 요소가 전체 성과의 80%를 만든다는 점을 강조한다. 이는 제한된 자원을 효율적으로 배분하기 위해 반드시 필요한 접근법이다. 비효율적인 부분은 과감히 제거하고, 가치 창출에 직결되는 핵심 업무에 집중하여 생산성을 극대화해야 한다.

낭비를 제거하라

중요도가 낮은 활동에 자원을 투입하는 것은 불필요한 낭비다. 이러한 활동들은 성과에 기여하지 못하고, 오히려 조직의 자원과 시간을 소모하게 만든다. 지속적인 점검과 분석을 통해 불필요한 작업을 찾아내고 제거하는 과정이 필요하다.

주기적인 분석과 적용

파레토 법칙은 변화에 따라 반복적으로 적용되어야 한다. 시장 환경과 조직의 상황은 끊임없이 변하기 때문에, 주기적인 분석을 통해 핵심 문제와 우선순위를 재설정해야 한다. 이는 현장의 문제해결력과 혁신 능력을 강화하는 핵심 과정이 될 것이다.

파레토 법칙은 단순한 통계적 원리가 아니라, 현장 혁신을 위한 전략적 사고의 틀이다. 모든 것을 잘하려 하기보다는, 가장 중요한 20%를 정확히 식별하고 여기에 집중하는 것이 효과적인 결과를 만들어 낸다. 이는 자원을 효율적으로 활용하고, 지속적인 성과를 만들어 내는 핵심 전략이 된다. 문제해결과 혁신은 선택과 집중에서 시작된다. 변화하는 환경에 빠르게 적응하고, 핵심 과제를 정확히 파악하여 개선해 나가는 과정은 기업의 경쟁력을 강화하고 지속 가능한 성장을 이끄는 원동력이 된다. 파레토 법칙은 이러한 과정 속에서 중요한 나침반 역할을 한다.

요약 ∾

세상을 변화시키는 지혜는 핵심에 집중하고 낭비를 최소화하는 데 있다.

QSS 유한한 자원을 무한한 창의로

보이지 않는 개선의 중요성

우리는 일상에서 보이는 것만으로 사물을 판단하는 경향이 있다. 사람을 처음 만날 때도 겉모습이나 태도만으로 그 사람을 평가하기 쉽다. 그러나 진정한 가치는 눈에 보이지 않는 내면에서 비롯된다. 이를테면, 사람의 성장 과정이나 인성은 쉽게 드러나지 않지만, 관계의 깊이를 결정하는 중요한 요소다. 이러한 시각은 기업에서도 동일하게 적용된다. 기업의 성과는 눈에 보이는 이익뿐 아니라, 보이지 않는 내부적인 개선과 혁신에서 비롯된다.

기업이라는 단어의 어원은 '사람(人)이 일(業)로 머무른다(止)'는 의미를 지닌다. 이는 기업이 단순히 이익을 창출하는 장소가 아니라, 구성원들이 함께 성장하고 발전하는 공간이어야 함을 시사한다. 이익 창출은 눈에 보이는 결과지만, 직원들의 능력 향상과 낭비를 줄이는 개선활동은 보이지 않는 과정이다. 이 두 가지가 균형을 이루어야 기업은 지속적으로 성장할 수 있다. 특히, 현장의 낭비를 발굴하고 제거하는 활동은 가시적인 이익뿐 아니라, 조직의 내실을 다지는 중요한 과정이다.

◆ 생산 현장의 보이지 않는 낭비

생산 현장에서는 고객의 주문이 수시로 변동된다. 이에 따라 재료, 설비, 인력이 유연하게 대응해야 한다. 그러나 이러한 과정에서 '불필요, 불균일, 불합리'라는 낭비가 발생하게 된다. 대표적으로는 과잉생산, 재고, 운반, 가공, 동작, 불량, 대기라는 7대 낭비가 있다.

이 중 가장 치명적인 낭비는 과잉생산이다. 필요 이상의 제품을 미리 생산하면 창고 공간이 부족해지고, 재고 관리 비용이 증가한다. 과잉 재고는 대기시간을 늘리고, 공간부족으로 인해 불필요한 이동과 동작이 발생한다. 이러한 과정에서 제품이 손상되거나 불량이 발생할 위험도 커진다. 이는 단순한 낭비를 넘어, 기업의 경쟁력을 약화시키는 요인이 된다.

◆ 현장 개선 사례

필자가 컨설팅한 한 내화물 생산공장에서도 이러한 문제가 발생했다. 당시 이 공장은 7개의 품목을 일주일간 각각 하루씩 생산하고 대량으로 창고에 저장해 출하량을 맞췄다. 그러나 과잉생산으로 인해 재고가 쌓였고, 창고 공간이 부족해지는 문제가 반복되었다.

이를 개선하기 위해 '준비교체 전담반'을 신설했다. 공정별로 품목 전환 시간을 단축하고, 하루에 3~4개의 품목을 생산하여 주 3회 출하하도록 시스템을 변경했다. 이로써 공정 내 저장 공간과 재고를 50% 이상 절감할 수 있었다. 단순히 재고를 줄이는 것에서 그치지 않고, 생산 효율성을 높이고 낭비를 체계적으로 제거한 사례였다.

   QSS 유한한 자원을 무한한 창의로

◆ 보이지 않는 개선을 보이게 하라

이러한 개선활동은 단순히 수치적인 성과를 넘어 조직 문화와 작업 방식까지 변화시켰다. 낭비를 정확히 구분하고, 이를 체계적으로 관리하는 과정에서 직원들의 개선 역량도 함께 성장했다. 더 나아가, 이러한 경험은 조직 전체의 혁신 능력을 강화시키는 기반이 되었다.

보이지 않는 낭비를 구체적으로 인식하고 개선하는 것은 단순히 이익을 증대시키는 데 그치지 않는다. 직원들은 이러한 개선 과정을 통해 문제해결 능력을 키우고, 업무에 대한 주도성과 책임감을 갖게 된다. 이는 곧 조직의 경쟁력으로 이어진다.

보이지 않는 개선이 기업의 미래를 결정짓는다. 지속적인 개선과 혁신을 통해 기업은 영속 가능한 조직으로 성장할 수 있다. 이는 단순히 이익을 넘어, 직원과 조직 모두가 함께 발전하는 진정한 현장 혁신의 결과라 할 수 있다.

요약 ❧

보이지 않는 낭비를 찾아내야 보이는 성과가 따라온다.

운을 부르는 마법

부자들의 집을 보면 하나같이 정리 정돈이 잘되어 있다. 옷, 신발, 모자 등은 가지런히 정리되어 있어 찾기 쉽고 사용하기 편리하다. 이는 단순히 경제적 여유 때문이 아니라, 부자들이 일상에서 불필요한 에너지 낭비를 줄이고, 중요한 일에 집중하려는 습관에서 비롯된 것일 수 있다. 페이스북 창립자 마크 저커버그가 회색 티셔츠만 입는 이유도 같은 맥락이다. 그는 "삶을 단순하게 하여 세상을 더 나은 곳으로 만드는 데 에너지를 집중하고 싶다."고 말했다.

◆ 에너지 관리와 현장 혁신

심리학적으로도 이는 타당하다. 사람은 옷을 고르거나 아침 메뉴를 결정하는 사소한 선택에서도 에너지를 소비한다. 이러한 선택들이 쌓이면 정신적 피로가 커진다. 그래서 많은 사람들은 중요한 목표에 더 많은 에너지를 집중하려 한다. 부자들은 이러한 원리를 잘 이해하고 일상에서 불필요한 선택을 줄임으로써 중요한 일에 에너지를 집중하는 경향이 있다.

이러한 원리는 제조 현장에서도 그대로 적용된다. 작업장에서 자재와 생산 물품이 정리 정돈되어 있다면 작업자는 필요한 물품을 빠르고 쉽게 찾을 수 있다. 이는 동작의 낭비를 줄이고, 작업의 효율을 높이

     QSS 유한한 자원을 무한한 창의로

며, 궁극적으로 회사의 이익 증대에 기여한다. 정리 정돈은 개인이 업무를 더 편리하고 안전하게 할 수 있도록 하고, 조직은 생산성을 극대화할 수 있게 한다.

◆ 자재 창고의 정리 정돈 실천법

도요타는 이러한 원칙을 극대화해 운영하고 있다. 설립 이후 86년간 도요타는 '후공정 요청 시 생산' 방식을 고수하며, 재공이 없는 연속 흐름 생산을 실현하고 있다. 이는 낭비를 최소화하고 효율성을 극대화하는 대표적인 사례다.

하지만 모든 기업이 이러한 방식을 적용하기는 어렵다. 그렇다면 최소한 자재의 보관 위치, 수량, 사용 방법을 명확히 해 두는 것이 중요하다. 이를 통해 누구나 쉽게 필요한 자재를 찾고 사용할 수 있도록 해야 한다. 자재 창고의 정리 정돈 실천법은 다음과 같다.

- 불필요한 자재 제거 : 창고에 보관된 모든 자재를 꺼내어 필요한 것과 불필요한 것을 구분한다. 필요 없는 자재는 과감히 폐기한다.
- 유사 품목별 분류 : 자재를 유사 품목별로 분류하여 저장 위치와 방법을 정한다. 적절한 적치대를 설치하고, 저장 공간을 최적화한다.
- 식별표 부착 : 각 자재에는 품명, 코드, 규격, 수량을 표시한 식

별표를 부착하여 누구나 쉽게 확인하고 사용할 수 있도록 한다.
- 창고 관리 기준 설정 : 창고가 여러 곳이라면, 명패(Name Plate)
와 내부 배치도를 작성하고, 소화기 위치, 운영 기준, 점검 시
트를 동일한 양식으로 유지하여 관리 효율성을 높인다.

◆ 정리 정돈의 효과와 지속적인 개선

정리 정돈은 단순히 공간을 깨끗하게 만드는 활동이 아니다. 이는 '깨진 유리창의 법칙'처럼, 방치하면 관리가 어려워지고 상태가 악화된다. 그러나 지속적인 정리 정돈은 조직 내 긍정적인 변화를 이끌어 낸다. 깨끗한 작업장은 직원들에게 긍정적인 자극을 주며, 생산성을 높이고, 낭비를 줄인다. 이러한 환경은 문제해결력과 업무 효율성을 향상시킨다.

또한, 정리 정돈은 단순한 개선을 넘어 '운'을 부르는 활동이 될 수 있다. 깔끔하고 정돈된 환경은 직원들의 심리적 안정감을 높이고, 업무 몰입도를 강화시킨다. 이는 더 나은 성과로 이어지고, 조직의 혁신 능력을 강화하는 결과를 낳는다. 마치 작은 습관이 큰 변화를 만드는 것처럼, 정리 정돈을 지속적으로 실천하는 것은 조직을 긍정적인 방향으로 이끄는 마법과도 같다.

    QSS 유한한 자원을 무한한 창의로

◆ 정리 정돈, 현장 혁신의 출발점

정리 정돈은 단순한 업무가 아니라, 현장 혁신의 출발점이다. 자재가 정돈된 현장은 작업자의 동작을 최소화하고, 불필요한 낭비를 제거하며, 궁극적으로 기업의 이익을 증대시킨다. 이는 직원들의 개선 역량을 키우고, 조직 전체의 혁신 문화를 정착시킨다.

정리 정돈은 단순히 공간을 관리하는 행위가 아니라, 현장 혁신을 가능하게 하는 중요한 시작점이다. 이러한 습관은 개인과 조직 모두에게 긍정적인 결과를 가져오며, 지속 가능한 발전과 경쟁력 강화로 이어질 것이다. 정리 정돈을 실천하는 모든 순간이, 조직에 행운을 가져오는 '운을 부르는 마법'이 될 것이다.

요약 ∂

정리 정돈은 안전을 확보하고 낭비를 줄여 운을 끌어당기는 가장 강력한 마법이다.

개선으로 거듭나는 기업

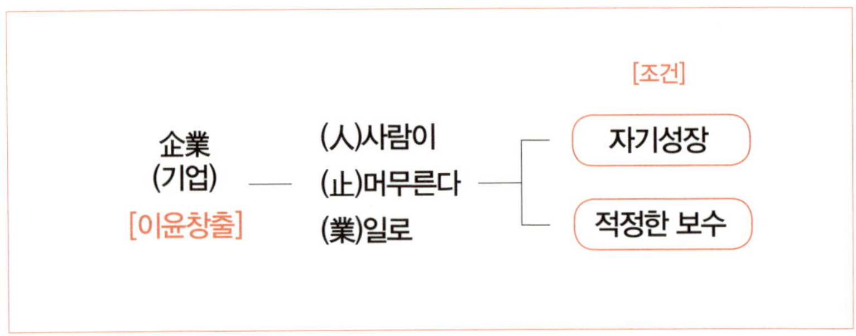

기업이라는 한자의 의미

    인간의 일생은 배움과 고침의 연속이다. 어린 시절에는 옹알이와 걸음마로 시작해, 성장하면서 학습과 경험을 통해 예절과 도덕을 배우고 지식과 기능을 습득하게 된다. 이 과정에서 빠질 수 없는 것이 바로 '고침'이다. 고침은 잘못된 행동이나 실수를 바로잡는 과정이다. 부모의 잔소리처럼 때로는 귀찮게 들릴 수 있지만, 이는 자녀가 바르고 잘되기를 바라는 마음에서 비롯된 것이다. 인간은 처음부터 완벽하지 않기에, 충고와 교정 과정을 통해 성장하고 성숙해진다.

◆ 성장과 발전의 필수 요소, 개선

'개과천선(改過遷善)'이라는 말은 과거의 잘못을 고치고 올바르게 살아간다는 의미를 지닌다. 개인이 잘못된 습관이나 행동을 고쳐 나아지듯, 기업도 개선을 통해 성장할 수 있다. 잘못된 관행이나 비효율적인 프로세스를 바로잡아야만 경쟁력을 확보할 수 있다. 이는 단순히 조직 내부의 문제를 해결하는 데 그치지 않고, 직원의 역량 강화와 조직 문화 개선으로 이어진다.

기업은 이익을 창출하고 지속적인 성장을 도모하는 조직체다. 어원적으로 보면 '사람(人)이 일(業)로 머무른다(止)'는 의미를 지닌다. 기업이 지속적으로 성장하려면 이익 창출과 함께 직원의 성취와 만족도 함께 이루어져야 한다. 이를 위해 필요한 것이 바로 '개선'이다. 개선은 단순한 선택이 아닌, 생존과 발전을 위한 필수적인 요소다.

◆ 개선의 4가지 목표

그러나 필자가 20년간 다양한 기업을 컨설팅하며 느낀 것은, 많은 기업들이 개선의 필요성을 인식하면서도 이를 지속적으로 실천하지 못하고 있다는 점이다. 처음에는 열정적으로 개선활동을 추진하지만, 시간이 지나면 단기적이거나 형식적인 활동으로 전락하는 경우가 많다. 이는 개선이 일회성 이벤트가 아니라, 조직 문화로 자리 잡아야 함을 시사한다.

　기업의 생산 과정은 재료, 사람, 설비라는 세 가지 요소가 유기적으로 작동해야 한다. 이 중에서도 가장 중요한 주체는 '사람'이다. 사람을 중심으로 개선활동을 추진할 때, 지속적인 성장이 가능하다. 생산 현장에서의 개선은 '쉽게', '좋게', '빠르게', '싸게'라는 네 가지 목표를 지향해야 한다.

- 쉽게 : 작업 과정은 최대한 단순하고 편리하게 개선해야 한다. 이를 통해 작업자의 피로를 줄이고, 오류 발생 가능성을 최소화할 수 있다.
- 좋게 : 품질을 최우선으로 고려하여 개선한다. 제품의 신뢰성과 경쟁력을 높이는 과정이다.
- 빠르게 : 불필요한 과정을 제거하고, 효율적인 작업 방식을 도입해 생산 시간을 단축한다.
- 싸게 : 원가절감을 통해 기업의 수익성을 향상시킨다. 단, 이를 위해 무리하게 노동을 강화해서는 안 된다.

　이러한 목표는 서로 상충될 수 있다. 예를 들어, 시간 단축을 위해 품질을 소홀히 하거나, 원가절감을 위해 노동 강도를 높이는 것은 바람직하지 않다. 균형 잡힌 개선이 필요하다.

　QSS 유한한 자원을 무한한 창의로

◆ 현장 혁신으로 이어지는 개선활동

개선활동은 단순한 문제해결이 아니라, 현장 혁신으로 연결되어야 한다. 예를 들어, 안전하고 깨끗한 작업환경을 구축하는 것은 생산성 향상뿐 아니라, 직원들의 심리적 안정과 업무 효율성을 높이는 결과로 이어진다. 이러한 환경이 지속되면, 직원들은 자발적으로 개선활동에 참여하고, 이는 곧 조직의 혁신 역량을 강화하는 선순환을 만든다.

또한, 개선은 관리자만의 역할이 아니라 전 직원이 함께 고민하고 참여해야 할 과제다. 각자의 작업 과정에서 작은 불편함이나 낭비 요소를 발견하고 개선해 나가는 과정이야말로 진정한 혁신의 시작이다. 이러한 노력이 쌓이면, 조직은 자연스럽게 지속 가능한 성장 기반을 확보하게 된다.

개선은 단순한 절차나 과제가 아니다. 이는 기업이 지속 가능한 성장을 이루기 위해 반드시 필요한 전략적 활동이다. '쉽게, 좋게, 빠르게, 싸게'라는 네 가지 개선 목표를 현장에 정착시키는 과정은 쉽지 않지만, 이를 실천 할 때 비로소 내가 하고 있는 일이 안전하고 편해지기 시작한다.

요약 ∾

개선의 목적은 내가 하고 있는 일을 안전하고 편하게 하기 위함이다.

지식과 지혜

    우리가 학교에서 배우고, 평생 학습을 지속하는 이유는 무엇일까? 여러 가지 이유가 있겠지만, 그중 하나는 삶에서 마주하는 다양한 문제를 해결하여 더 나은 인생을 살아가기 위해서일 것이다. 많은 지식을 쌓으면 문제해결에 유리할 수 있다. 하지만 단순히 지식이 많다고 해서 문제가 자동으로 해결되는 것은 아니다. 문제해결에는 지식과 함께 지혜가 필요하다.

◆ 지식과 지혜의 차이

    국어사전은 지식(知識 · Knowledge)을 '어떤 대상에 대해 배우거나 실천을 통해 알게 된 명확한 인식이나 이해'로 정의한다. 반면 지혜(智慧 · Wisdom)는 '사물의 이치를 빠르게 깨닫고, 정확하게 처리하는 정신적 능력'으로 설명한다. 즉, 지식은 정보를 쌓는 과정이고, 지혜는 그 정보를 실용적으로 활용하는 능력이다.

    필자는 개선활동을 지도할 때 "아는 만큼 보인다."는 말을 자주 한다. 학습을 통한 지식 습득의 중요성을 강조하기 위해서다. 하지만 동시에 '한 사람의 지식보다 열 사람의 지혜'라는 말도 강조한다. 현장 혁신은 단순한 정보 축적이 아니라, 다양한 의견과 아이디어에서 나오는 지혜가 중심이 되어야 하기 때문이다.

◆ 도요타에서 배운 지혜의 힘

도요타자동차의 사례는 이러한 지혜의 중요성을 잘 보여 준다. 도요타에서는 '지식은 돈을 주고 살 수 있지만, 지혜는 신이 모든 만물에게 공통으로 부여한 것'이라고 말한다. 이는 단순한 교훈이 아니라, 개선의 기본 철학이다. 실제로 도요타에서는 사람이 이동하거나 대기하는 등 가치가 없는 움직임은 '낭비'로 간주한다. 반면, 제품을 가공하고 조립하는 등 가치가 부여되는 움직임은 '일'로 정의한다.

도요타는 이러한 움직임을 체계적으로 관리하고 개선해 왔다. 예를 들어, 자동차 조립 공정에서는 시작부터 완성까지의 과정을 철저히 분석하고, 각 단계별로 필요한 시간을 측정한다. 이를 통해 단순한 움직임을 줄이고, 가치 있는 동작의 비율을 높인다. 작업순서와 시간을 표준화하여, 100% 가치 있는 동작을 목표로 개선을 지속하는 것이다.

◆ 지혜를 방해하는 '헛똑똑이'

도요타의 사례를 다른 기업에 소개하면 종종 "그건 자동차 회사니까 가능한 일이다."라는 반응을 접한다. 그러나 이는 지식이 오히려 지혜를 방해하는 전형적인 사례다. 기존의 경험과 지식이 변화와 개선을 저해하는 것이다. 이는 '헛똑똑이'의 함정이다. 경험에서 비롯된 고정관념이 개선의 가능성을 가로막는다. 오히려 다양한 시각과 지혜를 통해 현장을 새롭게 바라보고 개선할 필요가 있다.

문제해결과 혁신은 기존 지식에 안주하지 않는 태도에서 출발한다. 도요타가 끊임없이 개선을 이어 올 수 있었던 것은 현장이 완벽하지 않다는 인식으로 그 해결책을 끊임없이 고민했기 때문이다. 이는 단순히 자동차 산업에 국한된 이야기가 아니다. 모든 산업, 모든 현장에서 적용 가능한 원칙이다.

◆ 지식 축적을 넘어 지혜 확산으로

현장 혁신은 단순히 많은 지식을 쌓는다고 이루어지지 않는다. 중요한 것은 쌓은 지식을 어떻게 활용하고 적용 하느냐이다. 변화하는 환경 속에서 유연하게 대처하고, 새로운 시각으로 문제를 해결하려는 지혜가 필요하다. 이는 단순히 개인의 역량을 넘어 조직 전체의 혁신을 이끄는 동력이 된다.

기업은 단순히 지식의 축적을 넘어, 지혜를 나누고 확산시키는 문화를 조성해야 한다. 다양한 의견을 듣고, 열린 사고로 문제를 바라보며, 끊임없이 개선을 고민해야 한다. 이러한 과정이야말로 진정한 현장 혁신으로 이어진다.

지식은 출발점이고, 지혜는 문제해결의 끝이다. 지혜로운 개선이 쌓일 때, 기업은 지속 가능한 성장과 경쟁력을 확보할 수 있다. 현장의 작은 지혜가 모여 조직의 미래를 결정짓는 것이다.

   QSS 유한한 자원을 무한한 창의로

요약 ∾

지식은 문제를 이해하는 힘, 지혜는 문제를 해결하는 힘이다.

── ∞ ──

생각해 보기

우리 현장은 지혜를 발휘하여
생산 현황을 눈으로 보이게 관리하고 있는가?

── ∞ ──

지혜로운 현장 관리

효율적인 작업환경은 기업의 생산성과 직결되며, 이를 위해 체계적인 개선이 필요하다. 그렇다면, 현장에서는 어떠한 작업환경이 효율적일까? 작업환경 개선을 통한 효율성 향상 방안을 살펴보자.

◆ 작업 공간의 정리 정돈

깔끔하고 정돈된 작업 공간은 업무 효율성을 높이는 데 기본이다. 모든 물품을 제자리에 배치하고, 불필요한 물건은 제거해야 한다. 이렇게 하면 필요한 도구나 자료를 찾는 시간을 줄일 수 있다. 또한, 작업 절차를 표준화하여 프로세스를 일관되게 유지하면 품질과 생산성이 향상된다.

◆ 우선순위 설정과 시간관리

업무의 중요도와 긴급성을 기준으로 우선순위를 설정하는 것이 중요하다. 이를 통해 중요한 작업에 집중할 수 있고, 시간관리도 효율적으로 할 수 있다. 예를 들어, 아침에 가장 중요한 업무를 먼저 처리하고, 오후에는 덜 중요한 업무를 배치할 수 있다.

◆ 디지털 도구와 기술 활용

현대에는 다양한 디지털 도구가 있어, 이를 활용함으로써 업무 효율성을 높일 수 있다. 프로젝트 관리 소프트웨어나 온라인 일정 관리 도구를 활용하면 팀원들과의 협업이 수월해지고, 업무 진행 상황을 실시간으로 파악할 수 있다. 특히, 반복적인 작업은 자동화 기술을 도입하여 시간을 절약할 수 있다.

◆ 안전하고 쾌적한 작업환경 조성

안전한 작업환경은 직원들의 건강과 직결되며, 이는 생산성에 큰 영향을 미친다. 예를 들어, 한국산업안전보건공단에서는 작업 위험성 평가 절차 및 방법을 제공하여 안전한 작업환경을 조성하는 데 도움을 주고 있다.

 QSS 유한한 자원을 무한한 창의로

◆ 작업환경의 인간공학적 설계

작업 공간의 조명, 온도, 의자와 책상 등은 직원들의 업무 효율성에 직접적인 영향을 미친다. 따라서 인간공학적 설계를 통해 근골격계 질환을 예방하고, 쾌적한 환경을 제공함으로써 업무 효율성을 높일 수 있다. 실제로, 작업자의 참여를 통해 작업환경을 개선하는 것이 효과적이라는 연구도 있다.

◆ 명확한 목표설정과 의사소통

명확한 목표설정은 업무 집중도를 높이며, 팀원 간의 원활한 의사소통은 협업을 촉진한다. 이를 위해 정기적인 회의나 브리핑을 통해 목표를 공유하고, 진행 상황을 확인하는 것이 필요하다.

◆ 정기적인 교육과 훈련

직원들의 역량 강화를 위해 정기적인 교육과 훈련을 실시하면 업무 수행 능력이 향상된다. 특히, 안전 교육은 작업자의 안전 의식을 높여 사고를 예방하는 데 큰 도움이 된다.

이러한 방안들을 통해 효율적인 작업환경을 조성한다면 기업은 생산성을 높이고, 경쟁력을 강화할 수 있을 것이다. 따라서 현장에서는 이러한 개선활동을 지속적으로 추진하는 것이 중요하다.

　　　　QSS 유한한 자원을 무한한 창의로

눈으로 보는 관리

경영학의 대가 피터 드러커는 "측정할 수 없으면 관리할 수 없고, 관리할 수 없으면 개선할 수 없다."는 명언을 남겼다. 이는 경영 관점에서 목표를 설정하고, 이를 체계적으로 관리하고 개선하는 과정에서 '측정'이 얼마나 중요한지를 강조한 말이다. 측정은 단순히 결과를 수치화하는 행위가 아니라, 목표 달성을 위한 과정 전반을 관리하고 개선하는 핵심적인 수단이다.

◆ 성과 개선을 이끄는 측정

최근 발표된 스탠퍼드 대학 『소셜임팩트 리뷰』(SSIR, 2023년 봄호)에 따르면, 측정 정보를 단순히 공개하는 것만으로도 ESG(환경, 사회, 지배구조) 성과가 개선될 수 있다고 한다. 미국과 호주의 연구진은 대기오염 정보를 제공하는 것만으로도 오염물질이 줄어드는 현상을 발견했다. 특히, 2008년부터 중국 베이징 주재 미국 대사관은 대기오염 수준을 지속적으로 측정하고 그 결과를 트위터로 공개했다. 그 결과, 제곱미터당 미세먼지 농도가 통계적으로 유의미하게 2~4㎎ 감소했다는 분석이 나왔다.

이러한 결과는 단순히 수치상의 변화가 아니라, '측정'이라는 행위가 인간의 행동을 자극하여 실제적인 결과로 이어졌다는 것을 의미한다.

측정된 정보가 시각적으로 제공되면서 사람들이 문제를 인식하게 되었고, 행동을 변화시켜 개선을 유도한 것이다.

◆ 시각적 인식과 현장 혁신

인간은 정보의 70~80%를 시각을 통해 받아들인다. 직관적으로 인지하고 행동으로 옮기는 과정에서 시각적인 정보는 결정적인 역할을 한다. 예를 들어, 정수기의 파란색 밸브를 열면 냉수가 나온다는 것을 우리는 직관적으로 인지한다. 고속도로에서 화살표 방향을 따라가면 목적지에 도달하고, 교차로에서 신호등 색상에 따라 움직이는 것도 시각적 정보에 의한 행동이다.

'눈으로 보는 관리'는 이러한 인간의 특성을 현장 혁신에 적극 활용하는 개념이다. 특히 생산 현장에서는 보이지 않는 문제를 인식하지 못하면 사고로 이어질 수 있다. 사람의 오감은 빠르거나 느린 것, 너무 작거나 큰 것, 가려져 있는 것, 너무 멀리 있는 것을 제대로 인식하지 못한다. 이러한 한계를 극복하기 위해 현장에서는 시각적 인식 장치를 적극 활용해야 한다.

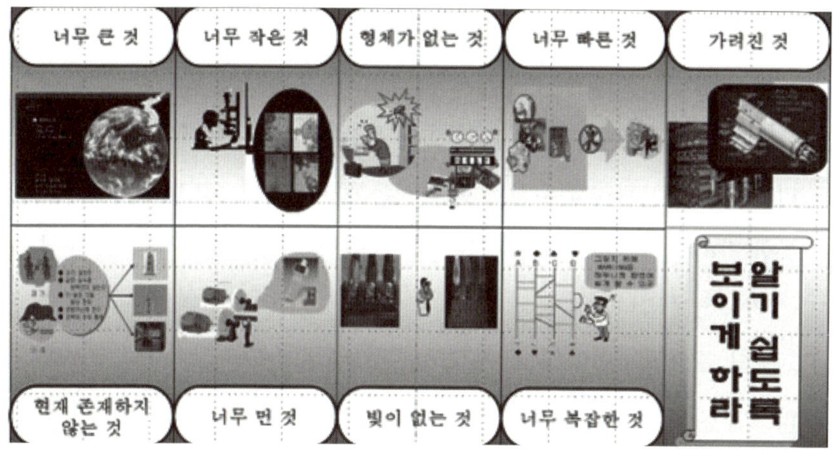

인간의 5감으론 한계가 존재

◆ 시각화를 통한 효과적인 관리 방안

현장 혁신을 위해서는 관리 항목들을 시각화하고, 인지하기 어려운 부분은 투명화하거나 관리 한계를 명확히 표시해야 한다. 이를 통해 언제든지 정상과 이상 상태를 한눈에 파악할 수 있어야 한다. 예를 들어, 고속도로에서 차량의 흐름을 통제하는 신호체계처럼, 현장에서도 작업의 흐름과 이상 상태를 쉽게 인지할 수 있도록 만들어야 한다.

또한, 고도의 집중력이나 특별한 능력이 필요한 작업에는 적절한 기술을 도입할 필요가 있다. 예를 들어, 센서나 초고속 카메라를 활용해 사람이 인지하기 어려운 부분을 자동으로 감지하도록 하는 것이다. 이는 작업자의 실수를 최소화하고, 품질과 안전을 동시에 확보할 수 있는 방법이다.

◆ 보이지 않으면 관리할 수 없다

현장 관리에서 중요한 것은 '보이게 하는 것'이다. 보이지 않으면 관리할 수 없고, 관리할 수 없으면 개선은 불가능하다. 따라서 시각화를 통한 관리는 단순히 편의성을 높이는 것을 넘어, 근본적인 혁신과 개선을 가능하게 한다.

피터 드러커의 명언을 오늘날의 현장 혁신에 적용해 본다면, "보이지 않으면 관리할 수 없고, 관리할 수 없으면 개선할 수 없다."라고 고쳐야 할지도 모른다. 이러한 인식은 생산 현장뿐 아니라, 조직의 모든 관리와 혁신에 적용될 수 있다.

시각적인 인식은 개선의 출발점이다. 눈으로 보이는 관리는 문제를 빠르게 인지하고, 효과적인 개선으로 이어지게 한다. 이는 단순히 현장의 안전과 효율성을 높이는 것을 넘어, 지속 가능한 성장과 경쟁력 강화를 이끄는 핵심적인 전략이 될 것이다.

요약 ❧

보이지 않으면 관리할 수 없고, 관리할 수 없으면 개선할 수 없다.

 QSS 유한한 자원을 무한한 창의로

백문이 불여일견 백견이 불여일행

중국 한나라의 황제 선제는 국경을 위협하던 강족으로 인해 큰 고민에 빠져 있었다. 이에 백전노장 조충국을 불러 대책을 물었다. 조충국은 "폐하, 백문이 불여일견이라 했습니다. 직접 보지 않고는 정확한 판단을 할 수 없습니다. 현장을 보고 돌아와 대책을 말씀드리겠습니다."라고 답했다. 그는 직접 현지를 조사한 후 적절한 전략을 세워 강족을 성공적으로 토벌했다. 이 일화는 '백문불여일견(百聞不如一見)'이라는 고사성어를 탄생시켰다. 이는 4차 산업혁명의 시대에도 여전히 유효한 교훈을 준다.

◆ 시각적 정보의 힘 : 교통사고 예방 사례

현대 사회에서도 '보는 것'의 중요성은 더욱 강조되고 있다. 예를 들어, 도로에서 자주 볼 수 있는 '노면 색깔 유도선'은 그 대표적인 사례다. 분홍색이나 녹색으로 표시된 이 선은 도로의 진출입 경로를 시각화해 주행 중 혼동을 예방한다. 2011년, 서해안 고속도로 안산 분기점에 처음 적용된 노면 색깔 유도선은 큰 효과를 가져왔다. 연간 25건의 교통사고가 발생하던 이곳에서, 설치 이후 사고 건수는 3건으로 줄어들었다.

이러한 성과를 바탕으로, 2017년 국토교통부는 노면 색깔 유도선 설치 및 관리 매뉴얼을 마련해 전국적으로 확산시켰다. 이제는 내비게이션 음성 안내와 연동되어, "분홍색 유도로를 따라 주행하세요."라는 안내에 따라 운전자는 시각적 정보를 참고해 안전하게 주행할 수 있다. 이러한 변화는 '보는 것'이 인간 행동에 얼마나 큰 영향을 미치는지를 보여 주는 대표적인 사례다.

◆ 기업 현장에서의 시각화 관리

이와 같은 시각화 원리는 기업 현장에서도 중요하다. 현장에서 발생할 수 있는 문제를 예방하고 개선하기 위해서는 '눈에 보이게' 만드는 것이 핵심이다. 인간은 오감으로 정보를 인식하지만, 빠르거나 느린 변화, 너무 작은 부분, 가려진 요소 등은 쉽게 인지하지 못한다. 따라서 첨단 계측기와 시각화 도구를 적극 활용해야 한다.

예를 들어, 배관 내부를 흐르는 물질은 눈으로 볼 수 없다. 그러나 온도계와 압력계를 설치하여 상태를 지속적으로 모니터링하면, 이상 상황을 미리 감지하고 대처할 수 있다. 또한, 배관 외부에는 물질의 이름과 흐름 방향을 명확히 표시해 두어, 위급한 순간 빠르게 대응할 수 있도록 해야 한다. 이러한 시각적 정보 제공은 단순히 사고 예방을 넘어, 에너지를 효율적으로 관리하고 경쟁력을 강화하는 방법이 된다.

◆ 첨단 기술과 시각적 관리의 결합

현대의 관리시스템은 인간의 한계를 보완하는 방향으로 발전하고 있다. 사람의 눈은 너무 빠르거나 느린 변화는 인식하지 못한다. 이를 보완하기 위해 초고속 카메라나 센서를 도입해 이상 징후를 자동으로 감지하고, 위험 발생 시 즉각 경고하는 시스템을 구축하는 것이 필요하다. 이러한 시스템은 단순한 안전 확보를 넘어, 관리 사각지대를 제거하고 생산성을 극대화하는 효과를 가져온다.

현장 혁신은 단순히 '잘 관리하는 것'을 넘어, '보이게 관리하는 것'에서 시작된다. 보이지 않으면 인식할 수 없고, 인식하지 못하면 관리가 불가능해진다. 이러한 인식은 결국 개선을 어렵게 만든다. 따라서 관리의 패러다임을 '눈으로 보는 관리'로 전환하는 것이 중요하다.

◆ 백견불여일행(百見不如一行)

'백문이 불여일견'이라는 말은 단순한 고사성어가 아니다. 이는 현대의 관리와 개선에도 적용되는 원칙이다. 보지 않으면 문제를 정확히 인식할 수 없고, 인식하지 못하면 관리와 개선은 요원해진다.

현장은 항상 변화하고 있다. 그 변화를 빠르고 정확하게 인식하기 위해서는 시각적 관리가 필수적이다. 첨단 기술과 계측 도구를 적극적으로 활용하여 보이지 않는 위험요소를 인지하고, 문제를 사전에 예방할 수 있도록 해야 한다. 이러한 시각적 관리 방식은 생산성을 향상시키고, 궁극적으로는 기업의 경쟁력을 강화하는 핵심 전략이 될 것이다.

'백견이 불여일행'이라는 말처럼, 보이는 것을 넘어서 실천하는 자세가 필요하다. 시각적 정보를 인지하고, 이를 바탕으로 행동으로 옮기는 것이 진정한 현장 혁신의 시작이다. 눈으로 보고, 행동으로 실천하는 관리가 지속 가능한 발전과 경쟁력 확보의 길임을 기억해야 한다.

요약 ✑

보이지 않으면 관리할 수 없다. 눈으로 확인하는 것이 문제해결의 시작이다.

 QSS 유한한 자원을 무한한 창의로

보이게 하는 것의 힘

　'몸이 10할이면 눈이 9할'이라는 말이 있다. 그만큼 '보는 것'이 인간에게 큰 영향을 미친다는 의미다. 우리의 일상은 아침에 눈을 뜨는 순간부터 시작해, 잠들기 전까지 대부분의 정보를 시각을 통해 인지한다. 단순히 '본다'는 의미뿐만 아니라, 살펴본다(察)·관찰한다(觀)는 다양한 의미로 확장된다. 이는 인간이 눈을 통해 세상을 인지하고, 행동을 결정하는 과정에서 시각이 얼마나 중요한 역할을 하는지를 보여준다.

◆ 시각적 정보의 가치와 현장 혁신

　시각 정보는 일상뿐 아니라 기업 현장에서도 중요한 역할을 한다. 이를 산업공학에서는 '눈으로 보는 관리(Visual Management, VM)'라 부른다. VM은 생산 목표·과정·설비·제품·작업·환경·안전 등 현장의 모든 요소를 시각적으로 관리하여, 누구나 정상과 이상을 한눈에 인지할 수 있도록 하는 예방적 관리 수단이다. VM은 이상이 발생했을 때 빠르게 대응할 수 있도록 하여, 현장의 자율적 관리와 지속적인 개선을 지원하는 도구다.

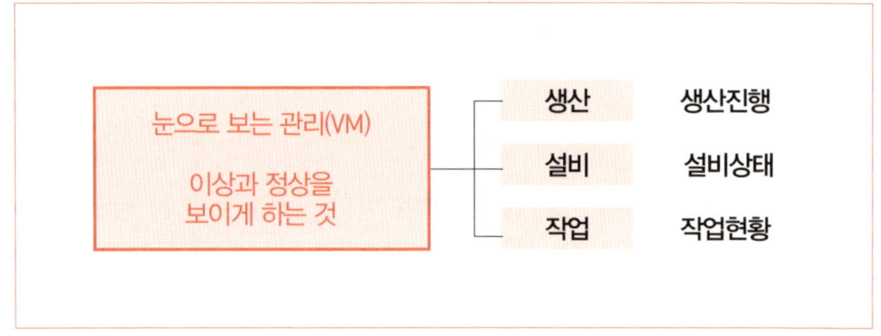

이상과 정상의 관리

1단계 : 생산 현장의 청결 유지

청결은 이상을 빠르게 인식하는 기본 조건이다. 바닥이나 설비가 오염되면 이상 상태를 식별하기 어렵다. 특히 조립라인에서는 작은 부품이나 나사가 떨어져 있어서는 안 된다. 이를 표준으로 설정하고, 이상 발생 시 즉각 인지할 수 있도록 해야 한다. 청결한 현장은 문제를 쉽게 발견하고, 빠르게 개선하도록 유도한다.

2단계 : 설비와 자재 · 재료의 시각적 관리

설비는 정상과 비정상 상태를 쉽게 구분할 수 있도록 시각적으로 표시해야 한다. 예를 들어, 설비의 점검 포인트에는 이상 · 정상 범위를 색상이나 표지로 명확히 구분해 표시한다. 자재와 재료는 보관 위치와 수량을 한눈에 확인할 수 있도록 표시한다. 이를 통해 정상 범위를 벗어난 상태를 즉각 인식하고, 필요한 조치를 취할 수 있다.

    QSS 유한한 자원을 무한한 창의로

3단계 : 생산 진행과 작업 속도의 시각화

생산 목표와 진행 상황을 시각적으로 관리하면 작업의 지연이나 과속을 쉽게 인지할 수 있다. 예를 들어, 도요타자동차는 '표준작업'을 통해 각 차량 모델별로 작업 순서와 시간을 명확히 설정하고 있다. 작업자가 설정된 시간 범위를 벗어나면, 스스로 판단해 '안돈 로프'를 당겨 지원을 요청하도록 시스템을 구축했다. 이는 작업자가 실시간으로 자신의 작업 상태를 인지하고, 문제를 즉각 해결하도록 지원하는 체계적 방법이다.

◆ 확장 가능한 시각적 관리

VM은 단순히 생산성과 품질만을 관리하는 도구가 아니다. 이는 현장의 안전 확보로도 확장될 수 있다. 작업장의 위험 구역을 색상으로 표시하거나, 비상구 방향을 명확히 표기해 직원들이 위급 상황에서 빠르게 대처할 수 있도록 지원하는 것도 시각적 관리의 일환이다.

최신 스마트 기술과 결합하여 디지털 기반의 VM을 도입하면 관리의 효과는 더욱 극대화된다. 예를 들어, IoT 센서를 통해 실시간으로 설비 상태를 모니터링하거나, 디지털 디스플레이를 통해 생산 목표와 진행 상황을 시각적으로 제공할 수 있다. 이는 문제를 빠르게 인식하고, 실시간으로 개선활동을 진행할 수 있는 기반이 된다.

◆ 보는 것이 믿는 것이다

　시시각각으로 변하는 현장은 직접 보고 확인한 것이 가장 확실하다. 시각적으로 문제를 인지할 수 있어야 빠르고 정확한 대응이 가능해진다. 이는 단순히 문제해결을 넘어, 지속 가능한 현장 혁신으로 이어진다.

　VM은 단순한 관리 기법을 넘어, 기업의 경쟁력을 강화하는 중요한 전략이다. 눈에 보이게 만들어야 빠르게 개선할 수 있고, 개선이 쌓여야 지속 가능한 발전이 가능해진다. '보이게 하는 것'은 단순한 편의가 아닌, 현장 혁신의 출발점이다. 따라서 모든 관리와 개선은 '보이는 것'에서 시작해야 하며, 이를 실천할 때 비로소 진정한 변화와 경쟁력을 확보할 수 있을 것이다.

요약 ⠶

보는 것이 믿는 것이며, 믿음은 개선의 시작이다.

　QSS 유한한 자원을 무한한 창의로

1:10:100의 법칙

"호미로 막을 것을 가래로 막는다."는 속담이 있다. 호미는 작은 문제를 간단히 해결할 수 있는 수단을 의미한다. 반면, 가래는 문제를 방치하여 결국 더 큰 노력을 들여야만 해결되는 상황을 말한다. 이는 사소한 문제라도 방치하지 말고, 조기에 해결하는 것이 중요하다는 교훈을 담고 있다. 이 속담은 기업 현장에서의 문제해결과도 깊은 연관이 있다.

◆ 1:10:100 법칙의 의미와 적용

'1:10:100 법칙'은 문제해결의 시기와 비용 간의 관계를 설명하는 원리다. 문제 발생 직후 바로잡는 데 드는 비용을 1로 본다면, 이를 숨기고 진행하면 10배의 비용이, 무시하고 방치해 고객 불만으로 발전되면 100배의 비용이 발생하게 된다. 이는 모든 조직과 개인이 문제를 신속히 해결해야 하는 이유를 명확히 보여 준다.

◆ 사례로 보는 1:10:100 법칙의 적용

건설업 사례

설계 단계에서 구조적 결함을 발견하고 수정하면 적은 비용으로 해

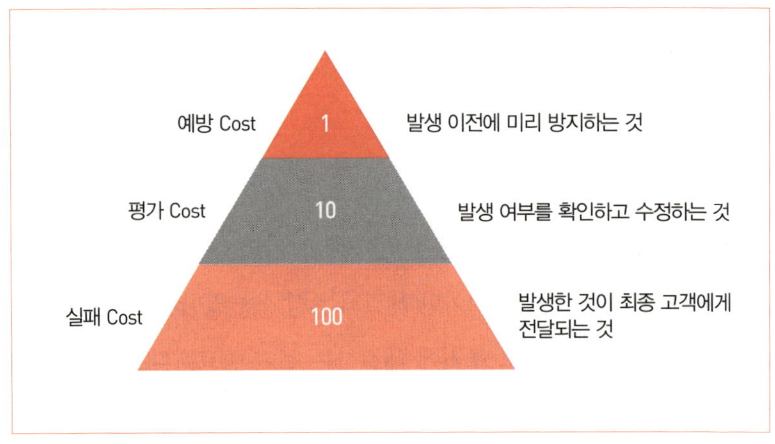

품질의 1:10:100의 법칙

결 가능하다. 그러나 건물이 완공된 이후에 결함이 발견되면, 이를 보완하고 보상하는 데 막대한 비용과 시간이 소요된다. 초기 대응이 늦을수록 손실은 기하급수적으로 커진다.

제조업 사례

고객 문의나 불만이 발생했을 때, 초기 단계에서 신속하게 처리하면 비용과 손실을 최소화할 수 있다. 그러나 이를 무시하거나 늦게 대응하면 고객의 신뢰를 잃고, 부정적인 리뷰가 누적되어 브랜드 평판에 큰 타격을 입을 수 있다. 이는 결국 시장에서의 경쟁력을 약화시킨다.

건강 관리 사례

정기적인 건강 검진을 통해 초기 질병을 발견하고 치료하면 비교적

QSS 유한한 자원을 무한한 창의로

적은 비용이 든다. 하지만 이를 방치하면 질병이 악화되어 고비용의 치료와 장기적인 관리가 필요하게 된다. 이는 결국 개인의 삶의 질 저하와 사회적 비용 증가로 이어진다.

◆ 문제해결의 방식 : 임시방편 vs 근본적 해결

현장에서는 종종 문제가 발생해도 임시방편으로만 대응하는 경우가 많다. 단기적인 해결책에 그치고, 근본적인 원인을 탐색하지 않는 것이다. 이는 결국 같은 문제가 반복되거나, 더 큰 손실로 이어진다.

예를 들어, 조직 내 문제가 발생했을 때, 이를 남 탓으로 돌리고 방치하면 결국 문제는 더 커진다. 특히, 관리자는 문제를 회피하거나 덮어 두기보다, 근본적인 원인을 찾아 해결하는 자세가 필요하다. 이는 조직의 지속적인 성장을 위해 필수적이다.

◆ 현장 혁신을 위한 적극적 문제 인식

현장 혁신은 '문제 직면'에서 시작된다. 누군가는 작은 문제라도 적극적으로 개선점을 찾아 나가며, 근본적인 해결책을 고민한다. 반면, 누군가는 문제를 외면하고 현 상황을 모면하려 한다. 이는 결국 조직의 혁신을 가로막는 장애물이 된다.

'소 잃고 외양간 고친다.'는 속담처럼, 문제는 사전에 발견하고, 예방적으로 관리해야 한다. 기업의 현장에서도 사소한 낭비나 비효율을 지속적으로 개선해 나가야 한다. 작은 문제라도 방치하면 나중에는 큰 손실로 이어질 수 있다.

◆ 문제해결은 빠르고 근본적으로

‘1:10:100 법칙’은 문제해결의 시기와 비용에 대한 중요한 교훈을 제공한다. 작은 문제일수록 조기에 해결하는 것이 중요하다. 이는 비용을 절감하고, 문제의 확산을 막는 가장 효과적인 방법이다.

기업은 문제를 단순히 표면적으로만 해결하는 것이 아니라, 근본 원인을 철저히 분석하고 대응하는 자세를 가져야 한다. 이를 통해 지속 가능한 성장을 도모할 수 있다.

현장 혁신은 작은 개선에서 시작된다. 사소한 문제라도 적극적으로 개선하고, 근본적인 해결책을 모색하는 자세가 조직의 경쟁력을 강화하고 지속 가능한 발전을 이끈다. 이는 단순한 관리가 아니라, 조직의 미래를 지키는 가장 현명한 방법이다.

요약

작은 문제를 방치하면 결국 큰 대가를 치르게 된다.

　　　　　　　　QSS 유한한 자원을 무한한 창의로

시간과 일

6장 지혜로운 현장 관리

시간은 왜 '흐른다'고 표현할까? 이는 시간이 사물의 변화를 인식하는 개념이기 때문이다. 시간은 과거, 현재, 미래로 이어지는 불가역적인 연속성을 지닌다. 물리학적으로도 열역학 제2법칙에 따라 인위적인 에너지가 작용하지 않으면 에너지는 과거에서 미래로만 흐른다. 생산 현장에서도 시간은 중요한 자원이다. 작업과 공정을 관리하는 기준이 되며, 개선을 위한 핵심 도구로 활용된다.

◆ 시간과 생산 현장의 흐름

생산 현장에서 시간은 원가, 작업부하, 안전과 직결된다. 고객이 원하는 시점에 제품을 제공하기 위해선 시간을 효율적으로 관리해야 한다. 특히 생산 시간 단축은 경쟁력 확보의 핵심이다. 이를 위해 가장 중요한 것은 공정 간 정체를 없애고, 연속적인 흐름을 구축하는 것이다. 이상적인 흐름은 공정 또는 설비 간 작업시간이 동일한 상태를 유지하는 것이다. 더 나아가 생산 단위인 로트(Lot) 크기를 줄여, 가능한 한 1개씩 생산하도록 개선해야 한다.

◆ 준비교체 시간의 중요성과 도요타의 사례

하지만 로트 크기를 줄이는 데는 걸림돌이 존재한다. 그중 하나가 설비의 준비교체 시간이다. 고객의 다양한 주문에 대응하기 위해선 설비를 교체해야 하는데, 이는 시간이 소요된다. 특히 프레스 설비는 교체 시간이 최소 1시간에서 최대 8시간까지 소요되기도 한다. 이 때문에 긴 교체 시간 동안 공정 내 재공을 보유해야 하고, 이는 넓은 저장 공간과 긴 생산 대기시간을 초래한다.

도요타자동차는 이러한 문제를 철저히 개선해 왔다. 도요타는 차체 부품을 찍어 내는 준비교체 시간을 대부분 10분 이내로 단축시켰다. 생산을 중단하고 교체작업을 진행하는 것보다, 설비 가동 중에 교체할 금형을 미리 준비하는 방식으로 효율성을 높였다. 준비교체 시간이 짧아지면서 생산로트 크기도 자연스럽게 작아졌다. 이는 공정 내 재공을 최소화하고, 빠르고 유연한 생산 구조를 가능하게 했다.

◆ 표준작업과 리드미컬한 생산의 중요성

도요타는 생산 주기를 평균 60초로 설정해, 각 작업자별로 작업순서와 시간을 표준화했다. 이러한 표준작업을 통해 일정한 리듬으로 작업이 진행되도록 했다. 작업 중 문제가 발생하여 시간이 지연되면, 백업 인원이 투입되어 즉각 대응했다. 또한, 릴레이에서 바통을 전달하는 것처럼 작업의 흐름을 유지하기 위해 존(Zone)을 설정했다. 이는 작업

 QSS 유한한 자원을 무한한 창의로

이 지연될 경우에도 흐름이 끊기지 않도록 돕는 역할을 한다.

특히 현장의 직책자는 작업자의 효율성을 극대화하기 위해 부품 배치, 작업동선, 공구 사용방식 등을 지속적으로 개선했다. 작업자가 반복작업에서 시간 낭비 없이 편하게 작업할 수 있도록 기술적 지원을 아끼지 않았다. "기술의 부족을 직원이 몸으로 때운다."는 말이 있다. 이는 기술적 문제를 엔지니어가 해결하지 못하면, 결국 현장 작업자가 몸으로 감당해야 한다는 메시지로 엔지니어의 역할을 강조한 말이다.

◆ 시간 혁신이 경쟁력이다

조립 산업뿐만 아니라, 장치 산업에서도 시간의 중요성은 동일하다. 생산로트 크기를 줄이고, 공정 간 재공과 대기시간을 최소화하는 노력이 필요하다. 설비의 사이클타임(Cycle Time)을 줄이고, 지속적으로 빠르고 효율적인 흐름을 구축해야 한다. 이는 품질의 확보뿐만 아니라, 기업의 경쟁력을 강화하는 핵심 전략이 된다.

시간은 생산 현장에서 가장 중요한 자산이다. 이를 어떻게 관리하고 개선하느냐에 따라 기업의 경쟁력이 결정된다. 준비교체 시간을 단축하고, 표준작업을 통해 효율적인 흐름을 유지하며, 공정 간 대기시간을 최소화하는 것이 핵심이다. 이러한 노력은 단순한 시간 단축을 넘어, 기업의 지속 가능한 발전을 이끄는 원동력이 된다.

시간 개선은 곧 현장 혁신이다. 작은 시간의 개선이 쌓이면, 이는 조직 전체의 경쟁력으로 연결된다. 기업은 시간을 전략적으로 관리하고,

개선을 지속할 때, 진정한 경쟁력을 확보할 수 있다.

시간의 흐름을 최적화하고 생산 공정의 효율을 높이는 것이
경쟁력을 유지하는 핵심이며, 작은 변화로도 큰 개선을 이끌어
낼 수 있다.

청소의 마력

불교에서는 '깨달음'을 특정한 지식을 얻는 것 이상의 상태로 본다. 이는 모든 것이 하나로 연결되어 있음을 이해하고, 이로부터 평화로운 정신 상태를 얻는 것을 의미한다. 깨달음의 첫 단계는 '나는 나 이외의 것 없이는 존재할 수 없다.'는 사실을 인식하는 것이다. 우리는 태양, 공기, 물, 그리고 동료 등 주변 모든 존재에 의존하고 있다. 이러한 인식은 감사의 마음을 키우며, 불교의 '연기법'과도 일맥상통한다. 연기법은 모든 일이 연결되어 일어난다는 원리로, 현장 관리에서도 중요한 시사점을 제공한다.

◆ 깨진 유리창의 법칙과 현장 관리

1982년 미국의 범죄학자 조지 켈링과 윌슨은 '깨진 유리창의 법칙'을 발표했다. 이는 깨진 유리창을 방치하면 그 주변으로 무질서와 범죄가 확산된다는 이론이다. 실제로 뉴욕시는 이 법칙을 기반으로 지하철 내부를 청소하고, 작은 범죄부터 엄격히 단속하여 도시 전반의 치안을 개선하는 데 성공했다. 작은 무질서를 방치하면 큰 문제로 발전할 수 있다는 교훈은 제조 현장에서도 동일하게 적용된다.

◆ **제조 현장에서의 청소와 관리**

제조 현장에서 청소는 단순한 미관 유지 이상의 의미를 갖는다. 특히 제철소와 같은 대규모 공정에서는 설비와 작업장이 항상 깨끗하고 정돈된 상태로 유지되어야 한다. 이는 제품 생산의 안정성과 직결된다. 실제로 공장 주변 통로나 사무실 환경이 청결하게 관리되는 공장은 현장 설비와 그 주변 역시 체계적으로 관리된다. 이러한 환경에서는 불량률과 고장률이 현저히 낮아지는 경향을 보인다.

한 사례로, 대대적인 청소를 진행한 한 공장의 직원들은 "공장이 깨끗해지니 불량과 고장이 줄어들었다."고 입을 모았다. 이는 청소를 통해 작업자가 작업환경을 소중히 여기고, 스스로의 작업 태도를 개선하려는 의식변화에서 비롯된 결과다.

반면, 청소를 단순히 하찮은 활동으로 여기는 공장에서는 문제점이 빠르게 누적된다. 현장이 지저분해지면 작업자의 주의가 흐트러지고, 이는 화재나 사고로 이어질 위험성을 높인다. 무질서가 방치되면 관리 사각지대가 확대되고, 결국 더 큰 문제로 발전하게 된다.

◆ **청소의 심리적 효과와 현장 혁신**

청결한 작업장은 자연스럽게 작업자의 행동 변화를 유도한다. 깨끗한 환경은 '정돈된 작업'으로 이어진다. 작업자는 사용한 자재와 공구를 정해진 위치에 보관하려 하고, 쓰레기를 함부로 버리지 않는다. 이

  QSS 유한한 자원을 무한한 창의로

러한 습관은 작업 효율성을 높이고, 공정의 품질을 개선하는 효과로 이
어진다.

이는 청소가 단순히 물리적 환경을 정리하는 행위가 아니라, 작업자
의 사고방식과 행동 패턴을 변화시킨다는 점에서 큰 의미가 있다. 깨끗
한 환경은 작은 불량과 고장의 감소로 연결되고, 이는 다시 생산성 향
상으로 이어지는 긍정적인 선순환을 만든다.

이러한 청소의 마법을 경험하지 못한 젊은 세대에게는 이 가치가 잘
전달되지 않는다. 직책자나 선배가 먼저 모범을 보이고, 청소의 중요
성과 효과를 적극적으로 교육해야 한다. 그렇지 않으면 청소는 단순한
업무로 전락하고, '깨진 유리창의 법칙'처럼 방치가 습관화되어 결국
환경은 점점 더 나빠지게 된다.

◆ 작은 습관, 큰 효과

청소는 단순한 정리 정돈을 넘어, 현장 혁신의 기초가 된다. 깨끗한
환경은 사고와 불량을 줄이고, 작업자의 생산성을 높이며, 현장의 분
위기를 개선한다. 이는 조직 전체의 안전과 효율성, 그리고 경쟁력을
강화하는 핵심적인 활동이다.

청소는 작은 습관이지만, 그 효과는 크다. 청소를 통해 작업자의 생
각과 행동이 변화하고, 이는 조직의 문화로 확산된다. 청소를 소홀히
하면 작은 문제도 점점 커져 결국 조직에 큰 위험을 초래할 수 있다. 반
면, 작은 청소라도 꾸준히 실천하면 현장은 지속적으로 개선되고, 기

업의 경쟁력은 자연스럽게 강화된다.

요약

청소는 단순한 활동이 아니라, 사고를 줄이고 생산성을 높이는
마법이다.

도도새의 법칙

아프리카 동쪽 인도양에 위치한 모리셔스 섬. 17세기 포르투갈 선원들이 처음으로 이 섬을 방문했을 때, 도망도 가지 않고 멍하니 쳐다만 보는 새를 발견했다. 이 새는 칠면조보다 크고, 몸무게는 약 23㎏, 부리는 23㎝ 정도였다. 작고 쓸모없는 날개로 인해 하늘을 날 수 없었다. 선원들은 이 새를 '도도(Dodo)'라 불렀다. 이는 '멍청이'라는 뜻이었다.

천적이 없는 환경에서 살아온 도도새는 스스로 생존 수단인 날개를 포기했고, 인간의 사냥에 속수무책으로 멸종되었다. 인간이 섬에 발을 들인지 100년 만에 풍요로운 개체수로 번성하던 도도새는 1681년 마지막 한 마리가 죽으면서 역사 속에서 사라졌다.

◆ 변화에 실패한 기업의 사례

도도새의 멸종은 단순한 생물학적 사건을 넘어 중요한 경영적 교훈을 전달한다. 환경 변화에 적응하지 않고, 도전하지 않는 조직과 개인은 결국 도태된다는 것이다. 변화에 민감하게 반응하지 않으면 발전은 물론 생존도 어렵다. 이는 현대 기업 환경에서도 명확히 드러난다.

노키아는 1990년대 세계 최대의 휴대폰 제조사였다. 그러나 애플의 아이폰과 삼성의 갤럭시가 등장하자 시장에서 빠르게 밀려났다. 스마트폰이라는 패러다임 변화를 읽지 못한 전략적 실패였다.

또한, 전 세계 카메라 필름 시장을 장악했던 코닥은 디지털 카메라 기술을 개발하고도 기존 필름 사업에 집착했다. 변화의 흐름을 거부한 결과, 디지털 시장 전환에 실패했고 결국 파산을 맞았다.

미국 제조업의 상징이던 GE도 변화에 실패한 사례다. 제조업의 뿌리를 등한시하고 금융과 서비스로 방향을 바꾸면서 점차 몰락의 길을 걷게 되었다. 이는 변화에 적응하지 못한 결과였다.

◆ 도도새의 교훈에서 얻는 인식 변화

도도새의 멸종에서 우리는 세 가지 인식 변화를 배울 수 있다.

환경 변화의 민감한 인지와 대응

시장 변화와 소비자 트렌드를 지속적으로 모니터링하고, 변화의 조짐을 빠르게 인식해야 한다. 환경 변화에 대한 민감한 인식이야말로 위기 대응의 출발점이다.

지속적인 도전과 혁신

과거의 성공에 안주하지 않고, 새로운 기술과 아이디어를 지속적으로 도입해야 한다. 과거의 영광은 미래의 성공을 보장하지 않는다. 변화에 주도적으로 나서는 자세가 필요하다.

　　　QSS 유한한 자원을 무한한 창의로

유연한 조직 구조와 리더십

위기 상황에서도 빠르게 대응할 수 있는 유연성이 필요하다. 단기적 성과보다는 지속 가능한 성장을 고려한 전략적 사고가 중요하다. 조직은 리더십을 중심으로 신속하고 유연하게 변화에 적응해야 한다.

변화만이 생존을 보장한다

도도새의 교훈은 단순한 옛날이야기가 아니다. 변화와 개선을 멈추는 순간, 조직은 도태된다. 불확실한 미래 속에서 살아남기 위해서는 끊임없이 변화를 추구하고, 개선을 실천해야 한다. 이는 단순한 전략이 아니라, 기업 생존의 필수 조건이다.

기업문화는 일하는 방식과 깊게 연결되어 있다. 따라서 기업의 가치와 철학은 유지하되, 시장 변화와 고객 트렌드에 유연하게 대응해야 한다. 천적 없는 환경 속에서 안일하게 살다가 멸종한 도도새처럼, 변화와 도전을 두려워하는 기업은 생존하기 어렵다. 오히려 도전과 시련은 조직을 단단하게 만들고, 지속적인 개선으로 이어진다.

변화와 혁신은 선택이 아니라 필수다. 시장의 변화와 고객의 요구에 민감하게 대응하고, 지속적인 개선으로 기업문화를 계승·발전시켜야 한다. 이것이 바로 불확실한 미래에서도 살아남을 수 있는 유일한 방법이다.

요약 ❧

변화에 적응하지 않는 조직과 개인은 결국 도태된다.

생각해 보기

우리 현장은

작업자의 안전을 최우선 가치로 운영되는가?

7장

작업 안전의 확보

제조업에서 설비와 안전관리는 기업의 생산성과 직결되는 핵심 요소다. 효율적인 설비관리와 철저한 안전관리는 작업자의 안전을 보장하고, 생산 공정의 연속성을 유지하며, 불필요한 비용을 절감하는 데 기여한다. 제조 현장에서 작업 안전은 단순한 규칙 준수가 아니라, 우리의 삶과 직결된 필수 요소이다. 안전한 작업환경을 구축하기 위해 어떤 노력을 기울여야 할지 함께 살펴보자.

◆ 예방적 유지보수의 중요성

설비의 고장은 생산 중단과 비용 증가로 이어질 수 있다. 이를 방지하려면 예방적 유지보수(Preventive Maintenance, PM)가 필수적이다. 정기적인 점검과 검사를 통해 설비 상태를 지속적으로 모니터링하고, 잠재적인 문제를 사전에 발견하여 조치함으로써 설비가동률을 높일 수 있다. 예방적 유지보수는 설비 수명을 연장하고, 예기치 않은 고장으로 인한 생산 손실을 최소화하는 데 효과적이다.

◆ 예측 유지보수의 도입

최근에는 센서 기술과 데이터 분석을 활용한 예측 유지보수(Predictive Maintenance, PdM)가 주목받고 있다. 실시간으로 설비의 온도 · 진동 · 압력 등의 데이터를 수집하고 분석하여 고장 가능성을 예측함으로써, 필요한 시점에만 유지보수를 수행할 수 있다. 이는 불필요한 유지보수를 줄이고, 설비 가동 시간을 최적화하는 데 도움이 된다.

◆ 안전관리의 체계화

설비의 안전관리는 작업자의 생명과 직결되므로, 체계적인 접근이 필요하다. 정기적인 안전 점검과 위험요소 분석을 통해 잠재적인 위험을 사전에 파악하고, 적절한 대응 방안을 마련해야 한다. 또한, 작업자들에게 정기적인 안전 교육과 훈련을 실시하여 안전 의식을 고취시키고, 비상 상황에 대비한 대응 능력을 향상시켜야 한다.

개선을 통해 설비가 가동 중에는 작업자가 위험한 동작을 해도 안전

　　　　　　　　QSS 유한한 자원을 무한한 창의로

이 확보되도록 하고(Fool Proof), 사고가 발생한 경우에는 설비가 안전이 확보되게끔 작동(Fail Safe)하도록 되어야 한다. 그리고 작업 현장에서의 개인 보호 장비(Personal Protective Equipment, PPE) 착용은 기본 중의 기본이다. 헬멧, 안전화, 보호 장갑, 안전 고글 등 현장의 특성에 맞는 보호 장비를 항상 착용하도록 하고, 이러한 장비들의 정기적인 점검과 교체를 통해 최상의 상태를 유지해야 한다. 이는 작업자의 안전을 직접적으로 보호하는 중요한 수단이다.

◆ 디지털 기술의 활용

4차 산업혁명 시대를 맞아, 디지털 기술을 활용한 설비 및 안전관리가 강조되고 있다. 사물인터넷(IoT) 센서를 통해 설비 상태를 실시간으로 모니터링하고, 인공지능(AI)을 활용한 데이터 분석으로 고장 예측과 유지보수 시점을 최적화할 수 있다. 또한, 모바일 애플리케이션을 통해 현장의 안전 점검과 보고 체계를 디지털화하여 업무 효율성을 높일 수 있다.

◆ 법적 요구사항 준수

설비와 안전관리는 관련 법규와 규정을 준수하는 것이 중요하다. 정기적인 법적 검사와 교정을 통해 설비의 안전성을 확보하고, 관련 서류와 기록을 체계적으로 관리하여 법적 요구사항을 충족시켜야 한다. 이는 기업의 신뢰도를 높이고, 법적 분쟁을 예방하는 데 도움이 된다.

　제조업에서의 설비와 안전관리는 단순한 유지보수를 넘어, 예방적이고 예측적인 접근과 디지털 기술의 활용을 통해 효율성과 안전성을 동시에 추구해야 한다. 이를 통해 기업은 생산성 향상과 비용절감, 그리고 작업자의 안전을 모두 달성할 수 있을 것이다.

기계의 발전과 휴먼에러

산업혁명은 인류가 육체노동에서 벗어나 기계의 힘을 활용하게 한 혁신적인 시대였다. 증기기관의 발명은 가축과 노예의 역할을 기계가 대신하면서, 인간 중심에서 기계 중심으로 전환되었다. 이어진 2차 산업혁명은 전기의 도입으로 생산 효율이 획기적으로 향상되었고, 대량 생산과 규모의 경제가 가능해졌다.

3차 산업혁명 시대, 기계는 육체노동뿐 아니라 정신노동까지 보조하게 되었다. 이는 단순한 생산력 확대를 넘어, 인간과 기계의 협력 방식에 새로운 변화를 가져왔다. 이제 우리는 두뇌와 육체를 동시에 지원하는 고도화된 기계 시대에 대비한 혁신을 준비해야 한다.

◆ 고도화된 기계와 에러 관리의 중요성

기계가 자동화되고 고도화될수록, 가장 중요한 것은 에러의 예방과 관리다. 기계는 스스로 에러를 범하지 않지만, 사람이 설정한 시스템이나 환경적 요인으로 인해 에러가 발생할 수 있다. 이러한 에러를 사전에 관리하고, 발생 시에는 근본 원인을 철저히 제거하는 것이 필수적이다.

기계의 에러가 발생하는 순간, 최첨단 기술로 구축된 생산 시스템은 오히려 문제해결을 지연시키고, 휴먼에러를 유발할 위험이 있다. 그동안 누려 왔던 기계의 혜택이 사라지는 순간이기도 하다. 따라서 산업 현장에서의 에러 분석은 필수적이다. 에러들은 대부분 새로운 유형이 아니다. 일정한 유형들이 반복적으로 나타나며 동일한 문제가 재현된다. 이는 근본원인 파악의 중요성을 시사한다.

◆ 휴먼에러의 유형과 관리 방안

휴먼에러는 기계와 사람의 접점에서 발생하는 오류다. 이를 예방하려면, 휴먼에러의 발생 원리와 유형을 명확히 이해할 필요가 있다. 휴먼에러는 다음과 같이 다섯 가지 유형으로 분류할 수 있다.

인지 실패형

모니터링 수단이 없어 오류가 발생하는 유형이다. 예를 들어, 자동 주행 대차에 근접 센서를 설치하여 장애물을 인식하고 자동으로 멈추도록 하는 대책이 필요하다.

인지 모호형

인지 상태가 불분명해 경고를 무시하거나 조치를 하지 않아 발생하는 오류다. 기계 상태를 실시간으로 모니터링하고, 신뢰성 있는 경고음이나 알람을 제공하여 사용자가 쉽게 인식하도록 개선해야 한다.

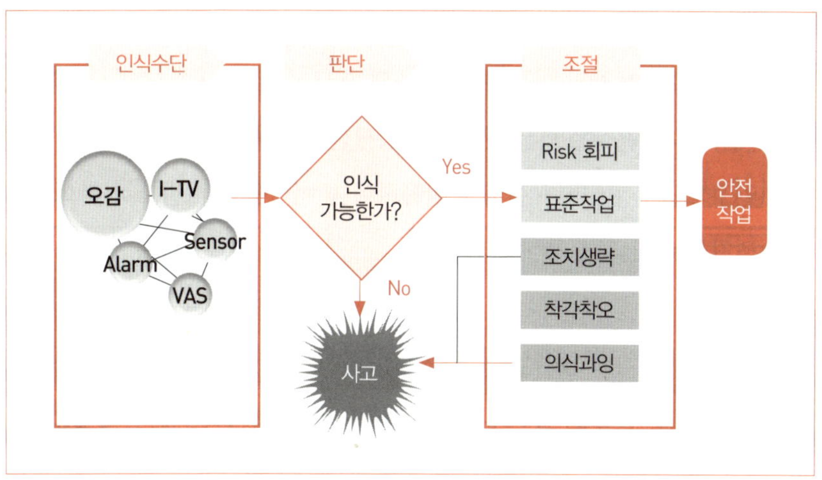

휴먼에러(Human error) 발생 원리

조치 생략형

문제가 인지되었음에도 깜빡하거나 실수로 인해 필요한 조치를 생략하는 유형이다. 이를 예방하려면 작업 과정에서 체크리스트를 통해 조치 사항을 명확히 기록하고 점검하는 관리체계가 필요하다.

착각 착오형

인지는 되었지만, 착각이나 착오로 인해 잘못된 조작이 이루어지는 경우다. 예를 들어, 스위치를 좌측으로 조작했는데 기계가 우측으로 움직이는 등의 상황이다. 이러한 오류를 방지하기 위해서는 사용자 기대와 일치하도록 기계의 조작 방식을 설계해야 한다.

의식 과잉형

순간적으로 포착된 이상 현상에 대해 요구된 시간 내에 조치하지 못하는 경우다. 인간은 너무 빠르거나 미세한 변화를 인지하기 어렵기 때문에, 초고속 카메라나 센서를 활용하여 데이터를 실시간으로 분석하고 조치할 수 있도록 해야 한다.

◆ 휴먼에러 예방을 위한 혁신적 접근

에러 관리의 전제 조건은 '인간은 실수한다.'는 사실을 인정하는 것이다. 단기적인 교육과 훈련은 일시적인 효과를 낼 수 있지만, 지속적인 개선과 근본원인 제거 없이는 장기적인 안전을 보장할 수 없다. 따라서 현장에서는 체계적인 시스템을 구축해야 한다. 기계와 사람이 접하는 모든 과정에서 잠재적인 위험을 사전에 인지하고, 이를 최소화할 수 있는 장치를 마련해야 한다. 특히, 인식의 명확성과 자동화된 경고 시스템을 강화하여 인간의 실수 가능성을 줄여야 한다.

◆ 기계 발전과 휴먼에러의 조화로운 관리

기계의 발전은 생산성을 향상시키지만, 그만큼 새로운 형태의 위험도 동반된다. 기계가 고도화될수록, 인간의 실수 가능성은 더 치명적으로 작용할 수 있다. 따라서 기계와 인간의 조화로운 관리가 필수적이

     QSS 유한한 자원을 무한한 창의로

다. 휴먼에러를 예방하고 관리하는 것은 단순한 시스템 개선을 넘어, 현장 혁신의 핵심 요소다. 에러가 발생하는 원인을 철저히 분석하고, 이를 근본적으로 제거하는 노력이야말로 기업의 지속 가능한 성장을 보장하는 길이다. 기계와 사람의 조화 속에서 새로운 혁신을 만들어 나가는 것이 현장의 진정한 발전이 될 것이다.

기계의 발전이 휴먼에러를 없애지 못하며, 근본 원인 제거가 최선의 대책이다.

사람의 실수와 안전

안전사고는 불안전한 행동과 불안전한 상태가 동시에 존재할 때 발생한다. 에너지의 크기와 그 충돌 정도에 따라 사고의 규모가 결정된다. 그러나 현장에 불안전한 상태가 있더라도, 불안전한 행동이 함께 일어나지 않는다면 사고로 이어지지 않는다. P사의 약 50년간의 안전사고 원인을 분석한 결과, 불안전한 행동이 사고의 82%를 차지했다. 불안전한 상태는 5%, 기타가 13%였다. 이는 작업자의 행동이 사고 발생에 가장 큰 영향을 미친다는 것을 시사한다.

◆ 반복적인 훈련과 점검이 필요한 이유

인간은 누구나 실수를 한다. 실수는 인간 행동의 일부이며, 이를 통해 학습하고 성장한다. 그러나 동일한 실수를 반복하지 않기 위해서는 실수의 원인을 명확히 인식하고 개선하려는 노력이 필요하다. 실수는 주로 인지, 판단, 행동의 과정에서 발생한다. 경험 부족, 피로, 감정적 불안정, 주의력 부족, 집중력 분산 등이 주된 원인이다. 이러한 상태에서도 사고로 이어지지 않도록 시스템적으로 안전을 보장해야 한다.

독일 심리학자 에빙하우스의 '망각곡선'에 따르면, 학습 후 20분이 지나면 58%만 기억하고, 1시간 후에는 44%로 감소한다. 하루가 지나면 초기 학습 내용의 33%만 남으며, 한 달이 지나면 21%로 줄어든다.

이는 학습 후 망각 속도를 늦추기 위한 반복 학습이 필수적임을 보여준다.

현장에서는 단순한 학습에 그치지 않고, 반복적인 훈련과 점검이 필요하다. 또한, 사람이 잊어버리거나 인지하지 못하는 상황을 대비해 모니터링 시스템이나 알람 기능이 필수적이다. 이러한 체크 기능은 실수를 사전에 예방하고, 문제가 발생하더라도 신속히 대응할 수 있도록 돕는다.

◆ 사고 예방을 위한 안전 설계

인지와 판단이 제대로 이루어졌다고 해도, 최종 행동 단계에서 조치가 생략되거나 착각, 착오로 인한 오조작이 발생할 수 있다. 이를 방지하기 위해선 세 가지 안전 설계가 필요하다.

템퍼 프루프(Temper Proof)

안전장치나 기능이 제거되었을 경우, 아예 기계가 동작하지 않도록 설계하는 방식이다. 예를 들어, 기계의 안전 커버가 열려 있으면 작동하지 않도록 설계하여, 작업자의 실수로 인한 사고를 원천 차단한다.

풀 프루프(Fool Proof)

'어리석은 사람도 사용할 수 있도록' 설계하여, 실수를 예방하는 시스템이다. 예를 들어, 휴대폰 충전기 잭이 맞지 않으면 체결이 되지 않는 것처럼, 인간의 실수가 자동으로 방지되도록 설계하는 것이다. 이러한 시스템은 실수가 있더라도 사고로 연결되지 않도록 한다.

페일 세이프(Fail Safe)

설비가 고장 나거나 오조작으로 사고가 발생하더라도, 피해를 최소화하도록 설계하는 방식이다. 예를 들어, 중요한 제어 시스템은 듀얼로 설치하여 한쪽이 이상을 감지하면 즉시 다른 쪽으로 전환해 운전이 지속되도록 한다. 이는 큰 사고를 예방하는 중요한 시스템이다.

◆ 실수로부터 안전을 확보하는 전략

안전한 작업환경을 구축하기 위해 다음의 세 가지 전략이 필요하다.

- 불안전한 행동의 원천 차단 : 설계 단계에서부터 불안전한 행동이 발생하지 않도록 시스템을 구축해야 한다. 작업자가 실수할 여지를 없애는 것이 중요하다.
- 모르고 실수해도 사고가 발생하지 않도록 개선 : 작업자가 실수를 하더라도, 사고가 발생하지 않도록 보조 시스템을 강화해야 한다. 이를 위해서는 다양한 센서, 경고 시스템, 체크리스트 등이 활용될 수 있다.
- 사고 발생 시 피해를 최소화하는 구조 구축 : 사고가 발생하더라도 피해가 확산되지 않도록 사후 안전장치를 마련해야 한다. 이

 QSS 유한한 자원을 무한한 창의로

는 조직의 지속 가능한 성장을 보장하는 필수적인 과정이다.

◆ 현장 혁신과 안전문화의 정착

인간의 실수를 인정하고, 이를 관리하기 위한 체계적 시스템을 구축하는 것은 현장 혁신의 시작이다. 단순한 주의와 교육만으로는 한계가 있다. 설계 단계에서부터 불안전한 요소를 차단하고, 실수가 발생하더라도 사고로 이어지지 않도록 예방조치를 마련하는 것이 필수적이다.

현장의 안전은 단순히 사고를 막는 차원을 넘어, 조직의 생산성과 직결된다. 안전한 현장은 작업자의 집중력을 높이고, 품질과 효율성을 극대화한다. 철저한 안전관리는 기업 경쟁력의 핵심이 된다.

안전은 선택이 아니라 필수이며, 이는 곧 현장 혁신의 중요한 기반이다. 체계적인 안전관리와 실수 예방 시스템이 정착될 때, 기업은 지속 가능한 성장을 이룰 수 있을 것이다.

요약 ∽

사람의 실수는 피할 수 없지만, 안전은 실수를 대비하는 시스템에서 시작된다.

현장의 안전 확보

2022년 발생한 이태원 참사는 대한민국에서 최대 규모의 인명 사고 중 하나로 기록되었다. 이는 2003년 대구 지하철 참사, 2014년 세월호 침몰 사고 이후 가장 큰 규모의 사고였으며, 서울 도심에서 발생한 사고로는 1995년 삼풍백화점 붕괴 사고 이후 최대의 참사였다. 이 사고로 159명의 소중한 생명이 희생되었고, 정부는 특별수사본부를 설치하여 74일간의 조사를 진행해 6명을 구속하는 것으로 수사를 마무리했다.

◆ 사전 예방의 중요성

우리나라 속담에 "소 잃고 외양간 고친다."는 말이 있다. 이는 사고가 발생하기 전에 대비하지 않고, 일이 터진 후에야 뒤늦게 대처하는 것을 지적하는 말이다. 사고 발생 직후에는 모두가 한 목소리로 '다시는 이런 일이 발생해서는 안 된다!'고 외치지만, 사고 예방을 위한 체계적인 관리와 꾸준한 실천은 여전히 부족한 현실이다.

기업 현장도 마찬가지다. 공장과 사업장에는 '안전제일'을 강조하는 표어와 포스터가 걸려 있다. 경영자나 관리자들도 안전의 중요성을 인식하지만, 일부는 안전 대책이 비용을 증가시키고 생산성을 저해한다고 생각하는 경우가 있다. 직원들도 안전 개선에 대한 실천 의식이 부족한 경우가 많다.

  QSS 유한한 자원을 무한한 창의로

◆ 4M 관리와 안전 개선

현장에서 직원들을 가장 힘들게 하는 요인은 4M(재료, 설비, 사람, 방법)의 변동성이다. 고객의 주문에 따라 작업환경은 수시로 변동되고, 이로 인해 문제가 발생한다. 특히 이 과정에서 발생하는 재해가 전체의 약 50%를 차지한다고 한다. 따라서4M을 철저히 관리하여 변동요인을 최소화하면 많은 재해를 예방할 수 있다. P사는 이를 위해 QSS 활동을 적극적으로 전개하고 있다.

재료관리

불필요한 물건을 정리하고 필요한 물건은 정돈하여 어디에 무엇이 얼마나 있는지 쉽게 파악하도록 표시하고 있다. 이는 작업자의 불필요한 동작을 줄이고, 사용 후에도 쉽게 되돌릴 수 있도록 하여 안전성과 효율성을 동시에 확보하고 있다.

설비관리

전 직원이 참여하여 '닦고, 조이고, 기름치는' 유지관리 활동을 실시한다. 이를 통해 설비의 고장을 예방하고, 사고를 미연에 방지하고 있다.

작업관리

작업의 세부 공정을 분석하여 위험 빈도와 강도를 파악하고, 이를 기반으로 위험도를 낮추는 개선활동을 진행하고 있다. 이는 작업자의 안전을 강화하는 핵심 요소다.

방법관리

사람의 수작업을 최대한 기계화·자동화하여 기계와의 접촉을 줄이고 있다. 설령 접촉이 발생하더라도 사고로 이어지지 않도록 안전 장치를 강화하고 있다.

◆ 참여와 실천의 문화 정착

아무리 법을 강화하고 제도를 정비해도, 현장에서 직원들이 참여하고 실천하지 않으면 안전문화는 뿌리내릴 수 없다. P사는 직원들이 각자의 작업 구역을 주도적으로 관리하도록 독려하고 있다. 각자의 구역에서 4M의 개선활동을 지속한다면, 작업환경은 점점 더 안전해지고 편리해질 것이다.

이러한 과정은 단순히 안전을 확보하는 차원을 넘어, 직원들의 주인의식과 책임감을 강화하는 계기가 된다. 주인의식은 자발적인 개선과 혁신으로 연결되고, 이는 결국 조직 전체의 안전 수준을 한 단계 끌어올리는 원동력이 된다.

◆ 지속 가능한 안전문화 구축

현장은 안전에서부터 시작된다. 안전이 확보되어야 효율적인 작업이 가능하고, 생산성이 향상된다. 따라서 안전은 비용이 아니라 투자이며, 이는 기업의 지속 가능한 성장과 직결된다.

4M을 중심으로 한 체계적인 개선활동과 더불어, 직원들의 참여와 실천이 뒷받침되어야 한다. 이는 단순히 법과 제도의 문제가 아닌, 조직 문화의 문제다. 안전문화가 조직에 깊게 뿌리내릴 때, 기업은 비로소 진정한 경쟁력을 확보하게 된다.

기업은 안전을 비용이 아닌 필수적인 가치로 인식하고, 지속적인 개선과 참여 문화 정착을 통해 안전한 현장을 만들어 나가야 한다. 이는 단기적인 안전 확보를 넘어 장기적으로 지속 가능한 조직을 만들어 가는 핵심 전략이 될 것이다.

요약 ⮞

안전은 비용이 아니라 필수 투자이며, 4M 관리와 지속적인 개선이 사고를 예방하는 열쇠다.

작업 안전 개선 순서

'안전(安全)'이라는 한자는 '여인이 집 안에 왕처럼 있다.'라는 의미를 지니며, 국어사전에서는 '위험이 생기거나 사고가 날 염려가 없음 또는 그런 상태'로 정의된다. 이는 인간이 가장 기본적으로 추구해야 할 상태임을 암시한다. 대한민국의 기업들은 산업재해로부터 직원을 보호하고 생산 손실을 방지하기 위해 막대한 비용과 노력을 투자하고 있지만 선진국 수준에 도달하기 위해서는 아직 더 많은 개선이 필요하다.

◆ 국내 산업재해의 현실과 과제

2018년부터 정부는 산업재해로 인한 사망자 수를 절반으로 줄이기 위한 정책을 적극적으로 시행해 왔다. 그 결과, 2018년 971명이던 사망자는 지속적으로 감소하여2022년에는 644명으로 줄어들었다. 이는 긍정적인 결과지만, 여전히 OECD 평균 사망만인율인 0.29에는 미치지 못하고 있다. 2024년 대한민국의 사망만인율은0.39으로, 독일(0.15)이나 일본(0.13)에 비하면 여전히 높은 수치다. 이는 더 적극적인 개선과 노력이 필요하다는 경각심을 일깨운다.

◆ **안전 개선을 위한 3대 핵심 요소**

안전한 현장을 구축하기 위해서는 '의식', '방법', '체계'라는 세 가지 핵심 요소가 유기적으로 작용해야 한다.

- 의식 : 모든 활동에서 안전을 최우선으로 고려하는 태도를 의미한다. 이는 법적 준수사항, 위험물 관리 등 기본적인 안전 지식을 습득하고 이를 생활화하는 것을 포함한다.
- 방법 : 위험요인을 발굴하고 제거하는 구체적인 수단을 의미한다. 작업자들이 직접 현장에서 실천할 수 있는 실질적인 개선 방법이 포함된다.
- 체계 : 이러한 활동들이 경영자부터 일선 작업자까지 일관되게 관리되고 실천될 수 있도록 만드는 시스템이다. 조직 전체의 일관성과 지속 가능성을 보장하는 기반이 된다.

◆ **현장의 직접적인 개선 방법, 위험요인 발굴과 제거**

현장에서의 안전을 확보하기 위해서는 '방법'에 대한 체계적인 접근이 필수적이다. 특히, 작업표준의 작업순서를 기반으로 위험요인을 제대로 발굴해야 한다. 이는 다음과 같은 단계를 거쳐 진행된다.

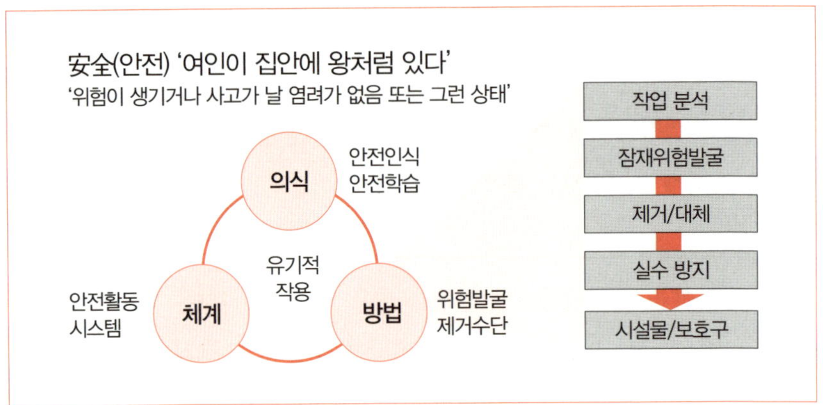

안전 체계와 개선 방법

작업 순서 분석

작업이 시작되는 순간부터 종료될 때까지 전 과정을 세밀하게 동작 단위로 기술한다.

유해 위험요인 도출

각 작업 단계를 동영상 기록이나 실제 작업 관찰을 통해 유해 위험요인을 식별한다. 부상 가능성, 질병 발생 가능성, 사고 발생 시 중대성을 평가하여 위험 등급을 구분한다.

위험요인 개선 순서

- 1단계 위험제거 : 가장 이상적인 방법은 위험한 작업을 아예 제거하는 것이다. 공정 자체를 바꾸거나 사람의 작업을 기계화, 자동화하여 대체한다.

QSS 유한한 자원을 무한한 창의로

- 2단계 실수예방 : 어쩔 수 없이 위험한 작업을 해야 한다면, 작업자가 실수하지 않도록 설계하거나 수가 발생해도 사고로 이어지지 않도록 보완한다.
- 3단계 보호조치 : 최종적으로는 사고가 발생하지 않도록 안전시설을 설치하거나, 작업자에게 보호구 착용을 의무화하여 사고를 방지한다.

◆ 최소량의 법칙과 안전 수준

독일의 식물학자 유스투스 폰 리비히는 '최소량의 법칙'을 통해 "식물의 성장을 좌우하는 것은 충분히 많은 영양소가 아니라 가장 부족한 영양소"라고 강조했다. 이는 안전관리에도 동일하게 적용된다. 기업의 전체 안전 수준은 조직 구성원 중 가장 낮은 안전 수준을 가진 사람에 의해 결정된다.

기업은 조직원 각자의 안전 수준을 향상시키기 위한 노력이 필수적이다. 단 한 명의 성원이 안전 규정을 소홀히 해도 전체 조직의 안전 수준은 취약해진다. 따라서 모든 구성원이 스스로 안전 의식을 강화하고, 체계적으로 관리하는 노력이 필요하다.

요약 ∽

안전은 개인의 인식에서 시작되어 체계적으로 작용해야 하며, 가장 약한 고리가 전체 수준을 결정한다.

유압 설비의 유지

제철소 현장을 처음 견학했을 때 가장 인상 깊었던 장면은 열연공장에서의 압연 과정이었다. 시뻘겋게 달아오른 철판이 가열로에서 나와 이송 롤을 따라 이동하며, 거대한 압연기에서 쿵쿵 울리며 압착되는 모습은 강렬했다. 물과 증기가 사방으로 퍼지고, 압연기와 철판이 충돌하며 발생하는 굉음은 심장을 울릴 만큼 강렬한 경험이었다. 이런 과정을 통해 길어진 철판은 마치 시계의 태엽처럼 말려 제품이 완성된다. 이러한 압연 과정에서 중요한 역할을 하는 것이 바로 유압시스템이다.

◆ 유압의 기본 원리와 적용

유압의 원리는 17세기 프랑스의 수학자 블레즈 파스칼이 발견한 '파스칼의 원리'에 기초한다. 밀폐된 공간에서 가해진 압력은 모든 방향으로 균등하게 전달되며, 이때 힘은 압력과 면적에 비례한다. 이를 통해 작은 힘으로도 큰 힘을 만들어 낼 수 있다. 유압시스템은 자동차 리프트, 건설 중장비, 항공기 렌딩기어 등 다양한 산업 분야에서 활용된다.

유압 장치는 강력한 힘 전달과 정밀한 제어가 가능하지만, 동시에 여러 단점도 존재한다. 비압축성 유체를 사용하기 때문에 누유가 발생하면 주변 환경 오염이 우려된다. 또한 유체는 온도에 민감해, 온도가 낮으면 점도가 증가하고, 온도가 높으면 산화가 진행되어 성능 저하로 이

　　　　　　　　　　QSS 유한한 자원을 무한한 창의로

어진다. 화재 위험성도 무시할 수 없다. 따라서 유압 설비는 철저한 유지관리가 필수적이다.

◆ 유압 설비 유지관리의 핵심

유압 설비 유지관리에서 가장 중요한 두 가지 요소는 청결과 온도다.

청결관리

- 유압유의 청정도 유지 : 필터를 정기적으로 점검하고, 오일은 주기적으로 교체해야 한다. 유압유에 공기나 수분이 유입되지 않도록 차단하는 것도 중요하다.
- 외부 이물질 차단 : 유압 기기 주변을 항상 깨끗하게 관리하여 먼지나 이물이 혼입되지 않도록 해야 한다. 현장에서 가장 기본적이지만 잘 지켜지지 않는 부분이다. 이물질은 부품 마모와 손상의 원인이 되며, 결국 시스템 과열과 작동 불량, 고장으로 이어진다.

온도관리

- 적정 온도 유지 : 유압유의 온도가 너무 높아지면 점도가 낮아져 윤활 성능이 저하되고, 마찰과 마모가 증가한다. 이는 펌프, 밸브, 실린더와 같은 주요 부품의 손상으로 이어진다.
- 고온 지속 방지 : 장시간 고온 상태가 지속되면 유압 부품이 열

팽창하고, 고무나 씰의 열화가 발생한다. 유압유의 산화가 진행되어 슬러지나 바니시와 같은 찌꺼기가 발생하고, 이는 시스템 내부에 쌓여 필터를 막거나 밸브 작동에 문제를 유발할 수 있다.

◆ 유압 설비 안정과 안전

생산 현장에서 유압 설비의 안정성은 생산성과 품질 확보의 핵심이다. 작업자의 안전과 편의성 또한 유지관리에 달려 있다. 유압 설비는 평소에 문제가 없어 보여도 관리가 소홀해지면 예기치 못한 고장이나 심각한 화재로 이어질 수 있다. 특히 청결과 온도 관리는 작은 방심도 큰 사고로 연결될 수 있는 만큼 철저히 관리해야 한다.

유압 설비 유지관리의 철저함은 단순히 설비의 수명 연장을 넘어 안정성을 확보하는 핵심이다. 작업자 스스로가 청결과 온도 관리의 중요성을 인식하고 꾸준하게 관리해 나간다면 고장이 줄고 안전도 확보될 것이다.

요약 ✎

유압 설비의 성능은 청결과 온도 관리에서 결정된다.

    QSS 유한한 자원을 무한한 창의로

전기실 안전관리

2024년 12월 통계청 자료에 따르면 우리나라 사람의 기대수명은 남자 80.6세, 여자 86.4세로, 평균 83.5세를 기록했다. 이는 2000년 대비 7.3세가 증가한 수치이며, 조선시대 왕들의 평균 수명 46세와 비교하면 거의 두 배에 이른다. 이러한 기대 수명의 증가는 의학 기술의 발달과 풍족한 영양 섭취 덕분이지만, 청결하고 위생적인 관리가 크게 기여했음을 부인할 수 없다.

이는 생산 현장의 설비관리에도 동일하게 적용된다. 사람의 몸이 청결하지 않으면 세균 감염과 질병에 노출되듯, 설비 역시 청결하게 유지되지 않으면 수명이 단축되고 사고 위험이 커진다. 따라서 산업안전보건법 제1편 총칙에서도 "사업주는 작업장 바닥 등을 안전하고 청결한 상태로 유지하여야 한다."고 명시하며 청결을 가장 먼저 강조하고 있다.

특히, 고압 전류가 흐르는 전기실은 더욱 철저한 관리가 필요하다. 전기설비는 작은 이물이나 먼지로도 사고가 발생할 수 있는 민감한 영역이기 때문이다.

◆ 전기실 개선 사례 : 생활폐기물 처리 현장

필자가 지도한 한 생활폐기물 처리 회사에서는 매일 수백 톤의 가정용 쓰레기를 수거해 소각하고, 그 열로 스팀과 전력을 생산하여 판매하고 있었다. 처음 방문했을 때 전기실은 장기간 청소가 이루어지지 않아 먼지가 뿌옇게 쌓여 있었고, 밀폐된 구조임에도 외부 분진이 유입되고 있었다. 특히, 패널(Panel)과 케이블 인입구 사이의 막음 처리가 미흡해 쥐들이 드나든 흔적이 발견되었다. 이러한 상태에서는 화재나 고장이 발생해도 이상하지 않을 정도였다.

◆ 개선활동의 단계적 접근

청결 확보와 유입 차단

- 우선 전기실의 전원을 차단하고 외부로부터 분진이나 이물질이 유입되는 경로를 완전히 차단하였다.
- 전기실 내부를 청소하고, 패널 내부에 쌓인 먼지를 불어 내고 바닥을 깨끗하게 정리하였다.

온습도 관리와 안전 확보

- 센서를 설치해 공조기와 연동하여 온습도가 자동으로 제어되도록 개선하였다.
- 작업 구획선을 정비하고 위험표지판을 보완하여 현장에서 안전을 시각적으로 확인할 수 있도록 했다.
- 각종 지시계류는 정상과 이상 상태를 현장에서 즉각 파악할 수 있도록 시각적 관리체계를 구축하였다.

　　　　　　　　QSS 유한한 자원을 무한한 창의로

작업 방법 개선과 시각적 정보 제공

- 도면과 작업 방법을 쉽게 찾을 수 있도록 표기하고, 조작 및 조치 요령을 패널에 부착해 작업자들이 즉시 확인할 수 있도록 했다.
- 개선된 관리체계가 지속적으로 유지될 수 있도록 청소와 점검 주기를 설 정하고, 담당자를 지정해 일상적인 관리체계를 표준화하였다.

◆ 청결은 전기실 안전의 기본

현재도 많은 회사의 전기실이나 조작 패널은 관리 부재로 인해 화재나 장애의 위험에 노출되어 있다. 특히 전기실은 화재 위험성이 높은 장소이므로 철저한 청결과 관리가 필수적이다. 청결은 단순히 보기 좋은 상태를 넘어, 사고를 예방하고 설비의 수명을 연장하는 핵심 활동이다.

아무리 설비가 첨단화 되더라도 청결하지 않으면 위험은 도사리고 있다. 따라서 설비가 병들기 전에 예방적인 청결 관리가 반드시 이루어져야 한다. 이는 단순한 관리가 아닌 현장 개선의 첫걸음이며, 안정적인 생산과 안전한 작업환경을 위한 기본이 된다. 이러한 체계적인 관리가 쌓일수록 기업의 경쟁력과 지속 가능성은 강화된다.

요약 ❧

전기실의 청결한 관리가 곧 안전과 설비 수명의 핵심이며, 고장 예방을 위한 최선의 대책이다.

설비의 효율과 안전을 동시에 확보하기 위해
우리는 어떤 관리를 강화해야 할까?

8장

기술과 역량의 동기화

　기술의 발전과 이에 따른 개선 활동은 기업의 효율성과 경쟁력 향상에 핵심적인 역할을 한다. 특히, 인공지능(AI), 빅데이터, 사물인터넷(IoT) 등 첨단 기술의 도입은 생산 공정의 자동화와 최적화를 가능하게 하여, 운영 효율성을 높이고 비용을 절감하는 데 기여하며 경쟁력을 높여 주고 있다.

　예를 들어, AI 기반의 예측 분석은 수요 예측과 재고 관리의 정확성을 높여 불필요한 비용을 줄일 수 있게 한다. 하지만 새로운 기술이 도입되면 시스템이 복잡해져서 인간의 실수 가능성이 높아질 수도 있다. 이를 방지하기 위해서는 사용자 친화적인 시스템 설계와 충분한 교육이 필요하다.

◆ 기술 발전을 통한 개선 활동

기술 발전을 통한 개선 활동은 여러 측면에서 이루어질 수 있다.

자동화와 디지털화

자동화와 디지털화를 통해 반복적이고 단순한 작업을 자동화하면 인적 오류를 줄이고 생산성을 향상시킬 수 있다. 예를 들어, 로봇 프로세스 자동화(RPA)를 도입하면 데이터 입력이나 송장 처리 같은 업무를 효율적으로 수행할 수 있다.

데이터 기반 의사 결정

데이터 기반 의사 결정을 통해 빅데이터와 AI를 활용하여 방대한 데이터를 분석하고, 이를 기반으로 의사 결정을 내리면 정확성과 신뢰성을 높일 수 있다. 이는 시장 변화에 대한 빠른 대응과 고객 요구에 맞춘 제품 개발을 가능하게 한다.

예측 유지보수

예측 유지보수를 통해 IoT 센서를 통해 설비의 상태를 실시간으로 모니터링하고, AI 분석을 통해 고장을 예측하여 사전에 유지보수를 실시하면 다운타임을 최소화하고 생산 효율을 높일 수 있다.

협업 플랫폼 구축

협업 플랫폼 구축을 통해 클라우드 기반의 협업 도구를 도입하여 부

　QSS 유한한 자원을 무한한 창의로

서 간, 또는 기업 간의 원활한 소통과 협업을 촉진하고, 정보의 공유와 접근성을 높일 수 있다.

◆ 기술과 인간의 조화를 이루기 위한 노력

하지만 이러한 기술 도입은 단순한 시스템 변경을 넘어, 조직 문화와 업무 프로세스의 전반적인 변화를 요구한다. 그렇다면 기술과 인간의 조화를 이루기 위해서는 어떠한 노력이 필요할까?

- 교육과 훈련을 통해 새로운 기술에 대한 직원들의 이해도와 활용 능력을 높이기 위해 지속적인 교육 프로그램을 운영해야 한다.
- 변화 관리를 통해 기술 도입에 따른 조직 내 저항을 최소화하고, 긍정적인 변화를 이끌어 내기 위한 체계적인 변화관리 전략을 수립해야 한다.
- AI와 같은 첨단 기술의 활용에 있어서 윤리적 문제를 고려하고, 책임 있는 사용을 위한 가이드라인을 마련해야 한다.

기술의 발전과 이를 통한 개선 활동은 기업의 효율성 증대와 경쟁력 강화에 필수적이다. 그러나 이러한 변화는 기술 자체뿐만 아니라, 인간 중심의 접근과 조직 문화의 성숙이 함께 이루어질 때 비로소 성공적인 결과를 가져올 것이다.

원리 원칙과 역량

모든 인간의 활동에는 원인과 결과가 존재한다. 결과는 현재 상태로 나타나는 '현상'이며, 그 원인과 결과 사이에는 '원리'가 존재한다. 이러한 원리에 따라 행동을 규정하는 것이 '원칙'이다. 생산 현장에서 발생하는 모든 현상과 결과 또한 명확한 원인이 있으며, 이를 이해하고 규명하는 것이 개선의 출발점이다. 특히, 현장에서 개선 활동을 추진할 때는 이 원리를 명확히 파악하고 원인을 정확히 분석하는 것이 중요하다.

◆ 결로 현상의 원리와 사례

생산 현장에서 흔히 발생하는 문제 중 하나가 결로 현상이다. 결로는 대기 중의 수분이 특정 조건에서 물방울로 응결되는 현상이다. 대기의 온도가 일정한 압력 상태에서 변화하면, 포화 수분량 이하로 떨어질 때 수분이 물체 표면에 맺히게 된다. 대표적인 예로 겨울철 아파트 창문 안쪽에 맺히는 물방울이나, 뜨거운 물을 담은 주전자가 외부 공기와 접촉할 때 표면에 맺히는 물방울이 있다.

결로의 원리는 간단하다. 대기의 온도 변화에 따라 포화 수분량이 달라지기 때문이다. 예를 들어, 20℃의 공기 1㎥는 최대 17.3g의 수분을 포함할 수 있고, 0℃에서는 4.8g만 포함할 수 있다. 즉, 20℃에서 0℃

 QSS 유한한 자원을 무한한 창의로

로 온도가 떨어지면 12.5g의 수분이 응결하여 결로가 발생한다. 반대로 0℃에서 20℃로 온도가 상승하면, 그만큼의 수분을 다시 흡수할 수 있게 된다.

◆ 제철소 집진기에서의 결로 문제와 개선 사례

제철소의 밀폐형 공정 집진기는 고온의 열과 분진을 흡입하여 먼지와 불순물을 걸러 낸 후 깨끗한 공기를 배출한다. 그러나 공정의 불균형이나 설계 오류로 인해 고온의 공기가 집진기 하부 배출 덕트로 흡입되는 경우가 발생한다. 이때 고온의 수분이 저온의 대기 온도인 배관부와 만나면서 배관 내부에 결로가 발생하고, 이 결로가 분진과 혼합되어 배출구를 막는 문제가 발생한다.

이러한 문제가 발생하면, 직원들은 불안전한 상태에서 막힌 분진을 제거하는 작업을 해야 한다. 이는 생산성 저하뿐만 아니라 작업자의 안전에도 큰 위험을 초래한다. 그렇다면 결로 문제의 근본적 해결을 위해서는 어떠한 개선 활동이 필요할까?

- 상부 고온 공기와 하부 대기 온도가 직접 접촉하지 않도록 완충 지대를 설치해야 한다.
- 온도 차이를 줄이기 위해 배관에 보온을 하거나 가열 설비를 추가하여 내부 온도를 일정하게 유지하는 방안이 고려되어야 한다.

이처럼 설비 트러블의 원리를 규명하고, 이에 따른 개선 방안을 마련하면 근본적인 원인 제거가 가능해진다. 이는 단순한 문제해결을 넘어 현장의 장애 발생을 줄이고 작업환경을 지속적으로 개선하는 과정으로 이어진다.

◆ 원리와 원칙을 통한 역량 강화

현장의 개선 활동은 단순히 지식을 습득하는 데서 끝나지 않는다. 문제의 원리를 규명하고, 그에 따른 실질적 개선을 도출해 내는 과정에서 비로소 실질적 역량이 강화된다. 이러한 경험이 쌓이면, 현장의 문제를 보다 빠르고 정확하게 인식하고 대응할 수 있는 능력이 자연스럽게 향상된다.

현장 혁신은 '원리'와 '원칙'을 이해하고 이를 지속적으로 실천하는 과정에서 완성된다. 현장 직원들이 문제의 원리를 이해하고 개선 활동을 통해 직접 문제를 해결하는 경험은 역량 강화와 개인의 성장으로 이어진다. 이러한 개인의 성장은 기업의 경쟁력을 강화하는 길이며 미래를 대비하는 가장 확실한 방법임을 명심해야 한다.

요약 ⪦

원리를 알면 문제의 본질이 보이고, 개선 역량이 곧 개인과 기업의 경쟁력이 된다.

 QSS 유한한 자원을 무한한 창의로

기능과 기술의 숙련

장자의 『천도편(天道篇)』에는 수레바퀴를 잘 깎는 윤편(輪扁)의 이야기가 전해진다. 윤편은 말로는 전할 수 없는 지극한 기능의 경지를 설명하며, 손으로 익히고 마음으로 응하는 숙련의 중요성을 강조한다. 이는 기능과 기술의 본질적 차이를 잘 보여 준다. 즉, 기능은 숙련을 통해 몸에 익힌 능력이며, 기술은 그 숙련을 분석하고 체계화하여 다른 이에게 전수하는 방법을 의미한다.

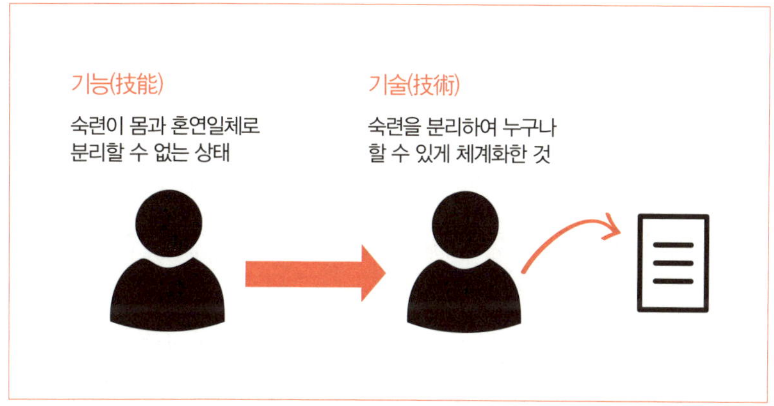

기능의 기술화

◆ 숙련된 작업의 기술화

현장의 많은 작업자들은 자신의 숙련된 작업을 명확하게 기술화하지 못해, 경험에만 의존하는 경우가 많다. 이는 개선과 혁신의 장애 요인이 된다. 숙련된 작업자의 능력을 체계적으로 분석하고, 이를 기술로 전수할 수 있도록 정리하는 작업이 반드시 필요하다. 기능의 요소를 성문화하고 기술의 요체를 체계화하는 것은 현장의 지속적인 개선을 위해 필수적이다.

숙련에 도달하는 가장 보편적인 방법은 단계적 연습과 장기적 훈련을 통해 필요 수준에 도달하는 것이다. 이를 보완하기 위해, 작업을 분업화하여 숙련의 필요 수준을 낮추거나, 일부 기술을 기계에 이전하여 숙련의 부담을 줄일 수 있다. 또한 감독자의 세밀한 지도와 숙련된 작업자의 경험을 체계적으로 전수하여 숙련 이전을 촉진하는 방법도 있다. 숙련을 빠르게 전수하기 위해서는 작업의 세세한 부분까지 관찰하고, 미세한 차이를 인지할 수 있는 능력이 중요하다.

◆ 기능의 확장과 기술의 집약

실제 사례로, 필자가 지도했던 한 부서에서는 압연 과정에서 조이스틱을 이용해 후판의 방향을 바꾸는 작업이 반복되었고, 이로 인해 작업자들은 손목 통증을 겪었다. 이를 개선하기 위해 작업 과정을 세밀하게 분석하고, 데이터를 수집하여 자동화를 추진했다. 숙련된 작업자의 손끝 감각을 데이터화하여 자동화 시스템에 반영하였고, 결과적으로 작업자의 부담을 줄이고 생산 효율성을 높일 수 있었다.

이처럼 숙련된 작업을 기술화하고 체계적으로 전수하는 것은 개선의 핵심이다. 작업자의 편리성을 확보함과 동시에, 회사는 지속 가능한 경쟁력을 확보할 수 있다. 기능의 확장과 기술의 집약은 꾸준한 개선과 혁신을 이끄는 원동력이 된다. 이는 단순히 개인의 역량을 넘어, 조직 전체의 경쟁력을 강화하는 중요한 과정이다.

현장 혁신은 숙련된 기능을 기술로 전환하고, 이를 지속적으로 개선하는 과정에서 완성된다. 이러한 개선은 조직의 발전을 이끌며, 나아가 사회와 문명의 진보로 이어질 것이다.

요약 ∾

기능을 기술화하는 숙련의 진화가 곧 경쟁력이다.

고유기술과 관리기술

　제조업에서 비용을 구분할 때 크게 재료비, 노무비, 경비, 일반관리비, 이윤으로 나눈다. 그러나 동일한 제품을 같은 공정으로 생산해도 기업 간 비용 차이는 분명히 존재한다. 이 차이는 바로 기술의 차이, 특히 고유기술과 관리기술에서 비롯된다. 삼성과 LG전자와 같은 국내 굴지의 대기업들은 약 10년 주기로 직책자들을 일본 도요타자동차로 보내 벤치마킹을 실시해 왔다. 이는 관리기술을 통해 경쟁력을 강화하기 위한 전략적 선택이었다.

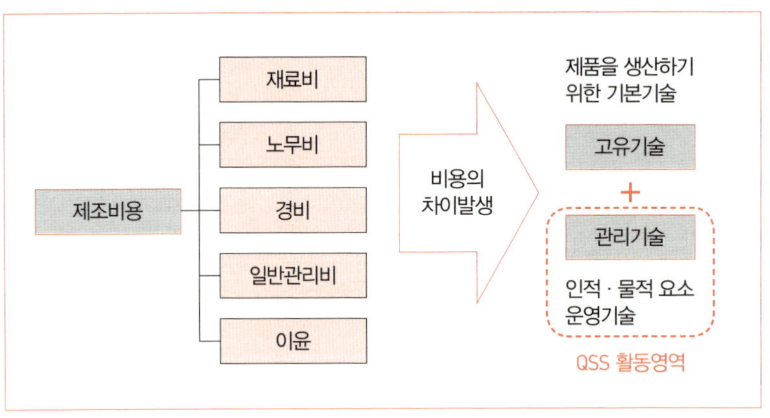

관리기술 향상 활동

◆ 고유기술과 관리기술의 정의

고유기술은 제품을 생산하기 위한 핵심적인 기술을 의미한다. 철강업을 예로 들면, 제선·제강·압연 등은 고유기술의 대표적인 사례이다. 제선은 분철광을 소결광으로 전환하여 석탄인 코크스와 함께 고열로 녹여 용선을 만드는 기술을 말한다. 제강은 고순도의 강을 제조하는 기술이며, 압연은 연속적으로 제품을 생산하는 연연속 기술과 표면처리 기술 등을 포함한다. 이러한 고유기술은 제품의 품질과 경쟁력을 결정짓는 핵심 요소다.

반면, 관리기술은 고유기술을 효율적으로 운영하고 지원하는 응용기술이다. 관리기술에는 생산, 품질, 원가, 납기, 안전, 인력 등 다양한 요소가 포함된다. 이를 효과적으로 관리하기 위해 산업공학, 품질관리, 가치공학, 전사적 생산보전 활동, 6시그마, 적기공급 생산 등 다양한 방법론이 활용된다.

◆ 관리기술의 전략적 진화 사례

특히 6시그마는 1980년대 모토로라에서 불량품 처리 비용을 절감하기 위해 시작된 방법론으로, 100만 개 중 3.4개의 불량률을 목표로 한다. 이 방법론은 전 세계적으로 확산되었고, P사도 이를 도입하여 일하는 문화를 개선하고자 했다.

그러나 현장에서는 통계 툴이 어려워 문제해결이 지연되기도 했다.

이를 극복하기 위해 P사는 6시그마의 문제해결 단계, 전사적 생산보전 활동의 자주적 설비관리, 산업공학의 분석기법, 적기공급 생산의 낭비 제거 사상 등 필요한 요소를 결합해 QSS(Quick Smart Solution) 활동을 개발했다. 이는 전원참여형 개선 활동과 인재양성을 목표로 했으며, 2007년부터 본격적으로 추진되었다.

◆ 두 기술의 균형과 조화가 필수

QSS는 지속적인 진화를 거쳤다. 2019년 이후에는 사회적 이슈인 안전과 환경을 최우선으로 삼았고, 최근에는 에너지 절감 활동도 강화되었다. 이는 단순히 기업의 이윤 창출을 넘어 지역 사회에 기여하고 경쟁에서 살아남기 위한 전략적 선택이었다.

생산의 본질은 "좋은 제품을 남보다 싸게 만들어 고객이 필요할 때 제공"하는 것이다. 이는 기업의 본원경쟁력이다. 안전과 환경은 작업자와 현장의 지속 가능성을 보장하는 기본 전제이며, 생산의 본질을 향상시키는 것은 경쟁에서의 생존을 위해 필수적이다. 이를 실현하기 위해 많은 비용을 투자하는 것보다 QSS와 같은 관리기술을 지속적으로 개선하는 것이 효과적이다. 이는 사람을 통해 현장에 문화로 녹아 들어 누구나 쉽게 따라 할 수 없는 핵심 기술로 자리 잡는다.

고유기술과 관리기술은 상호 보완적인 관계로, 현장의 혁신과 지속 가능한 경쟁력을 확보하기 위해 두 기술의 균형과 조화가 필수적이다.

　　　　　　　　QSS 유한한 자원을 무한한 창의로

요약 ❧

고유기술이 경쟁력을 만든다면, 관리기술은 지속 가능한 성장
을 결정한다.

기계의 발전과 유지

인류는 오랜 시간 동안 노동을 덜고 더 많은 재화를 창출하기 위해 다양한 도구와 방법을 개발해 왔다. 특히 수공업에서 시작된 인간의 노동은 18세기 증기기관의 발명으로 큰 전환점을 맞았다. 이는 산업혁명의 시작을 알리며 생산 현장에 기계가 본격적으로 도입되는 계기가 되었다. 이로 인해 생산성이 급격히 향상되었고, 대량 생산 체제가 가능해졌다.

이는 단순히 생산방식의 변화에 그치지 않고, 국내 수요를 충족시킨 국가들이 잉여 생산물을 소비시키기 위해 식민지를 확장하는 등 역사적 · 사회적 변화로도 이어졌다. 이러한 흐름은 1 · 2차 세계대전이라는 대규모 전쟁을 겪으며 기계 기술의 발전을 더욱 가속화했다.

◆ 기계 유지의 중요성과 핵심 관리 요소

전쟁을 계기로 발전한 기계 기술은 현대에 들어서면서 전기 · 컴퓨터와 결합되었고, 이는 인공지능(AI) · 사물인터넷(IoT) · 빅데이터 · 로봇기술 · 가상현실(VR) 등과 융합되어 기계가 스스로 작동하고 진화하는 시대를 맞이하게 되었다. 이러한 기술 발전의 중심에는 항상 기계가 있었으며, 복잡화 · 대형화 · 자동화가 진행되면서 기계 유지의 중요성은 더욱 커졌다.

기계는 아무리 정교하게 설계되고 제작되었더라도 사용 중에는 마모와 손상이 발생한다. 이를 방치하면 고장이 발생하고, 이는 생산성 저하와 비용 증가로 이어진다. 따라서 기계를 도입 당시 상태로 유지하고 보전하는 활동이 필수적이다. 이를 위해 필요한 핵심 관리 요소는 '닦고, 조이고, 기름치고, 조정하고, 교체하는 것'이다.

◆ P사의 설비 유지 보전을 위한 단계별 관리법

P사에서는 이러한 유지 보전 활동을 '마이머신 활동'으로 명명하고 체계적으로 관리하고 있다. 이 활동은 다음과 같은 단계로 이루어진다.

- 설비 기본 청소 : 설비에 쌓인 먼지와 이물질을 제거하여 초기 상태로 복원하고, 성능 저하의 원인을 사전에 차단한다.
- 불합리 발굴 개선 : 설비 운영 중 불합리한 부분을 발견하여 개선점을 도출하고 문제를 해결한다.
- 청소 · 점검 · 급유 · 급지 기준서 작성 : 유지관리 기준을 문서화하여 누구나 쉽게 관리할 수 있도록 표준화한다.

P사는 2007년부터 현재까지 꾸준히 이 활동을 진행해 왔으며, 포항과 광양 제철소에서만 1만 3천여 개소의 설비를 마이머신 활동 대상으로 관리하고 있다. 매년 주임 단위에서 2천 개소 이상의 설비를 개선하며, 평균적으로 10건 이상의 불합리 개선을 실천해 왔다. 이로써 연간

2만 건 이상의 개선이 이루어지고 있으며, 14년간 축적된 개선 사례는 28만 건 이상에 이른다. 이는 "티끌 모아 태산"이라는 말의 실제 사례라 할 수 있다.

◆ 현장의 생산성 유지를 위한 필수 과제

설비 유지 보전의 핵심은 단순히 기계를 깨끗하게 관리하는 것을 넘어, 초기 상태로 복원하고 성능 저하를 방지하는 것이다. 이는 현장의 생산성을 유지하고, 장기적으로는 기업 경쟁력의 강화로 이어진다. 자동화와 첨단화가 진화해도 결국 기계가 문제없이 작동해야만 재화의 생산이 가능하다. 따라서 '설비보전의 5요소'는 현장의 필수 과제라 할 수 있다.

미래의 생산 현장은 기계의 발전과 함께, 얼마나 효율적으로 소수의 인원으로 설비를 유지 보전할 수 있는가가 관건이 될 것이다. 이는 단순한 기술력이 아니라 진정한 현장 혁신의 지표가 될 것이며, 이러한 활동이 지속될 때 현장의 경쟁력은 더욱 강화될 것이다.

요약

기계의 발전이 곧 경쟁력이지만, 유지와 개선이 없다면 무용지물이다.

  QSS 유한한 자원을 무한한 창의로

역량 향상과 설비의 관계

우리가 음식점을 찾을 때 가장 중요시하는 것은 무엇일까? 좋은 서비스도 있지만 대부분의 사람들이 첫째로 맛을 선택할 것이다. 가격이 싸도 맛이 없으면 다시 찾지 않는 경우가 많고, 맛이 있다고 소문이 나면 천 리 길도 마다하지 않고 찾아가는 식당도 있다. 그래서 "안 먹어 본 사람은 있어도 한 번만 먹은 사람은 없다."라는 말로 음식의 품질을 표현한다.

이처럼 식당에서의 품질이 맛이라면, 생산 현장에서의 품질은 제품이 사용 목적이나 사용자의 요구를 얼마나 만족시키는가로 정의할 수 있다. 전 세계의 기업들은 오래전부터 생산 제품의 품질 수준을 높이기 위해 노력해 왔다. 이러한 노력은 1910년대 프레드릭 테일러의 과학적 관리에서 시작해 신뢰성 관리와 품질보증을 거쳐 전사적 품질관리로 발전해 왔다. 최근에는 4차 산업혁명과 맞물려 작업의 로봇화, 지능화를 통해 품질 변동이 적은 제품을 생산하려는 노력이 지속되고 있다.

◆ 가공점의 형성과 유지를 위한 관리

식당이든 생산 현장이든 품질은 설비, 사람, 재료와 이를 가공하기 위한 물, 가스 등의 가공 제계 조건에 따라 결정된다. 따라서 재료가 제품으로 완성되는 가공 원리를 이해하고, 이를 정상적으로 관리하는 것이 동일한 품질을 유지하는 핵심이다. 특히 설비 중심의 생산라인에서 가공은 재료가 설비와 만나 변형·변질·분리·결합되는 과정을 의미하며, 이 접점을 '가공점'이라 한다.

품질이 우수한 제품을 생산하기 위해서는 가공점을 형성하고 유지하기 위해 설비의 '본체 체결'·'구동 전달 운동'·'유압'·'공압'·'윤활'·'전기제어'의 6계통 조건을 철저히 설정하고 관리하는 것이 필수적이다. 더불어 재료의 온도·폭·두께와 같은 가공 조건, 그리고 물·가스·세정유 등의 가공 제계 조건 역시 세밀하게 관리되어야 한다.

◆ 설비의 가공 원리 이해와 관리체계 구축

많은 기업들이 생산 현장 정리·정돈과 설비 유지관리 활동에 일정 수준까지는 성공하지만, 그 이상의 발전으로 가공 원리를 깊이 이해하고 관리방법을 체계적으로 구축하는 데는 어려움을 겪는다. 그러나 이러한 관리체계가 없으면 설비의 상태는 언제든지 불안정해질 수 있으며, 이는 곧 제품의 품질 변동으로 이어진다.

특히 자동화와 지능화가 가속화되었다고 해서 현장 직원들의 설비와 품질관리 역량이 향상되는 것은 아니다. 설비의 가공 원리를 명확히 이해하고, 필요한 관리 기준을 설정하며, 이상 발생 시 신속하게 대응할 수 있는 체계를 마련하는 것이야말로 역량 향상의 출발점이다.

이러한 노력이 현장에서 지속적으로 실행될 때 비로소 현장 혁신이 이루어질 수 있으며, 이는 기업의 경쟁력 강화와 직결된다. 관리 기

　　　　　　QSS 유한한 자원을 무한한 창의로

준을 정립하고, 발생 가능한 문제를 미리 예측해 대응하는 것은 단순한 유지관리 차원을 넘어, 설비와 품질의 일관성을 확보하는 핵심 전략이다.

스마트 팩토리와 지식근로자

인류 사회는 원시 공산제 사회에서 시작해 고대 노예제 사회, 중세 봉건제 사회를 거쳐 근대 자본주의 사회와 현대의 수정자본주의 사회로 발전해 왔다. 각 시대마다 생산 수단을 보유한 자가 권력을 가졌고, 그에 따라 사람들의 계급도 나뉘었다. 고대 노예제 사회는 귀족과 노예로, 봉건제 사회는 땅을 가진 영주와 농노로, 자본주의 사회는 생산 수단을 가진 자본가와 노동자로 구분되었다.

산업혁명 이후, 대규모 산업이 발전하면서 노동자는 생산 현장에서 일하는 블루칼라와 사무실에서 일하는 화이트칼라로 나뉘었다. 초기 산업화 시대의 노동자들은 단순하고 반복적인 작업을 수행하며 생산성을 높였다. 이 시기에는 "주어진 일을 제대로 수행하는 능력", 즉 능률이 중요했다.

◆ 스마트 팩토리 시대, 뉴칼라 인재의 등장

그러나 산업이 발전하고 전기·컴퓨터 등과 결합하면서, 단순한 능률을 넘어 지식을 활용해 더 나은 결과를 창출하는 능력이 요구되기 시작했다. 이로 인해 지식근로자라는 개념이 등장했다. 이들은 주어진 일을 수행함으로써 얼마나 유효한 결과를 창출하는가를 중시하며, 이를 통해 뉴칼라 인재로 발전해 왔다.

QSS 유한한 자원을 무한한 창의로

앞으로의 미래 산업은 사물인터넷(IoT), 빅데이터, 인공지능(AI), 로봇기술과 같은 첨단 기술과 융합되어 스마트 팩토리(Smart Factory)의 시대를 가속화할 것이다. 반복적이고 규격화된 업무는 로봇이 대체할 것이다. 그 안에서 살아남기 위해 인간은 단순히 주어진 일을 수행하는 차원을 넘어, 주어진 일의 의미를 찾고 관련 지식을 스스로 학습하여 새로운 가치를 창출해야 한다. 이러한 지식근로자만이 미래 산업에서 경쟁력을 유지할 수 있다.

◆ 지식근로자와 P사의 개선리더 양성 과정

이를 위해서는 무엇보다 일에 대한 태도와 사고방식의 전환이 필요하다. 단순히 지시받은 일을 수행하는 자세에서 벗어나, 스스로 문제를 정의하고 주도적으로 해결해 나가야 한다. 자신이 맡은 일의 주인이라는 인식을 가지고, 일의 의미와 목표를 명확히 해야 한다. 현 상태와 목표 사이의 차이를 인식하고, 문제를 유발하는 원인을 분석해 이를 개선하려는 노력이 필요하다. 이러한 과정에서 관련 지식을 학습하고 실무에 적용해 나가야 한다.

P사의 개선리더 양성 과정은 이러한 변화의 좋은 사례다. 이 과정에서는 현장의 문제를 해결하기 위해 4개월간 집중적인 교육을 진행한다. 교육생들은 일주일간 일과 낭비의 개념, 태도, 개선 방법론을 학습한 뒤, 스스로 문제를 정의하고 해결하는 체험을 한다. 이후 현장으로 복귀해 실무에 개선 활동을 적용하도록 유도한다. 이 과정은 2007년부

터 매년 3차례 운영되었으며, 지금까지 약 8,000명이 수료했다. 참가자들은 평균적으로 80여 건의 개선을 수행하며 지식근로자로서의 역량을 쌓아 왔다.

◆ 사회의 변화는 사람의 변화에서 비롯된다

미국의 32대 대통령 루스벨트는 "청년을 위해 미래를 건설할 수는 없다. 그러나 미래를 위해 청년들을 건립할 수 있다."고 말했다. 이는 사회의 변화는 곧 사람의 변화에서 비롯된다는 뜻이다. 앞으로는 노동자한 사람 한 사람이 자신의 일에 대해 주인의식을 가지고, 지속적인 학습과 개선을 통해 자신의 역량을 강화해야 한다. 그렇게 될 때, 비로소 AI 시대에 걸맞은 지식근로자로 거듭날 수 있을 것이다.

요약

AI 시대, 뉴칼라 지식근로자는 스스로 문제를 정의하고 해결하는 주인이 되어야 한다.

 QSS 유한한 자원을 무한한 창의로

스마트 팩토리와 현장 개선

18세기 증기기관의 발명으로 시작된 산업혁명은 기존 수공업 중심의 소량 생산 체계를 기계를 활용한 대량 생산 체계로 전환시켰다. 이후 사람들은 표준화되고 단순화된 동작을 반복하면서 벨트 컨베이어를 통한 포드생산방식으로 생산성을 극대화했다. 이러한 대량 생산은 소비보다 많은 생산을 유발하여 재고 과잉과 원가 부담 문제를 야기했다. 결국 경쟁력이 부족한 기업은 생존하지 못하게 되었다.

◆ 생산방식의 발전과 진화

이러한 상황에서 대량 생산을 유지하면서도 이익을 창출하기 위해 개발된 생산방식이 바로 도요타생산방식이다. 이는 필요한 제품을 필요한 시점에 필요한 양만큼 생산하는 '적시생산' 개념을 기반으로 한다. 특히 후공정에서 요구하는 물건만을 생산하도록 하여 공정 내 재고를 최소화하고 생산 시간을 단축하여 원가를 절감하는 데 중점을 두었다. 이 방식은 과잉생산이라는 낭비를 제거해 제조업의 경쟁력을 높였다.

1970년대 오일 쇼크로 많은 제조업체들이 어려움을 겪었지만, 도요타는 안정적인 이익을 유지했다. 이를 계기로 미국 MIT 공대는 도요타의 방식을 연구하여 '린생산방식'을 정립했다. 린생산방식은 재고를 최소화하고 고객 수요에 맞춰 생산을 조정하여 불필요한 비용을 제거하는 시스템이다. 이후 맥도날드, 보잉, 삼성, 기아 등 글로벌 기업들이 린생산을 도입하여 경쟁력을 강화하고 더 높은 수익을 창출해 왔다.

◆ '스마트 팩토리'와 '정확하고 편차 없는 데이터'

2011년 독일은 인더스트리 4.0을 발표하며 자동화, 통신, 인공지능, 클라우드 기술을 결합한 스마트 팩토리를 제시했다. 스마트 팩토리는 인공지능(AI), 사물인터넷(IoT), 빅데이터, 로봇기술을 활용하여 고객 주문에 맞춰 유연하게 생산하는 체계로, 제조원가를 절감하고 생산 효율성을 극대화하는 것이 목표다.

스마트 팩토리는 생산라인의 각종 센서에서 얻어진 데이터로부터 시

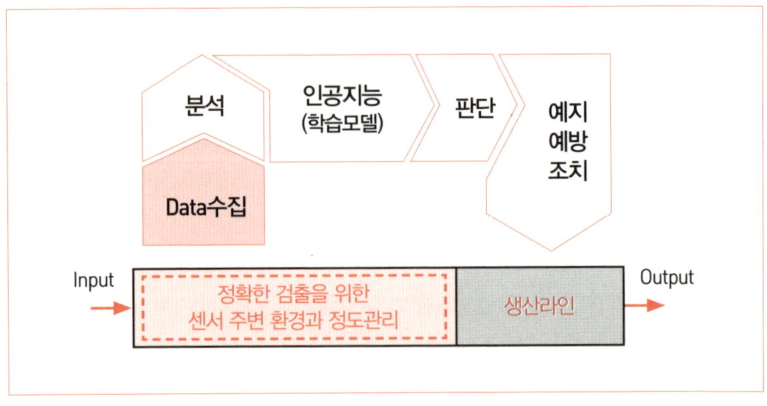

현장의 Smart Factory 활동

　　　QSS 유한한 자원을 무한한 창의로

작된다. 이 데이터는 실시간으로 플랫폼에 저장되며, 예측 모델과 알고리즘을 통해 선행제어 및 예방조치 방안을 학습한다. 이를 통해 생산 수준을 지속적으로 향상시킨다. 그러나 이 모든 과정에서 가장 중요한 것은 '정확하고 편차 없는 데이터'다. 이러한 데이터는 결국 현장 직원들의 적극적인 참여와 관리에서 출발한다.

◆ 센서의 정확성 확보를 위한 관리가 핵심

과거의 현장 개선 활동은 주로 '마이머신' 활동을 통해 이루어졌다. 설비를 닦고, 조이고, 기름치는 기본적인 유지보수로 고장을 예방하고 정상 가동을 유지해 왔다. 그러나 스마트 팩토리 시대에는 이러한 활동에 더해 센서 주변의 환경을 개선하고, 센서의 정확성을 확보하는 '정도 향상' 활동이 추가로 요구된다.

아무리 정교한 예측 모델과 알고리즘이 개발되더라도, 센서의 측정 값이 정확하지 않다면 무용지물이다. 생산라인에는 수백에서 수천 개에 이르는 센서가 설치되어 있다. 이 센서들이 정확하게 작동하지 않으면 생산 전 과정에서 오류가 발생하게 된다. 따라서 스마트 팩토리에서는 센서 관리가 핵심이 된다. 센서의 오염이나 손상 방지, 주기적인 정밀 점검, 이상 신호의 조기 탐지 등이 필수적인 관리 요소다.

향후 스마트 팩토리가 고도화될수록 센서의 역할은 더욱 중요해질 것이다. 이에 따라 센서의 정확성 확보와 고장 예방을 위한 현장 개선 활동은 더욱 강화되어야 한다. 이는 단순히 기술적 측면을 넘어, 현장의 근본적인 혁신으로 연결된다.

◆ 현장 직원들의 주체적 관리와 개선

스마트 팩토리의 성공은 기술의 발전만으로 이루어지지 않는다. 현장 직원들의 꾸준한 개선 의지와 노력, 세심한 관리가 함께해야 한다. 이러한 기반이 마련될 때 비로소 스마트 팩토리는 혁신적인 생산방식으로 자리 잡을 수 있다. 현장 혁신은 단순히 시스템을 구축하는 것이 아니라, 사람이 주체가 되어 지속적으로 관리하고 개선해 가는 과정임을 명심해야 한다.

요약 ❧

스마트 팩토리는 현장 직원의 센서 관리에서 시작된다.

　　　QSS 유한한 자원을 무한한 창의로

전문화 분업화 시대의 의미

우리나라에서 전문화와 분업화가 사회와 기업에 미친 영향은 실로 지대하다. 특히1970년대, 우리의 부모 세대는 온 가족이 농사일에 매달리며 사계절 내내 고된 노동을 이어 갔다. 그럼에도 불구하고 배고픔은 일상이었고, 소득은 늘 부족했다. 모내기 철이 되면 초등학생조차 논에서 못줄을 대야 했고, 가을이면 탈곡기 앞에서 볏짚을 나르며 하루를 보냈다. 당시 농번기에는 노동력이 집중되었고, 이를 보완하기 위해 품앗이라는 유연한 협력 체계를 통해 일시적 노동력을 확보하였지만, 생산성은 크게 나아지지 않았다.

그러나 오늘날은 불과 국민의 5%만이 농업에 종사해도 쌀이 남아도는 시대가 되었다. 더 이상 온 가족이 농사일에 매달리지 않아도 생계를 유지할 수 있으며, 오히려 여가를 어떻게 활용할지를 고민하는 시대가 도래했다. 이는 '한강의 기적'이라 불리는 경영 성과의 결과물로, 전문화와 분업화가 가져온 생산성 향상이 있었기에 가능했던 변화였다.

◆ 사회 전반에 자리 잡은 전문화와 분업화

이앙기의 도입은 농업 분야에서 전문화와 분업화가 가져온 혁신적 사례 중 하나다. 과거 초등학생까지 동원해야 했던 모내기 작업을 효율적으로 수행하게 되었고, 인건비 절감과 생산성 향상이라는 두 마리 토

끼를 잡을 수 있었다. 현재는 드론을 활용하여 볍씨를 파종하는 단계에 이르렀으며, 이는 더 이상 전통적인 농부의 노동력이 필요 없는 시대가 임박했음을 시사한다. 우리는 인식하지 못하는 사이, 전문화와 분업화는 사회 전반에 빠르게 자리 잡아 가고 있다.

이러한 변화는 단순히 농업에만 국한되지 않는다. 러시아-우크라이나 전쟁에서도 드론과 인공지능이 결합된 전투 방식이 등장하고 있다. 드론은 적군 지역을 정찰하고, 탐지된 적의 항복을 받아 내며, 프로그램된 시퀀스에 따라 명령을 수행한다. 전문가들은 앞으로 군대의 전문화가 더욱 가속화될 것이라 예측한다.

미래의 군대는 '사람 한 명, 개 한 마리, 컴퓨터 한 대'만 있으면 된다는 우스갯소리가 있다. 이 말은 첨단 기술이 인간의 역할을 대체하고, 사람이 해야 할 일은 개를 먹이고, 개는 사람이 컴퓨터에 함부로 손대지 못하도록 지키는 역할을 한다는 풍자적 통찰을 담고 있다.

◆ 변화에 대한 대응과 혁신의 속도의 중요성

전문화와 분업화는 생산성과 효율성을 극대화하기 위한 필수적인 전략이다. 불의 발견은 인류 문명의 출발점이었다. 그러나 그 불을 쉽게 얻을 수 있는 도구가 발명된 것은 불과 150년 전이었다. 그 이전까지 인류는 5만 년 동안 불씨를 유지하는 방법을 고민하며 지냈다. 이는 변화에 대한 대응과 혁신의 속도가 인류의 발전에 얼마나 중요한지를 시사한다.

기업과 조직이 지속적으로 생존하고 성장하기 위해서는 이러한 전문화와 분업화의 흐름에 적극적으로 대응해야 한다. 경쟁력이 약한 고리를 보완하고, 변화하는 환경 속에서 끊임없이 혁신해야 한다. 단순히 현재의 안정에 안주하는 것이 아니라, 미래를 대비하여 효율성을 극대화할 수 있는 전문화와 분업화 전략을 수립하고 실행해야 할 때다.

요약 ⮧

전문화와 분업화는 사회와 기업의 경쟁력을 결정짓는 필수 전략이다.

생각해 보기

우리 조직은 생산성과 품질을 동시에 높이기 위해
어떤 노력을 하고 있는가?

9장

생산성과 품질의 향상

생산성 향상과 품질관리는 모든 기업의 지속 가능한 성장과 경쟁력 확보를 위한 핵심 요소다. 최근 경영 환경의 급격한 변화와 기술 발전으로 인해, 기업들은 새로운 전략과 도구를 도입하여 생산성과 품질을 동시에 향상시키고자 노력하고 있다. 그렇다면 구체적으로 어떠한 노력을 기울이고 있을까?

◆ 디지털 전환과 자동화

로봇 프로세스 자동화(RPA)와 인공지능(AI)을 활용하면 반복적이고 규칙적인 업무를 자동화하여 인적 자원의 부담을 줄이고, 보다 창의적인 업무에 집중할 수 있게 된다. 예를 들어, 데이터 입력이나 송장 처리 같은 작업을 자동화하여 운영 효율을 개선할 수 있다.

◆ 품질 경영 시스템의 강화

품질 경영 시스템의 강화를 통해 조직 전체의 문화와 전략을 개선하는 것도 중요하다. 현대건설은 1993년 국내 건설사 최초로 국제 품질 시스템 규격인 ISO 9001 인증을 획득하고, 설계, 구매, 시공, 시운전 등 사업 전 영역에 효과적인 품질 시스템을 운영하고 있다. 이를 통해 체계적인 리스크 관리와 업무 고도화를 실현하며, 고객의 가치 창출을 위해 노력하고 있다.

◆ 고객 중심의 품질 혁신

고객의 요구와 기대에 부응하기 위해 기업들은 고객 피드백을 적극적으로 수집하고 이를 제품 및 서비스 개선에 반영하고 있다. 예를 들어, 현대자동차는 엔진 결함 문제로 인한 대규모 리콜 사태 이후, 품질관리시스템을 전면적으로 개선하고 AI와 빅데이터를 활용한 새로운 품질관리시스템을 도입했다. 이를 통해 생산 과정에서 발생할 수 있는 문제를 사전에 감지하고 예방하여, 고객 신뢰를 회복하고 있다.

◆ 지속적인 교육과 품질 문화 구축

품질 경영은 조직 전체의 문화로 자리 잡아야 한다. 이를 위해 현대 엔지니어링은 프로젝트 수행 중 발생하는 중요 품질 부적합 및 고위험 항목을 사전에 도출하고, 실무 중심의 품질 예방 활동을 통해 품질 리스크를 철저히 차단하고 있다. 또한, 전 임직원의 축적된 기술과 노하우를 바탕으로 정확한 품질과 공기 준수를 통해 고객 감동을 실천하고 있다.

◆ 첨단 기술을 활용한 품질관리

현대건설은 AI를 활용한 '현장 CCTV 영상 분석 시스템'을 개발하여, 실시간으로 작업자와 건설 장비, 화재 위험요소의 위치를 감지하고 위험을 사전에 방지하고 있다. 이 시스템은 CCTV를 통해 송출되는 이미지를 AI가 실시간으로 분석하여, 건설 장비 및 작업자의 안전을 확보하는 데 도움을 준다.

생산성과 품질관리는 기업의 경쟁력 강화와 지속 가능한 성장을 위한 필수 요소이다. 디지털 전환과 자동화, 품질 경영 시스템의 강화, 고객 중심의 혁신, 지속적인 교육, 그리고 첨단 기술의 활용을 통해 기업은 효율성을 높이고, 시장에서의 우위를 선점할 수 있을 것이다.

생산성의 비밀, 모랄(Morale)

세상은 '발견의 시대'에서 '실행의 시대'로, '전문가의 시대'에서 '인공지능의 시대'로 빠르게 변화하고 있다. 4차 산업혁명 이전에는 시장을 지배하는 기술 몇 가지가 생산성을 주도했다. 모범 사례에 따라 생산만 하면 기업은 큰 위기 없이 성장할 수 있었다. 하지만 현재는 시대의 변화가 너무나 빠르고 강력하다. 변화에 적응하지 못하는 기업은 도태될 수밖에 없다.

이제는 문제의 발견보다 실행이 중요해졌다. 전문가보다 인공지능이 주도하는 시대가 되었지만, 결국 지속 가능한 경쟁력은 기본적인 것에서 시작된다. 그리고 그 기본적인 요소 중 하나가 바로 '모랄(Morale)', 즉 조직 구성원들의 사기와 의욕이다.

◆ 동일한 조건에서도 C조만 성과를 보인 이유

필자가 인천 남동공단의 한 기업에서 컨설팅을 진행하던 중 흥미로운 현상을 목격했다. 변화관리 교육과 현장 개선 활동을 시작한 초기에 C조에서 생산성이 30%나 향상된 것이다. 동일한 설비, 동일한 표준, 유사한 근속 연수와 제품 규격에도 불구하고 C조만이 눈에 띄는 성과를 보였다.

처음에는 그 원인을 찾지 못해 의문이 깊어졌다. 하지만 지속적인 관찰 끝에 사소하지만 중요한 단서를 발견했다. C조는 변화관리 교육 이후, 주임이 솔선수범하여 팀의 사기와 의욕을 끌어올렸던 것이다. 사장은 필자의 이 해석에 대해 명확한 언급은 없었지만, 현장의 분위기가 이미 답을 말해 주고 있었다.

◆ 모랄이란 무엇인가?

모랄은 조직 구성원이 갖는 긍정적인 태도와 의욕을 말한다. 이는 단순한 감정이 아니라, 규칙을 지키고, 점검을 철저히 이행하며, 문제가 발생하면 즉시 대응하도록 하는 내면의 힘이다. 모랄은 단순히 업무 지시로는 형성되지 않는다. 구성원들이 스스로 일을 주도하고, 긍정적으로 참여할 때 비로소 형성된다.

조직의 모랄이 높은 경우, 표준은 자연스럽게 준수된다. 반대로 모랄이 낮은 조직은 아무리 우수한 표준과 기술을 보유해도 실행되지 않는다. 이는 액자 속의 비전일 뿐 현실로 이어지지 않는다.

◆ 지식과 모랄의 관계

지식은 시간이 쌓이면서 자연스럽게 축적된다. 그러나 모랄은 관리자의 평가, 조직의 분위기, 공정성 여부에 따라 쉽게 무너질 수 있다. 아무리 많은 지식이 있더라도 이를 실행하는 힘이 없다면 아무런 변화도 일어나지 않는다.

예를 들어, 물 절약의 중요성을 알고 있다고 해도 실제로 실천하지 않으면 아무런 효과가 없다. 양치컵을 사용하면 4.8리터, 샤워 시간을 1분 줄이면 12리터, 비누칠할 때 수도꼭지를 잠그면 6리터의 물이 절약된다. 하지만 이러한 지식을 아는 것만으로는 절약이 이루어지지 않는다. 행동으로 옮기는 실천력, 즉 모랄이 있어야 비로소 변화가 발생한다.

◆ 실행 없는 지식은 무의미하다

"부뚜막의 소금도 집어넣어야 짜다."는 속담처럼, 실행이 없는 지식은 무의미하다. 4차 산업혁명의 시대에도 이 말은 여전히 유효하다. 변화의 거센 물결 속에서 살아남기 위해서는 조직 구성원들의 모랄을 높여야 한다. 모랄은 현장 혁신의 출발점이자, 지속 가능한 경쟁력의 핵심이다.

기업은 지식과 표준을 쌓는 것만으로는 충분하지 않다. 구성원들의 자발적인 실천을 이끌어 낼 수 있는 문화를 만들어야 한다. 이는 변화하는 시대 속에서도 기업이 지속적으로 성장할 수 있는 가장 확실한 방법이다.

요약 ∽

생산성의 비밀은 기술이 아니라, 실행력을 높이는 모랄(Morale)에 있다.

 QSS 유한한 자원을 무한한 창의로

제조 본원경쟁력과 개선

한국철강협회의 최근 철강경기 동향에 따르면, 중국의 열연코일 유통 가격이 2022년 5월 톤당 800달러에서 시작해 경기 침체와 수요 약세로 인해 현재는 500달러대로 하락했다. 또한 엔저 현상으로 일본의 수출경쟁력이 강화되면서 국내 철강재의 수출경쟁력이 약화되고 있다. 이러한 시장 상황은 수입산 철강재 가격 압력을 가중시키고, 내수시장까지 침체시켜 하방 압력이 더욱 커질 것으로 예측되고 있다.

이에 대응하여 지난 3월 P사그룹의 새 사령탑으로 취임한 장인화 회장은 철강과 2차전지 소재의 본원경쟁력 강화를 통해 그룹의 도약을 준비하겠다고 밝혔다. 철강 사업에서는 초격차 경쟁우위를 확보하고, 2차전지 소재산업은 시장가치에 부합하는 경쟁력을 구축하여 확실한 성장엔진으로 육성하겠다고 언급했다. 또한, 사업 회사별 책임경영체계를 확립하여 내부 경쟁력을 강화하겠다고 강조했다.

◆ 본원경쟁력과 QCD

본원경쟁력은 '좋은 제품을 남보다 싸게 만들어 고객이 필요할 때 제공하는 것'이 핵심이며, 이는 QCD(Quality, Cost, Delivery) 경쟁력으로 표현된다.

도요타자동차에서의 연수 경험은 이러한 본원경쟁력의 중요성을 더욱 깨닫게 해 주었다. 당시 일본 도요타자동차 관동 공장에서 연수를 받던 중, 현지 임원이 던진 질문은 단순하지만 본질적이었다. "P사는 QCD 중 세계 1등이 하나라도 있습니까?" 연수 초기에는 원가 문제에 대해 LG 직원들은 높은 관심을 보인 반면, P사 직원들은 안전과 환경에 더 많은 관심을 두었다. 이에 대해 강사는 P사가 한 번도 적자를 경험하지 않은 '부잣집 막내아들'과 같다고 비유했다.

그는 칠판에 양동이를 그려 설명했다. 양동이의 위에서는 수익이 들어오고, 아래에서는 비용이라는 물이 새어 나간다. 기업이 어려워질 때는 들어오는 수익이 줄어 양동이의 물이 감소하지만, 새어 나가는 비용이라는 물이 줄지 않으면 결국 양동이는 비게 된다. 이처럼 경영진과 마케팅은 수익을 늘리는 역할을 하지만, 원가절감은 현장 직원들의 개선 활동에서 시작된다.

◆ 현장 개선 활동의 중요성

P사는 시대 변화에 따라 개선 활동의 중심이 바뀌었지만, 제조 과정에서 낭비를 제거하여 원가를 절감하는 노력은 꾸준히 지속되어 왔다. 앞으로도 더욱 치열해지는 경쟁 환경 속에서 살아남기 위해서는 전원이 참여하는 개선 활동이 필수적이다. 이는 단순히 원가절감만이 아니라, 생산의 본질을 지키고 경쟁력을 강화하는 유일한 길이다.

현장 개선 활동은 이제 단순한 선택이 아닌 필수적인 전략으로 자리 잡았다. 작은 개선이 모여 큰 경쟁력을 만들며, 이는 곧 기업의 지속

 QSS 유한한 자원을 무한한 창의로

가능한 성장을 담보하게 될 것이다. 변화에 유연하게 대응하고, 개선을 통해 경쟁력을 강화하는 것이 P사가 미래에도 세계 시장에서 살아남을 수 있는 핵심 전략임을 명심해야 한다.

요약 ✑

제조 경쟁력은 품질 · 원가 · 납기의 기본을 개선하는 데서 나온다.

본원경쟁력을 높이는 방법

코로나 이후로 식당들을 보면 꾸준하게 잘 되는 곳이 있고 같은 위치에 몇 번이나 상호가 바뀌는 곳이 있다. 경기가 어려워지고 소비가 줄어 장사가 안되니 주인이 계속 바뀌는 것이다. 그러나 코로나 때 잠시 주춤하였다가 여전히 문전성시를 이루고 더 번성하는 식당도 있다. 이러한 식당들은 기업으로 치면 나름의 차별화된 경쟁력이 있는 것이다. 기업이든 식당이든 본질(本質)은 돈을 버는 것이다. 돈이 안되면 업계에서 퇴출되고 사회 기여도 할 수 없다. 돈을 벌기 위해서는 남보다 좋은 제품을 싸게 만들어 고객이 필요할 때 공급하는 품질(Quality) · 원가(Cost) · 납기(Delivery)의 힘이 있어야 하며 그것이 본원경쟁력이다.

◆ 우위의 경쟁력을 갖추기 위한 방법

Q · C · D에 대하여 남보다 우위의 경쟁력을 갖추기 위해서는 어떻게 해야 할까? 기본적으로 품질의 확보가 필요하다. 우리가 음식점도 손님이 많거나 자주 가는 곳을 보면 맛이 있는 곳이다. 맛이 없으면 한두 번은 어쩌다 갈 수 있지만 다음에 또 가자고 하면 모두가 손사래를 친다. 맛이 있거나 비슷하다면 그다음은 가격이다. 최근 물가 상승으로 인해 모든 식당들이 가격을 올리다 보니 맛이 있고 저렴한 가성비를 최우선으로 따지는 것도 같은 이치이다.

   QSS 유한한 자원을 무한한 창의로

품질 경쟁력의 확보

품질을 확보하기 위해서는 양품을 만들어 내는 가공의 원리와 조건을 알아야 한다. 가공을 하기 위해서는 먼저 재료의 조건이 맞아야 하며 재료를 잡아 주는 지그(Jig)와 가공을 직접 담당하는 도구(Tool)를 연결하는 설비가 정상적으로 작동하여야 하고, 물·질소·산소 등과 같은 가공 보조제의 조건들이 정상이어야 한다. 한마디로 가공을 위한 재료와 도구, 설비, 보조제의 조건들이 만족되어야 하는 것이다. 이는 오랜 경험으로도 알 수 있지만 학습을 통해 가공 원리를 올바르게 이해하고, 누가 작업해도 양품이 나오도록 하는 표준과 숙련된 기능이 필요하다.

가격 경쟁력의 확보

품질이 확보되었다면 그다음은 가격이다. 가격은 다른 곳에서 만들지 못하는 우리만이 생산할 수 있는 제품과 수요가 있다면 걱정할 필요가 없다. 그러나 대부분 많이 쓰이는 소비재는 일반적인 것으로 누구나 생산할 수 있다. 이런 경우 경쟁력은 만드는 과정에서 누가 더 비용을 적게 들이는가가 결정한다.

원가를 줄이는 방법은 만드는 과정상에서 원가만을 상승시키는 정체를 제거하는 것이다. 주로 정체는 재료의 불량이나 결품, 설비의 고장과 능력 차, 품명 교체, 사람의 능력 차나 재해, 정보의 변동 등과 같은 원인으로 발생한다. 즉, 생산 과정의 원가만 상승시키는 가치 없는 부분을 모두 제거하여 더 이상 제거할 수가 없어 가치 있는 공정만 남은 완벽한 상태를 만들어 가는 것이다.

◆ 돈이 드는 개량보다는 지혜로운 개선으로

이런 완벽한 상태는 대부분 돈을 들여야 한다고 생각하지만, 가공의 원리를 이해하고 설비와 사람의 작용을 바르게 알면 돈을 들이지 않고 개선할 수 있는 것들이 많다. 그래서 돈을 들이는 개량보다는 지혜를 사용하는 개선을 하는 것이 기업은 돈을 벌고 개인도 성장하면서 모두가 경쟁력을 높일 수 있는 길인 것이다.

현장 혁신의 본질은 바로 이런 '지혜로운 개선'에 있다. 단순히 자원을 투입하는 것이 아니라, 현장의 문제를 정확히 분석하고, 원리를 이해하며, 가장 효율적인 방법을 찾아 적용하는 것이 진정한 경쟁력을 확보하는 방법이다.

요약 ∾

본원경쟁력은 품질을 확보하고, 원가를 낮추며, 개선을 지속하는 데서 완성된다.

설비관리와 기본적인 사고(思考)

중국 의학사에서 전국 시대의 편작(扁鵲)은 '신의(神醫)'로 불릴 만큼 뛰어난 의술로 명성을 떨쳤다. 위나라 군주가 편작에게 "3형제 중 누가 가장 의술이 뛰어난가?"라고 묻자, 편작은 의외로 "큰형이 가장 뛰어나고, 둘째 형이 그다음이며, 자신이 가장 떨어진다."고 답했다. 그는 "큰형은 병의 증세가 나타나기 전에 근본 원인을 사전에 제거하여 예방하고, 둘째 형은 병의 초기 증세를 치료하며, 본인은 중병만 주로 치료하여 법석을 떨기 때문에 오히려 유명하다."고 덧붙였다.

◆ 설비 안정성 확보가 필요한 이유

이 이야기는 제조 설비관리에도 적용될 수 있다. 설비가 고장 나면 정비사는 의사처럼 문제를 치료하지만, 더 중요한 것은 예방을 통해 고장을 사전에 방지하는 것이다. 제조 공정에서 설비는 생산·품질·원가를 결정하는 핵심 요소이다. 설비에 이상이 발생하면 인력과 자원이 추가 투입되고, 이는 비용 증가로 이어진다. 특히 P사의 10년간 재해 사례를 보면 절반 가까이가 설비 이상 조치 과정에서 발생해, 설비 안정성 확보가 곧 재해예방과도 직결됨을 알 수 있다.

◆ 설비 신뢰도와 정비력

설비관리에서 총정비비는 '설비 신뢰도'와 '정비력'에 의해 결정된다. 설비 신뢰도는 대부분 도입 초기 단계에서 결정되며, 비용이 많이 들수록 신뢰도가 높아진다. 가동 중에는 '고장이 얼마나 자주 발생하는가'와 '고장 시 얼마나 빠르게 복구하는가'로 신뢰도를 측정하는데, 이를 위한 지표로는 MTBF(Mean Time Between Failures, 평균고장간격)와 MTTR(Mean Time To Repair, 평균수리시간)이 활용된다.

설비 도입 이후에는 '정비력'이 총정비비를 좌우한다. 정비력은 '인원'과 '기술력'의 관계로 표현된다. 많은 인원이 기술력이 낮으면 비용이 증가하고, 적은 인원이라도 기술력이 높다면 비용은 줄어든다. 따라서 정비기술력 향상이 곧 비용절감과 직결된다.

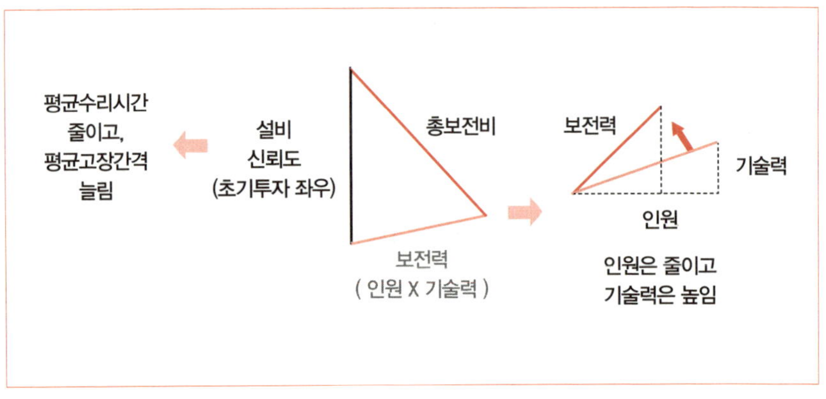

총보전비 결정 요소

◆ 조직 내 소통과 자신감 강화

P사의 모 정비부서 리더는 이러한 문제를 개선하기 위해 조직 내 소통과 자신감 강화에 집중했다. 5년 이하의 저근속 직원들에게는 최근 7년간의 장애 사례집을 학습하도록 하고, 자율 리포트 작성을 장려했다. 또한, 전문 부서 파견 근무와 전문가 초청 교육을 통해 정비기술력 향상을 도모했다. 장인, 명장과 같은 전문가 양성도 병행하여 지속적인 멘토링 문화를 확립했다. 그 결과, 정비기술력이 향상되면서 장애율은 0.11에서 0.05로 220% 개선되는 성과를 이뤘다.

이러한 사례는 동양 한의학에서 체질과 습관을 개선하여 병을 예방하는 방식과 유사하다. 정비인의 가장 중요한 역할은 설비의 환경과 체질을 개선하여 고장을 미연에 방지하는 것이다. 예기치 못한 이상이 발생하더라도, 빠르게 대처할 수 있는 능력은 높은 정비기술력에서 비롯된다. 현장의 혁신은 사전 예방과 지속적인 기술력 향상을 통해 실현된다는 사실을 명심해야 한다.

요약 ☙

설비관리의 핵심은 예방이며, 정비기술력이 곧 경쟁력이다.

설비의 수명과 비용

사람은 시간이 흐름에 따라 자연스럽게 노화한다. 이 과정은 누구에게나 예외 없이 찾아오는 변화로, 근력 저하와 피로감 증가, 장기 기능의 저하 등 다양한 형태로 나타난다. 동일한 나이라도 관리 상태에 따라 신체 능력이나 건강 수준은 달라진다. 이는 사람뿐만 아니라 생산 현장의 설비에도 동일하게 적용된다. 설비 역시 도입부터 사용, 열화, 폐기까지 일정한 수명 주기를 거친다.

◆ 설비 도입 단계부터 체계적인 관리

설비 수명을 연장하고 비용을 효율적으로 관리하기 위해서는 초기 설비 도입 단계에서부터 체계적인 계획이 필요하다. 생산 공정의 요구에 맞게 설비를 설계하고, 적절한 성능을 확보하도록 적정 비용을 투자하는 것이 중요하다. 비용을 무조건 낮게 책정하면 설비의 성능이 떨어지고, 과도한 성능을 추구하면 불필요한 도입 비용이 발생한다. 이처럼 초기 설계와 투자 비용은 설비의 생애 주기 비용 전체에 큰 영향을 미친다.

설비가 도입된 이후에는 공정에서 정상적으로 가동되도록 철저한 관리가 필수적이다. 설비의 수명과 비용은 관리 상태에 따라 크게 차이가 난다. 인간의 수명이 청결과 질병 예방으로 연장되듯, 설비도 고장을

　　QSS 유한한 자원을 무한한 창의로

줄이고 수명을 늘리는 것이 중요하다. 설비 고장과 수명의 관계를 설명할 때 주로 사용되는 개념이 바로 욕조곡선(Bathtub Curve)이다. 이 곡선은 설비 고장이 초기 도입기에는 높은 값을 보이다가, 정상 안정기에는 낮아지고, 시간이 지나면서 다시 열화와 마모로 인해 고장이 증가하는 경향을 설명한다.

◆ 예방적 관리와 예지보전 활동

설비의 수명을 늘리기 위해서는 초기 도입기와 정상 안정기, 마모 열화기의 고장 발생을 최소화하는 관리가 필요하다. 가장 효과적인 방법은 꾸준한 예방 관리다. 설비의 원리와 구조를 정확히 이해하고, 관리가 필요한 요소를 파악하여 '닦고, 조이고, 기름치는' 기본적인 관리 활동을 지속적으로 시행하는 것이다. P사는 이러한 활동을 '마이머신' 활동으로 명명하고, 2005년부터 전 직원이 참여해 설비 성능 유지와 고장 예방을 위해 노력하고 있다.

또한, 고장이 발생하기 전에 징후를 파악하고 미리 교체하거나 보수하는 예지보전 활동도 중요하다. 이는 정비 직원들의 주요 업무 중 하나로, 설비가 병들기 전에 문제를 발견해 조치하는 방식이다. 물론, 아무리 예방 관리를 철저히 해도 돌발적인 고장은 발생할 수 있다. 이러한 경우에는 신속하고 안전한 대응이 필수적이다.

◆ 고장 대응력이 곧 기업의 경쟁력

고장 대응의 핵심은 지식과 경험이다. 경험은 시간에 따라 축적되지만, 지식은 학습을 통해 단기간 내에 습득할 수 있다. 설비의 원리와 구조를 철저히 이해하고, 다양한 사례를 학습하는 것이 고장 대응력을 높이는 방법이다. 이러한 학습은 시간을 단축시켜 현장 대응력을 강화할 수 있다.

설비의 수명 연장과 비용절감을 위해서는 초기 설계 단계부터 철저한 계획과 투자, 그리고 예방적 관리와 예지보전 활동이 필수적이다. 이러한 노력이 현장의 혁신과 생산성 향상의 밑거름이 되며, 설비의 안정성과 기업의 경쟁력을 동시에 확보하는 길임을 잊지 말아야 한다.

요약 ∞

설비의 수명은 관리에 달렸고, 비용절감은 예방에서 시작된다.

QSS 유한한 자원을 무한한 창의로

설비보전 5요소

산업혁명 이전에는 재료 준비부터 제품 완성까지 대부분의 공정이 사람의 손을 거쳤다. 이로 인해 생산량은 소비를 따라가지 못했고, 숙련공과 기능은 매우 중요한 가치였다. 그러나 18세기 증기기관과 전동기의 발명은 대규모 기계화로 이어졌고, 대량 생산을 가능하게 했다. 이때부터 사람은 직접 생산하는 것이 아니라, 설비를 운영하고 관리하는 역할로 전환되었다. 설비의 원리와 구성을 알고 운전하는 능력이 필수적으로 요구되었다.

현대 산업 현장은 자동화와 인공지능(AI) 기술의 발전으로 인해 변화하고 있다. 특히 자동차나 전자 산업은 반복적이고 단순한 작업을 AI와 로봇이 대체하고 있다. 그러나 제철업과 같은 대형 장치산업은 복잡한 설비와 수많은 부품으로 구성되어 있어, 아직까지 AI나 로봇이 완전히 대체하기는 어렵다. 설비의 고장은 예측하기 어렵기 때문이다.

◆ 설비 고장을 예방하는 핵심 5요소

2차 세계대전 당시 독일의 루샤가 제시한 승적 법칙은 시스템의 신뢰도를 설명한다. 직렬로 구성된 시스템은 개별 부품의 신뢰도에 크게 좌우된다. 예를 들어, 100개의 부품이 각각 1%의 결함률을 가진다면 전체 시스템의 신뢰도는 36.6%로 급격히 낮아진다. 이러한 논리는 대형 설비에도 그대로 적용된다. 수없이 많은 부품이 결합된 설비에서는 고장을 예측하기 어렵고, 예방적 관리가 필수적이다.

설비의 안정성을 확보하기 위해 가장 기본적이고 효과적인 방법은 '설비보전 5요소'를 철저히 실천하는 것이다. 이 다섯 가지 요소는 설비 고장을 예방하는 핵심이다.

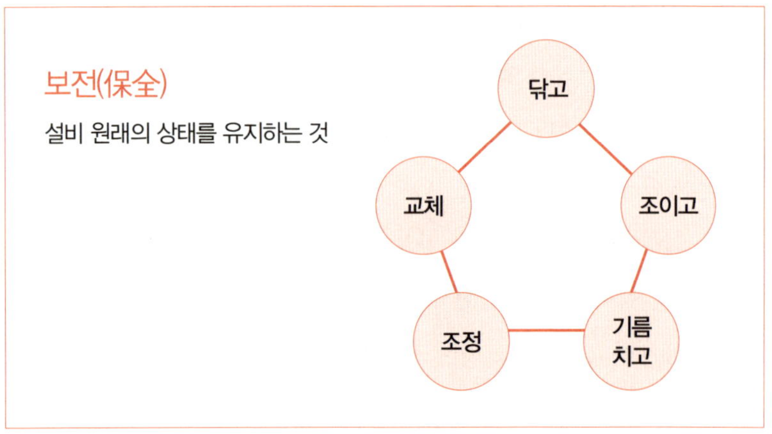

설비보전 5요소

닦기

외부 오염은 기계의 정상 작동을 방해한다. 먼지나 오염물이 쌓이면 기계 부품의 마모를 가속화하고, 작동 오류를 발생시킨다. 주기적인 청소와 오염 제거가 필요한 이유이다.

조이기

기계는 부품 간의 체결이 단단해야 안정적으로 작동한다. 느슨한 체

QSS 유한한 자원을 무한한 창의로

결은 진동이나 충격으로 인한 고장의 원인이 된다. 주기적으로 체결 상태를 점검하고 조여 주는 관리가 필요하다.

기름치기

기계의 마찰 부위는 원활한 작동을 위해 윤활유가 필요하다. 윤활 상태가 불량하면 마찰이 심해지고, 부품의 마모가 가속된다. 정기적인 급유로 기계의 부드러운 작동을 유지해야 한다.

교환하기

부품은 사용하면서 점진적으로 마모되며, 일정 시점에서 교체가 필요하다. 제때 교체하지 않으면 성능 저하와 함께 고장의 위험이 커진다. 부품의 상태를 주기적으로 점검하고 교체 시기를 놓치지 않는 것이 중요하다.

조정하기

기계는 지속적인 사용으로 인해 세밀한 조정이 필요하다. 미세한 오차가 누적되면 제품 품질에 영향을 줄 수 있다. 정밀 측정을 통해 정확하게 조정하여 설비의 최적 상태를 유지해야 한다.

◆ 고장 예방은 일상적 관리에서 시작된다

이 다섯 가지 요소는 단순해 보이지만, 현장에서 꾸준히 실천하기란 쉽지 않다. 실천의 지속성은 곧 설비 고장을 줄이는 핵심이며, 설비관리의 성패를 좌우한다. 이러한 실천을 게을리하면 '고의적 장애'라고 표현될 정도로, 방치된 관리가 고장을 유발할 수 있다.

현장의 혁신은 거창한 변화가 아니라, 일상적인 관리의 꾸준한 실천에서 시작된다. 설비보전 5요소의 철저한 실천은 현장의 안전성과 생산성을 높이고, 불필요한 비용을 줄이며, 나아가 기업의 지속 가능한 발전을 이끌어 내는 중요한 전략이 된다. 우리의 현장은 이러한 기본적인 실천이 제대로 이루어지고 있는지 되돌아보고, 다시 한번 혁신의 출발점을 다질 필요가 있다.

요약 ∞

설비보전은 닦고 조이고 기름치고 조정하고 교환하는 5가지를 지키는 것이다.

양품 생산의 원리

우리가 잘 산다는 것은 먹고 자고 배출하는 기본적인 욕구가 충족되어 특별한 문제나 걱정이 없는 상태를 말한다. 영국의 심리학자 에이브러햄 매슬로는 이를 '생리적 욕구'라 정의하고, 인간의 욕구 단계 중 가장 기초적인 단계로 설명했다. 기본적인 욕구가 충족되어야 비로소 안전, 애정, 존중, 자아실현의 단계로 발전할 수 있다. 먹을 것이 풍부한 시대에는 자연스럽게 더 맛있고 질 좋은 것을 선택하게 된다. 이는 제품의 품질을 중시하는 소비 심리와도 연결된다.

◆ 가공 원리와 설비 구성

제조업에서 품질은 기업의 본질적인 경쟁력이다. 이를 QCD(Quality, Cost, Delivery)로 정의하며, '좋은 품질의 제품을 경쟁력 있는 가격으로 적기에 제공하는 것'을 목표로 한다. 이 중 가장 핵심은 품질이다. 제조업에서 생산되는 제품은 수없이 많지만, 기본적으로 '사람'과 '설비'라는 공통적인 요소가 작용한다. 그렇기에 설비의 구성과 품질이 만들어지는 원리를 이해하면, 어떻게 설비를 관리해야 하는지에 대한 답을 얻을 수 있으며, 이는 경쟁력 강화로 이어진다.

사람의 몸이 다양한 계통으로 구성되어 유기적으로 작동하듯, 설비 역시 본체체결, 구동전달운동, 전기제어, 윤활, 유압, 공압의 6계통으로 구성되어 있다. 인체가 모든 계통이 건강하게 작동해야 이상이 없는 것처럼, 설비도 이 6계통이 유기적으로 작동해야 불량 없이 좋은 제품을 생산할 수 있다.

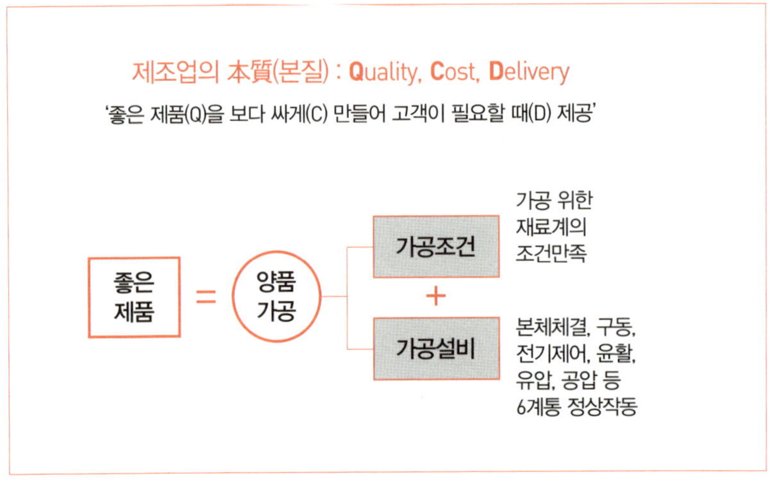

양품 생산의 원리

◆ 양품 생산의 기반, 6계통의 정상 작동

이를 보다 구체적으로 살펴보자. 라면을 끓이는 과정을 예로 들어 보면, 물을 적절한 양으로 끓이고 라면과 스프를 투입해 일정 시간 가공해야 맛있는 라면이 완성된다. 이 과정을 생산 현장에 빗대어 보면, '가공점'은 끓는 물과 라면이 만나는 지점이다.

이 가공점에서 중요한 요소는 지그(냄비)와 툴(렌지)이 정확히 위치를 잡아 연속성을 유지하는 것이다. 여기에 물과 가스, 전기 등 가공 제계의 조건이 맞아야 맛있는 라면이 완성된다.

마찬가지로 제조 현장에서 양품을 생산하기 위해서는 6계통이 정상적으로 작동해야 한다. 가공점에서 재료의 위치가 정확히 잡히고, 연속성이 유지되어야 한다. 또한, 물, 가스, 공기 등의 가공 제계 조건을 철저히 관리해야 한다. 설비별로 구성 계통과 가공 제계의 조건은 제품에 따라 다르지만, 가공 원리와 설비 구성을 깊이 이해하고 이를 기반으로 개선 활동을 지속한다면, 설비의 안정성과 제품의 품질이 지속적으로 향상될 수 있다.

요약 ❧

설비를 구성하는 장치들의 정상 관리가 곧 품질 경쟁력의 핵심이다.

생산방식과 품질관리의 진화

한때는 제철소의 불꽃이 국가 발전의 상징처럼 여겨지던 시절이 있었다. 그 불꽃은 숙련된 작업자의 손끝에서 만들어진 품질과, 부지런함이 담보하는 생산성의 상징이었다. 그러나 세월이 흐르고 기술이 발전하면서 생산방식과 품질관리의 패러다임은 큰 변화를 맞이하게 되었다. 이제는 새로운 변화의 변곡점에 서 있다.

◆ 품질관리의 핵심

과거에는 사람의 손으로 직접 도구를 다루며 제품을 가공하고 조립했다. 이때는 동작 연구와 표준 작업 시간 설정 등 인간 중심의 개선 기법이 주효했다. 그리고 시간의 흐름에 따라 수작업에서 발생할 수 있는 변수를 통제하기 위해 통계적 품질관리(SQC)가 큰 역할을 했다. 이러한 방식은 일정한 기준과 패턴을 기반으로 생산성과 품질을 향상시킬 수 있었다.

하지만 오늘날 생산 현장은 더 이상 과거의 방식만으로는 유지될 수 없다. 첨단 기술이 접목된 현대 제조업에서는 자동화 설비에 대한 의존도가 높아졌다. 단순 반복 작업을 넘어 오퍼레이터는 설비의 운전, 유지, 감시와 같은 복잡한 업무를 맡고 있다. 설비의 관리와 유지보수가 품질을 결정짓는 핵심 요소로 자리 잡은 것이다. 숙련된 손놀림이나 빠

  QSS 유한한 자원을 무한한 창의로

른 작업보다는 설비가 어떻게 정상적으로 작동하느냐가 품질의 핵심이
되었다.

◆ 불량을 줄이기 위한 노력

자동화가 진행되면 이론상으로는 설비의 유지가 잘 이루어진다면 고
장이나 불량은 발생하지 않아야 한다. 하지만 현실은 다르다. 많은 공
장에서 여전히 고장과 불량이 빈번히 발생하고 있다. 이러한 현상은 단
순히 통계적인 확률로 설명될 수 없다.

문제의 본질은 설비가 제대로 유지·관리되고 있지 않다는 데 있다.
설비의 기능과 성능 변화가 생산에 영향을 미치고 있으며, 이는 결국
불량으로 이어진다. 설비의 유지가 제대로 이루어지지 않으면 자동화
된 시스템에서도 인간의 수작업에서 발생했던 고장과 불량과 동일한
문제가 발생하게 되는 것이다.

따라서 현대 제조업의 품질관리는 더 이상 단순히 생산된 제품의 품
질을 통계적으로 분석하는 것에 그쳐서는 안 된다. 불량이라는 현상이
발생하는 원인을 공학적이고 논리적으로 분석하고, 설비의 유지·관리
상태를 면밀하게 검토해야 한다. 불량을 줄이기 위한 노력은 현상의 결
과를 분석하는 것보다 원인을 제거하는 방향으로 접근해야 한다. 특히
자동화된 설비에서는 이러한 과정이 필수적이다.

◆ 자동화 시대에서 관리와 유지의 중요성

자동화가 가져다주는 이익은 결국 사람이 얼마나 설비를 철저히 관리하고 유지하는지에 달려 있다. 인간의 땀이 설비의 정상 작동을 보장하고, 이는 곧 품질과 생산성으로 이어진다. 설비가 정상적으로 유지되면 불량은 자연스럽게 줄어들고, 생산성은 향상된다. 따라서 현대 제조 현장의 품질관리는 사람의 손끝에서 설비의 세밀한 관리로 옮겨 가고 있다.

현장 혁신은 이러한 변화 속에서 이루어질 수 있다. 자동화가 진전될수록 관리와 유지의 중요성은 더욱 커진다. 설비의 상태를 정밀하게 진단하고, 예방적인 유지보수를 강화하여 고장과 불량을 미연에 방지하는 것이야말로 진정한 품질관리의 핵심이다. 이는 현장의 작은 개선에서부터 시작되며, 지속적인 관리와 혁신을 통해 기업의 경쟁력을 강화할 수 있을 것이다.

요약 ∾

자동화 시대, 품질관리는 설비 유지에서 시작된다.

올바른 데이터 축적의 중요성

인간은 오랜 시간 동안 자신의 생각과 경험을 기록하기 위해 다양한 방법을 발전시켜 왔다. 초기에는 동굴 벽에 그림을 그리며 이야기를 남기기 시작했고, 이후에는 문자를 발명해 정보를 전달하고 축적하였다. 숫자의 도입은 물건의 수량과 시간, 거리 등을 정확하게 기록할 수 있는 기반을 제공하였고, 이러한 기록은 시간이 지남에 따라 체계화되어 데이터로 정착되었다.

◆ 올바른 데이터 관리와 분석 방법

오늘날 데이터는 단순한 기록을 넘어 미래를 예측하고, 문제를 해결하며, 새로운 가치를 창출하는 중요한 자산으로 인식되고 있다. 특히 디지털 기술의 발전으로 데이터는 매 순간 기하급수적으로 증가하고 있다. 2020년 기준, 전 세계에서 하루에 생성되는 데이터는 약 25억 기가바이트에 이르렀으며, 이는 앞으로 더욱 가속화될 전망이다. 기업들은 생산, 판매, 고객 관리 등 모든 경영 활동에서 데이터를 수집하고 분석하여 경쟁력을 확보하고자 노력하고 있다.

그러나 데이터의 양적 축적만으로는 진정한 가치를 창출하기 어렵다. 데이터의 신뢰성과 정확성, 그리고 이를 해석하고 활용하는 능력이 필수적이다. 잘못된 데이터는 오히려 조직을 혼란에 빠뜨릴 수 있으며, 잘못된 의사결정을 유발할 수 있다. 그렇기에 올바른 데이터 관리와 분석은 기업 경쟁력의 핵심이라 할 수 있다.

데이터의 신뢰성을 확보해야 한다

'Garbage In, Garbage Out'이라는 말처럼, 부정확하거나 오류가 있는 데이터를 기반으로 한 분석은 잘못된 결론을 도출하게 된다. 따라서 데이터는 수집 단계에서부터 철저히 검증하고, 정제하여 정확성을 보장해야 한다. 데이터의 출처를 명확히 하고, 오류를 지속적으로 점검하는 체계가 필요하다.

올바른 분석 기법을 학습하고 적용해야 한다

빅데이터 시대에 다양한 통계기법과 알고리즘이 등장하고 있지만, 이러한 기법을 단순히 사용하는 것만으로는 충분하지 않다. 특히, 상관성과 인과성을 구분하는 능력은 데이터 분석의 기초이자 핵심이다. 잘못된 분석은 조직의 전략적 오류를 초래할 수 있다. 따라서 철저한 학습과 실습을 통해 분석 능력을 지속적으로 향상시켜야 한다.

다양한 분야의 전문가들과 협업이 필요하다

데이터의 정확한 해석은 단순히 통계 지식만으로 이뤄지지 않는다. 현장 전문가들의 경험과 직관, 시스템 전문가들의 기술적 지식이 결합되어야 한다. 다양한 관점에서 데이터를 분석하고 논의하는 과정은 보다 심층적이고 의미 있는 결론을 도출하게 만든다. 따라서 기업은 다양

   QSS 유한한 자원을 무한한 창의로

한 전문가들이 자유롭게 소통할 수 있는 문화를 조성해야 한다.

◆ 데이터, 단순한 기록을 넘어 강력한 경쟁력

미래학자 엘빈 토플러는 "정보를 가진 자가 권력을 가진다."라고 말했다. 이는 데이터가 단순한 기록을 넘어 강력한 경쟁력임을 시사한다. 앞으로의 시대는 데이터를 어떻게 수집하고, 분석하며, 이를 통해 어떤 가치를 창출하는가가 기업의 성패를 좌우하게 될 것이다. 올바른 데이터 축적과 활용은 단순한 기술적 문제가 아니라, 기업이 지속 가능한 성장을 이루기 위한 필수 전략이다.

따라서 기업은 데이터의 신뢰성을 확보하고, 정확한 분석 기법을 도입하며, 전문가들의 지식과 경험을 적극적으로 활용해 나가야 한다. 이러한 노력이 쌓일 때, 데이터는 단순한 정보의 집합을 넘어, 미래를 여는 지혜로 자리 잡게 될 것이다.

요약 ≈

올바른 데이터의 축적과 분석이 미래를 결정하고, 인간의 삶을 더욱 윤택하게 만든다.

생각해 보기

우리는 지속 가능한 성장을 위해

ESG(환경, 사회, 지배구조) 경영을 얼마나 고려하고 있는가?

10장

지속 가능한 성장과 경쟁력

지속 가능한 성장은 기업이 장기적으로 경쟁력을 유지하고 사회적 책임을 다하기 위해 필수적인 요소이다. 최근 기업 경영의 새로운 패러다임으로 떠오른ESG 경영은 이러한 지속 가능성을 달성하기 위한 핵심 전략으로 주목받고 있다.

◆ ESG 경영의 의미

ESG는 환경(Environmental), 사회(Social), 지배구조(Governance)의 약자로, 기업이 재무적 성과뿐만 아니라 비재무적 요소인 환경 보호, 사회적 책임, 투명한 지배구조 등을 고려해야 한다는 경영 철학을 의미한다. 이는 투자자들이 기업의 지속 가능성을 평가하는 중요한 기준으로 자리 잡았으며, 기업의 장기적 가치 창출과 직결된다.

- 환경적 책임 강화 : 기업은 친환경 경영을 통해 탄소 배출을 줄
  이고, 자원 효율성을 높여야 한다. 예를 들면, 탄소 중립 목표
  를 설정하고 재생 가능 에너지 사용을 확대하는 등의 노력이 필
  요하다.
- 사회적 책임 실천 : 지역 사회와의 상생을 도모하고, 공정한 노
  동 관행을 준수하며, 다양한 사회 공헌 활동을 통해 기업의 사
  회적 가치를 높여야 한다.
- 투명한 지배구조 확립 : 이사회 구성의 다양성 확보, 윤리 경영
  실천, 투명한 의사결정 과정을 통해 신뢰받는 기업문화를 조성
  해야 한다.

◆ 글로벌 기업들의 ESG 사례

그렇다면 ESG 경영을 선도하는 글로벌 기업들의 대표적인 사례를 살펴보자.

홍콩

홍콩 증권거래소는 2025년까지 모든 상장 기업에게 ESG 보고서 제출을 의무화했다. 대표적인 기업인 MTR Corporation은 2050년까지 탄소 중립을 목표로 다양한 교육 및 취업 기회를 제공하며 지역 사회 발전에

기여하고 있다.

싱가포르는 탄소세 도입과 지속 가능성 보고서 필수화를 통해 기업들의 친환경 경영을 촉진하고 있다. DBS Bank는 지속 가능한 금융을 선도하며, 저소득층을 위한 푸드 지원 프로그램을 운영하고 있다.

◆ 중견기업의 경쟁력 강화 방안

중견기업은 지속 가능한 성장을 위해 다음과 같은 전략을 고려할 수 있다.

- 연구개발(R&D) 투자 확대 : 혁신 역량을 강화하기 위해 R&D에 대한 지속적인 투자가 필요하다.
- 해외 시장 진출 지원 : 수출 제품의 브랜드 개발 및 해외 진출을 위한 법제화된 지원이 필요하다.
- 지식 자산화 추진 : 정보와 지식의 공유 및 활용 체계를 구축하여 업무 효율성을 높이고, 비즈니스 성과로 연계해야 한다.

지속 가능한 성장의 경제적 가치

지속 가능한 비즈니스 모델은 2030년까지 최소 12조 달러의 경제적 기회와 3억 8천만 개의 일자리를 창출할 것으로 예상된다. 이는 기업이

UN cnrk(지속가능발전목표)를 전략에 통합할 경우, 경제 전반에서 8조 달러의 부가가치가 발생할 수 있음을 의미한다.

지속 가능한 성장은 단순한 선택이 아닌 기업의 생존과 직결된 필수 전략이다. ESG 경영을 중심으로 환경 보호, 사회적 책임, 투명한 지배 구조를 강화함으로써 기업은 장기적인 경쟁력을 확보하고, 지속 가능한 미래를 만들어 갈 수 있을 것이다.

QSS 유한한 자원을 무한한 창의로

변화는 지속 성장의 힘

"변화가 끝나면 인생도 끝"이라는 말이 회자되고 있다. 변화는 개인과 기업 모두에게 성장의 필수 조건이다. 변화에 저항하고 과거의 안락함에 머무르는 순간, 개인은 발전의 기회를 잃고 기업은 시장에서 도태된다. 최근 《귀멸의 칼날》 도공 마을 편에서 등장한 인물 무잔의 말, "나는 변화를 싫어한다. 변화는 원칙을 벗어난다는 것이고, 그건 본성을 어긴다는 것이지."는 본성적으로 편안함과 익숙함을 추구하는 인간의 본성을 잘 표현한다. 그러나 이러한 인간의 본성은 오히려 변화를 거부하는 관성의 법칙을 강화시키고, 결국 혹독한 대가를 치르게 된다.

◆ 역사 속 변화의 사례

역사는 변화가 필요한 곳에 필요한 속도로 스며든다는 사실을 증명해 왔다. 19세기 인력거의 발명 사례가 그 예이다. 서양에서는 기존의 마차 문화로 인해 보편화되지 못했지만, 가마라는 인력 운송 수단에 익숙했던 한국·일본·중국에서는 빠르게 정착되었다. 특히 인력거는 기존 가마보다 효율적이었다. 혼자서도 운행이 가능했고, 승차감도 탁월했다. 효율성과 편리함이 변화의 속도를 높인 것이다.

이러한 맥락에서 보면, 오늘날 디지털 혁신이 산업 전반에 미치는 충격도 필연적인 흐름이다. 피해가 없는 혁신은 없으며, 창조적 파괴는 새로운 성장의 기반이 된다. 타다나 우버 같은 플랫폼이 기존 산업을 위협하지만, 이는 혁신의 자연스러운 과정이다.

2022년 러시아-우크라이나 전쟁은 또 다른 변화의 사례를 보여 준다. 전쟁의 양상이 기존의 방식과 완전히 달라졌다. 탱크와 백병전이 아닌, 드론과 미사일이 전장의 게임 체인저가 되었다. 우크라이나는 드론을 통해 러시아 영토 깊숙한 곳을 타격했다.

이러한 변화는 군대의 훈련 방식에도 영향을 미친다. 단순히 체력 단련이나 백병전 훈련만으로는 현대 전쟁에 대응할 수 없다. 대신 드론 조작, 사이버 전쟁, 시뮬레이션 훈련과 같은 세분화된 전문성이 요구된다. 메타버스와 디지털 트윈을 활용한 시뮬레이션 훈련은 인구 감소와 복무 기간 단축이라는 사회적 요구에도 부합하는 대안이 될 것이다.

◆ 변화는 필수이며 기회다

기업 또한 변화에서 예외가 아니다. 변화는 기존의 사고에서 벗어나 본질에 집중하는 과정이다. 조직의 이해관계를 떠나, 기업의 경쟁력 유지와 향상을 위해서는 지속적인 변화가 필수적이다. 특히 기업의 지속 가능성을 확보하는 것이 직원들의 충성심과 헌신을 이끌어 낼 수 있다. 기업이 백 년 이상 지속될 수 있다는 믿음을 줄 수 있어야만 직원들은 변화를 수용하고, 새로운 혁신을 주도할 수 있다.

변화를 거부하는 것은 결국 쇠퇴로 이어진다. 기업과 개인 모두 변화

 QSS 유한한 자원을 무한한 창의로

의 흐름을 적극적으로 수용하고, 본질에 집중하여 혁신을 추진해야 한다. 변화는 새로운 성장의 기회이며, 이를 적극적으로 활용할 때 비로소 지속 가능한 미래를 설계할 수 있다.

요약

변화를 거부하는 순간 도태되고, 변화를 받아들이는 기업만이 지속 성장할 수 있다.

제조 휴머노이드 시대 작업자의 역할

제조 현장은 빠르게 변화하고 있다. 인공지능(AI)과 로봇 기술의 발전으로 기존의 생산방식이 근본적으로 달라지고 있다. 과거에는 주로 사람의 기능적인 작업이 중심이었다면, 이제는 지능화된 로봇이 주도하는 시대가 도래하고 있다. 이러한 변화 속에서 제조 현장의 작업자들이 수행해야 할 역할도 재정의되어야 한다.

◆ 보이는 것과 보이지 않는 것

삶에서 우리는 종종 보이는 것에 의존해 판단하지만, 실상은 보이지 않는 부분이 더 중요할 때가 많다. 기업도 마찬가지다. 보이는 결과는 매출과 이윤이지만, 보이지 않는 핵심은 인재양성과 역량 강화다. 기업이 지속적으로 성장하기 위해서는 직원들의 역량을 강화하고, 이들이 보이지 않는 경쟁력을 발휘하도록 지원해야 한다. 이는 단순히 기술적인 능력을 넘어서, 문제를 발견하고 개선하는 능력을 포함한다.

◆ 제조 현장의 변화와 슈퍼바이저 역할

지능화와 로봇화가 가속화되는 현재, 제조 현장에서 작업자들의 역

 QSS 유한한 자원을 무한한 창의로

할은 기존의 단순 조작이나 운전 기능을 넘어서야 한다. 미래의 작업자는 생산 과정의 낭비를 발굴하고, 이를 개선하여 가치를 창출하는 슈퍼바이저로 거듭나야 한다. 그러기 위해서는 다음과 같은 역량이 요구된다.

가치 인식 능력

생산 과정에서 고객이 요구하는 가치와 그렇지 않은 낭비 요소를 구분할 수 있어야 한다. 이는 생산 전반의 흐름을 이해하고, 불필요한 움직임이나 공정을 식별하는 능력을 포함한다.

작동 원리의 이해

단일 로봇뿐 아니라 여러 대의 기기가 연동하여 작동하는 조건과 프로세스를 파악해야 한다. 이는 현장의 흐름을 이해하고, 문제가 발생하는 지점을 정확히 짚어 낼 수 있는 통찰력이 된다.

낭비발굴 능력

생산 과정에서 로봇의 정밀한 동작 속에서 발생할 수 있는 미세한 낭비까지도 찾아낼 수 있는 세밀한 관찰력과 분석력이 필수적이다.

◆ 미래를 준비하는 학습과 개선

AI가 장착된 휴머노이드가 더욱 발전함에 따라, 사람의 기능적 역할은 줄어들 것이다. 그러나 낭비를 줄이고, 효율을 극대화하는 일은 여전히 사람의 몫이다. 지능화된 로봇이 아무리 발전해도, 생산 과정에서 발생하는 낭비 요소는 사람의 판단과 개선을 필요로 한다. 따라서 슈퍼바이저로서의 역할은 앞으로 더욱 중요해질 것이다.

제조 현장의 혁신은 '사람'에게서 출발한다. 같은 설비, 같은 로봇을 사용하더라도 얼마나 효과적으로 낭비를 줄이고, 효율을 극대화할 수 있는가가 경쟁력을 좌우하게 될 것이다. 앞으로의 제조 현장에서는 낭비발굴과 개선 역량이 개인의 경쟁력으로 이어질 것이며, 이러한 변화에 빠르게 적응하고 학습하는 자세가 필수적이다. 이는 개인과 기업 모두가 지속 가능한 성장을 이루기 위한 핵심 조건임을 잊지 말아야 한다.

요약

휴머노이드 시대에도 제조 경쟁력은 사람의 낭비발굴과 개선 역량에 달려 있다.

　　　　　　　　　　　QSS 유한한 자원을 무한한 창의로

기업과 고객의 상생

1975년 미국 컨설팅 업계에서 처음 소개된 솔루션 마케팅은 1990년 대 경영학 이론과 접목되면서 2000년대부터 글로벌 기업 위주로 확산되기 시작했다. 과거에는 기술은 연구개발 부서에서, 생산은 제조 부서에서, 영업은 마케팅 부서에서 각각 독립적으로 이루어졌다. 그러나 시장이 치열해지고 고객의 니즈가 다양해짐에 따라 이러한 분업적 접근 방식은 한계를 드러냈다. 이제는 단순히 제품을 생산하고 판매하는 것을 넘어, 고객의 문제를 사전에 인식하고 해결하는 통합적인 솔루션이 필요해졌다.

◆ 마케팅 패러다임의 변화 : 고객 중심

솔루션 마케팅은 단순히 제품을 제공하는 것을 넘어서, 고객의 문제를 진단하고 이에 대한 해결책을 제시하는 종합적인 마케팅 전략을 의미한다. 이는 기술과 마케팅의 결합, 또는 융합이라고 할 수 있다. 특히 애프터 서비스(After Service)와 비포 서비스(Before Service)를 결합하여 고객의 니즈를 사전에 파악하고 이를 충족시키는 토털 서비스(Total Service)가 핵심이다. 이는 고객 중심적 사고로 패러다임이 변화하고 있음을 보여 주는 사례다.

철강산업을 예로 들면, P사는 하드웨어인 강재와 소프트웨어인 이용

기술을 동시에 제공하는 솔루션 마케팅 전략을 수립할 수 있다. 기술연구원은 시장 지향적인 제품을 개발하고, 제철소는 고급재를 안정적으로 생산하여 마케팅 부서가 고급재 판매를 확대하도록 지원하는 구조다. 특히 중요한 것은 단순히 제품을 판매하는 것으로 역할을 종료하는 것이 아니라, 주요 거점에 '기술지원 센터'를 구축하여 고객의 니즈에 실시간으로 대응하는 것이다. 이러한 센터는 판매된 소재의 불량을 예방하고, 고객과의 상생을 실현하는 중요한 접점이 된다.

◆ 솔루션 마케팅의 성공을 위한 전략

솔루션 마케팅의 핵심은 고객의 기대와 이상적 가치를 지속적으로 파악하고, 이를 충족시키는 솔루션을 개발하여 고객과 함께 공동의 이익을 창출하는 것이다. 이를 성공적으로 추진하기 위해서는 다음과 같은 단계가 필요하다.

- 시장을 철저히 분석하고 보유한 솔루션 역량을 정확하게 평가해야 한다. 이를 통해 고객에게 제공할 수 있는 차별화된 가치를 명확히 인식할 수 있다.
- 핵심 고객사를 대상으로 자사가 제공할 수 있는 차별화된 가치를 적극적으로 알리고, 이를 통해 신뢰를 구축해야 한다. 이 과정에서 고객의 문제를 정확히 진단하고 구체적인 해결책을 제시하는 것이 중요하다.

   QSS 유한한 자원을 무한한 창의로

- 운영 프로세스와 판매 프로세스를 철저히 점검하여 시장 채널과의 협력 파트너십을 강화해야 한다. 특히 변화하는 시장 환경에 민첩하게 대응하고, 고객의 다양한 요구사항을 충족시킬 수 있는 유연한 시스템을 구축하는 것이 필요하다.
- 고객 관리와 관계 강화를 위한 기술 파트너십을 구축하여 고객에게 지속적으로 의미 있는 가치를 제공해야 한다. 고객과의 신뢰를 쌓고, 함께 성장할 수 있는 환경을 조성하는 것이 중요하다.

◆ 고객이 없으면 기업도 존재할 수 없다

필자가 솔루션 마케팅을 실제로 접목했던 사례로, 중국 톈진에 위치한 자동차 휠 제조회사를 소개하고자 한다. 한국의 P사는 해당 업체에 철판을 안정적으로 공급하고 있었으나, 2013년부터 중국 로컬재 사용 비중이 높아지면서 공급 경쟁이 치열해졌다.

필자는 톈진 공장을 방문하여 문제를 진단하고, 도장 실시 전 휠의 진원도 검사 공정에서 심각한 문제가 있음을 발견했다. 이에 생산성 향상과 기술력 향상 과제를 고객과 공동으로 수행하고, 다양한 솔루션을 제공하여 록인(Lock-in)에 성공하였다. 이는 고객의 문제를 함께 해결함으로써 신뢰를 쌓고, 지속적인 거래를 이어 갈 수 있었던 사례였다.

이 사례는 고객이 없으면 기업도 존재할 수 없다는 중요한 교훈을 준다. 고객에게 실질적인 솔루션을 제공하는 것은 단순한 영업 이상의 가치가 있으며, 이는 기업의 지속 가능한 성장에 필수적이다. 더 나아가, 변화하는 시장 환경에서 사양 산업은 있을지언정 사양 기업은 없어야 한다는 철학을 되새기게 한다.

요약 ❧

고객의 문제를 해결하는 솔루션이 곧 기업의 경쟁력이 된다.

위대한 기업의 조건

미국 펜실베니아대학교 와튼스쿨의 데이비드 시로타 조직행동학 교수는 10년 동안 89개국 237개 기업의 직원을 대상으로 동기부여 방안에 대한 연구를 진행했다. 연구 결과, 국가·지역·성별·인종·나이·직무에 관계없이 대부분의 근로자들은 자신이 하는 일에 자부심을 가지고 있으며, 노력한 대가로 공정한 임금과 안정성을 원했고, 동료와의 협력과 친화를 중시한다는 공통점을 보였다. 또한, 근로자들은 '공정성', '성취감', '동료애'라는 세 가지 욕구를 충족시키려 하며, 이러한 욕구가 충족되었을 때 조직의 목표 달성에 대한 열의가 생긴다고 한다.

◆ P사의 QSS 활동

이러한 관점에서 P사의 현장 혁신 방법론인 QSS(Quick Smart Solution) 활동은 근로자의 세 가지 욕구를 충족시키는 좋은 사례라 할 수 있다. 2005년부터 지속해 온 이 활동은 기업의 경쟁력 유지와 직원들의 역량 강화를 위한 체계적인 혁신활동이다. QSS 활동 초기에는 '자기 자신, 동료, 회사를 사랑하라'는 철학을 바탕으로, '전원이, 스스로, 제대로, 꾸준히 실행한다'는 사상으로 전개되었다.

◆ 위대한 기업의 세 가지 조건

성취감

'자기 자신을 사랑하라'는 철학은 제조 현장의 본질에서 출발한다. 기업이 지속적으로 이익을 창출하고 경쟁에서 살아남기 위해서는 제조 과정에서 낭비를 인식하고 제거하는 노력이 필요하다. 낭비를 발굴하고 개선하는 과정에서 직원들은 성장과 성공 체험을 경험하게 되고, 이는 자연스럽게 성취감과 일에 대한 보람으로 이어진다. 이러한 개인의 성장은 동료의 부담을 덜어 주는 '동료사랑'으로 확장되며, 궁극적으로 낭비 제거를 통해 회사의 성과에 기여하게 되어 '회사사랑'으로 이어진다.

공정성

QSS 활동은 공정성을 중시한다. 조직 내에서는 누구는 일이 많고 누구는 일이 적어 불만이 생길 수 있다. 이를 방지하기 위해 QSS 활동은 신입사원부터 공장장까지 전원이 참여하는 구조로 되어 있다. 공장 내 최소 단위인 '반' 단위로 조직을 구성하고, 각 반은 서로 협의하여 관리해야 할 설비를 나누어 담당한다. 각 반은 목표를 설정하고 설비 성능 복원과 과제활동을 추진하며, 이를 통해 모든 직원이 공정하게 참여하고 역할을 수행하도록 한다.

동료애

활동 과정에서 자연스럽게 동료애가 형성된다. 설비 복원과 개선 활동은 단기간에 끝나지 않는다. 서로가 휴일과 쉬는 시간을 양보하고,

QSS 유한한 자원을 무한한 창의로

짧게는 몇 주, 길게는 몇 달에 걸쳐 함께 노력해야 한다. 작업복이 흠뻑 젖을 정도로 땀을 흘리고, 기름때가 묻어 가며 함께 작업하는 경험은 동료 간의 유대감을 깊게 한다. 이러한 어려운 과정을 함께 이겨 내면서 동료애는 더욱 짙어지고, 변화된 결과를 함께 보며 성취감과 만족감이 극대화된다.

P사는 이러한 현장 혁신활동을 20년 가까이 지속하며 공정성, 성취감, 동료애라는 위대한 기업의 조건을 꾸준히 발전시켜 왔다. 이러한 활동은 단순히 과거의 사례로 남겨져서는 안 된다. 이제는 이를 경험하지 못한 젊은 세대가 이러한 철학과 활동을 공감하고 동참하여 지속 발전시켜야 할 시기이다. 지속적인 혁신과 참여를 통해 기업의 경쟁력을 강화하고, 직원들이 자부심과 보람을 느낄 수 있는 일터를 만들어 가야 할 것이다.

요약 ⁀

위대한 기업은 공정성, 성취감, 동료애를 바탕으로 모든 구성원이 함께 성장하는 곳이다.

지속 가능한 삶의 지혜

매년 식용으로 생산되는 식품의 약 3분의 1이 처리 과정에서 손실되거나 낭비된다. 특히 음식물 쓰레기는 전 세계 온실가스 배출량의 약 8%를 차지하고 있다. 이러한 낭비는 경제적 손실뿐 아니라 지구 환경에도 심각한 위협이 되고 있다. 연간 약 1조 달러에 이르는 경제적 비용이 발생하며, 이는 인류가 직면한 심각한 문제 중 하나다.

인간의 생존을 위해 필수적인 의식주 중에서도 식량은 가장 중요한 자원이다. 그러나 이 자원을 생산하고 가공하는 과정에서 오히려 환경을 오염시키고 자원을 낭비하는 모순적인 현실이 지속되고 있다. 이러한 낭비를 줄이고 지속 가능한 삶을 영위하기 위해서는 낭비의 원인을 정확히 분석하고, 구체적인 해결책을 모색하는 노력이 필요하다.

◆ 낭비를 줄이기 위한 단계별 실천법

쌀이 식탁에 오르기까지는 모내기, 도정, 유통, 보관 등 약 15단계를 거친다. 이 모든 과정에서 세심한 관리가 필요하다. 낭비를 줄이기 위해서는 이러한 전 단계를 세밀하게 분석하고, 개선 방안을 모색하여 시행해야 한다. 예를 들어, 식당에서는 반찬의 종류와 양을 조절하여 음식물 쓰레기를 줄이고, 정부에서는 음식물 처리 비용을 차등 부과하는 정책을 통해 낭비를 줄이고 있다.

QSS 유한한 자원을 무한한 창의로

이러한 변화는 개인의 작은 실천에서 시작된다. 낭비를 줄이기 위해서는 생산 과정을 세 단계로 구분하여 생각해 볼 수 있다.

- 생산 전 단계 : '이 제품이 반드시 필요한가'를 고민하고, 필요에 따라 생산 여부를 결정한다.
- 생산 과정 : 필요한 양만큼, 필요한 시기에 낭비 없이 생산하도록 한다.
- 생산 이후 : 남은 제품이나 부산물을 어떻게 처리할 것인지 3R 활동을 통해 결정한다.

여기에서 3R은 Reuse(재사용), Recycle(재활용), Remove(폐기)를 의미한다. 먼저 재사용할 수 있는 방안을 찾고, 어려울 경우 재활용을 고려하며, 최후의 수단으로 폐기하는 원칙을 세워야 한다.

◆ 미래 세대를 위한 지속 가능한 환경

개인, 가정, 기업, 국가 모두 '올바른 것을 제대로 하자'는 원칙을 지켜야 한다. 처음부터 불필요한 생산을 지양하고, 생산 과정에서는 오류와 실수를 최소화하여 불필요한 낭비를 줄여야 한다. 또한 필연적으로 발생하는 잉여품이나 부산물은 최대한 재활용하고, 불가피한 경우에는 환경에 해를 주지 않도록 효율적으로 폐기해야 한다.

우리는 '1:10:100의 원칙'을 기억해야 한다. 일이 처음부터 올바르게 진행되면, 과정에서 발생할 수 있는 10배의 비용과 결과에서 발생할 100배의 비용을 절감할 수 있다. 이는 단순한 경제적 이득을 넘어, 지속 가능한 지구 환경을 지키는 데 중요한 원칙이 된다. 이러한 원칙을 준수함으로써 미래 세대에게 깨끗하고 지속 가능한 환경을 물려줄 수 있을 것이다.

지속 가능한 삶을 위해 필요한 것은 작은 실천과 일관된 노력이다. 낭비 없는 생산과 소비, 그리고 책임 있는 처리 과정은 우리 모두가 지향해야 할 삶의 방향이다. 이러한 노력이 모이면 개인과 사회, 더 나아가 지구 전체가 지속 가능한 미래를 향해 나아갈 수 있을 것이다.

요약

낭비를 줄이고, 자원을 재활용하며, 처음부터 올바르게 실천하는 것이 지속 가능한 아름다운 삶의 지혜다.

깨진 유리창의 법칙

깨진 유리창의 법칙은 1982년 미국 범죄학자 제임스 Q. 윌슨과 조지 L. 켈링이 처음 제시한 이론으로, 작은 무질서가 방치되면 더 큰 사회적 문제로 확대될 수 있다는 사실을 강조한다. 이 법칙은 단순히 범죄 예방을 넘어 다양한 분야에서 적용될 수 있는 원리로, 조직과 기업의 경영 전략에도 중요한 시사점을 제공한다.

◆ 작은 결함 방치가 부른 큰 위기

하나의 깨진 유리창을 수리하지 않고 방치하면, 이는 주변 환경에 대한 무관심과 무질서의 수용이라는 신호로 작용하게 된다. 그 결과 더 많은 유리창이 깨지고, 결국에는 더 큰 범죄로 이어질 수 있다. 이는 기업 내에서도 동일하게 적용된다. 조직 내에서 발생하는 작은 문제나 부주의한 행동이 방치될 경우, 이는 전체 조직 문화에 부정적인 영향을 미치며, 장기적으로는 기업의 경쟁력 저하로 이어질 수 있다.

도요타자동차의 사례는 이러한 깨진 유리창의 법칙을 잘 보여 준다. 2000년대 초, 도요타는 초기의 작은 부품 결함을 방치했다가 가속 페달 작동 불량으로 인한 사망 사고가 발생했다. 이 사건은 결국 1,000만 대라는 대규모 리콜 사태로 이어졌고, 도요타는 심각한 경영 위기를 겪었다. 작은 결함을 방치한 결과가 회사의 존립에 위협이 될 만큼 큰 위기로 확산된 사례다. 이는 사소한 문제가 얼마나 심각한 결과를 초래할 수 있는지를 보여 준다.

◆ 문제를 빠르게 처리하고 예방하는 조직 문화

반면, 오늘날 많은 기업과 사회는 이러한 문제를 예방하기 위해 노력하고 있다. 거리와 공원에서 쓰레기를 적극적으로 수거하고, 방치된 건물이나 공터를 철저히 관리하여 사회적 질서를 유지하는 것은 성숙한 사회문화의 한 단면이다. 이는 기업에도 적용될 수 있다. 제품 생산 과정에서 작은 결함이 발견되면 이를 방치하지 않고 즉각 조치하는 문화가 필요하다.

제조 현장에서 사소한 오염이나 관리 소홀을 방치할 경우, 설비 고장의 빈도가 증가하고, 이는 직원들의 근로 의욕과 조직 문화에도 부정적인 영향을 준다. 이러한 사소한 문제가 결국은 기업의 평판과 고객 신뢰도에 악영향을 미칠 수 있다. 따라서 깨진 유리창의 법칙을 적용하여 작은 문제라도 빠르게 처리하고, 문제를 예방하는 문화를 조직 전반에 확산시켜야 한다.

◆ 조직과 사회의 지속 가능 발전을 위한 핵심 원리

"호미로 막을 것을 가래로 막는다."는 속담처럼, 초기의 작은 문제가

    QSS 유한한 자원을 무한한 창의로

방치되면 더 큰 노력과 비용을 들여야만 해결할 수 있다. 따라서 작은 문제일수록 빠르게 인식하고, 개선하는 체계를 갖추는 것이 중요하다. 이를 위해 구성원 모두가 문제를 인식하고 함께 해결하는 조직 문화를 형성해야 한다.

깨진 유리창의 법칙은 단순히 범죄 예방을 넘어서 조직과 사회가 지속 가능하게 발전하기 위한 핵심 원리로 작용한다. 이 법칙을 적극적으로 적용함으로써 기업은 경쟁력을 강화하고, 사회는 더욱 건강하고 성숙한 문화를 구축할 수 있을 것이다. 이는 현장 혁신의 중요한 출발점이며, 조직의 건강한 성장과 지속 가능성을 위한 필수적인 지혜라 할 수 있다.

요약

사소한 방치가 큰 위기를 부른다. 작은 문제일수록 즉시 해결하라.

피그말리온 효과

피그말리온 효과는 강한 믿음과 기대가 현실을 변화시킬 수 있다는 심리적 원리를 말한다. 이는 고대 그리스 신화에서 유래되었다. 키프로스의 왕 피그말리온은 자신이 조각한 상아 조각상 갈라테아를 사랑하게 되었고, 그의 간절한 사랑을 지켜본 미의 여신 아프로디테는 조각상에 생명을 불어넣어 인간으로 만들었다. 이 신화는 강한 믿음과 기대가 현실을 변화시킬 수 있음을 상징한다.

◆ 긍정적 기대가 긍정적 성과를 부른다

1968년, 로버트 로젠탈과 레노어 제이콥슨은 캘리포니아의 한 초등학교에서 실험을 진행했다. 전교생을 대상으로 지능 검사를 실시한 뒤, 무작위로 20%의 학생들을 선정해 교사들에게 "이 학생들은 곧 지적으로 급성장할 것"이라고 알렸다. 8개월 후, 이 학생들의 IQ는 평균 12.22점 상승했다. 특히 1학년과 2학년 학생들은 평균27.4점이 상승하여 두드러진 결과를 보였다. 단순히 긍정적인 기대가 학생들의 행동과 학습 태도에 영향을 미쳤고, 이는 실제 성과로 이어졌다.

비슷한 사례가 기업 현장에서도 나타났다. 한 컨설팅 회사는 신입 직원을 두 그룹으로 나눈 후, 한 그룹의 관리자들에게 "이 팀원들은 특별히 선발된 인재들"이라고 지속적으로 전달했다. 1년 후, 해당 그룹의 생산성은 19% 더 높았고, 고객 만족도와 이직률에서도 긍정적인 변화를 보였다. 이는 피그말리온 효과가 조직 관리와 인재 육성에도 긍정적인 영향을 미친다는 증거다.

◆ 중요한 것은 구성원들에 대한 믿음과 기대

오늘날 제조 현장에서도 피그말리온 효과는 중요한 역할을 한다. 인공지능과 지능형 로봇이 빠르게 발전하면서 반복적이고 예측 가능한 작업은 기계로 대체되고 있다. 전 세계 인공지능 전문가들은 향후 45년 내에 현재 인간 일자리의 50%가 인공지능으로 대체될 것이라 예측한다. 그러나 인간의 창의성, 감성, 그리고 상호작용은 기계가 대체할 수 없는 영역이다. 특히 제조 현장에서 인간의 경험과 직관은 여전히 중요한 경쟁력으로 작용한다.

이러한 변화 속에서 중요한 것은 구성원들에 대한 믿음과 기대다. 관리자는 직원들에게 신뢰와 긍정적인 기대를 전달해야 한다. 이는 구성원의 자기효능감을 높이고, 새로운 아이디어와 개선 활동을 촉진한다. 작은 변화라도 기대와 신뢰가 뒷받침되면, 혁신적인 결과로 이어질 수 있다. 이는 단순한 생산성 향상을 넘어, 조직 전체의 문화와 분위기를 긍정적으로 바꾼다.

제조 현장에서의 피그말리온 효과는 단순한 심리학적 개념이 아니다. 이는 현장 혁신을 이끄는 동력이다. 구성원 한 명 한 명에 대한 기대가 모이면, 이는 조직 전체의 변화를 만들어 낸다. 기계와 인간이 조화롭게 상호작용할 때, 비로소 지속 가능한 혁신이 가능해진다. 이러한 기대와 믿음의 문화가 뿌리내릴 때, 제조 현장은 더욱 창의적이고 생산적인 공간으로 거듭날 것이다.

지구온난화와 제조 현장의 개선

지구온난화가 제조 현장에 주는 영향은 점차 심각해지고 있다. 2023년 여름, 미국 남부 피닉스에서는 19일 연속으로 43도를 넘는 기록적인 폭염이 발생했다. 유럽에서는 로마가 관측사상 최고 기온인 41.8도를 기록했고, 스페인의 일부 지역은 45도의 폭염을 경험했다. 인도에서는 최소 90명이 더위로 사망했다. 이에 세계기상기구(WMO)는 '지구온난화 시대는 끝났다. 이제는 지구가 끓는 시대가 시작되었다.'고 경고했다.

한국도 예외는 아니다. 제주도의 서귀포 용머리해안은 해수면 상승의 직접적인 영향을 받고 있다. 1989년을 기준으로 2018년까지 해수면은 12.8㎝ 상승했다. 2050년에는 26.4㎝, 2100년에는 47.7㎝까지 상승할 것으로 예상된다. 이에 따라 용머리해안로의 탐방 가능 일수는 2011년 214일에서 2020년 42일로 급감했다. 이는 기후 변화가 얼마나 일상생활에 깊숙이 영향을 미치고 있는지를 보여 주는 사례다.

◆ 기후 변화에 대응하는 제조 현장 사례

제조 현장도 기후 변화 대응에 적극적으로 나서고 있다. 특히 황산화물(SOx)과 질소산화물(NOx) 배출을 줄이기 위한 개선이 활발하다. SOx는 주로 연료에 포함된 황이 연소 과정에서 산소와 결합해 발생하는 아황산가스(SO_2) 형태로 존재한다. 이를 제거하기 위해 다공성 활성탄을 이용해 화학적 · 물리적으로 흡착하는 방식이 주로 사용된다.

NOx는 주로 일산화질소(NO)와 이산화질소(NO_2) 형태로 발생한다. 이들은 고온의 연소 과정에서 생성되어 대기 중에서 수분과 반응해 산성비를 유발한다. 제조 현장에서는 NOx 저감을 위해 선택적촉매환원법(SCR)을 활용한다. 이는 오산화바나듐(V_2O_5)을 촉매로 사용해 암모니아와 NOx를 280~450℃에서 반응시켜 질소와 물로 분해하는 방식이다. 제철공정에서는 소결로에서 배출되는 가스에 대해 탈황과 탈질 설비를 순차적으로 적용해 대기 방출 농도가 법적 기준치 이하가 되도록 관리하고 있다.

그러나 생산설비를 정기 점검 후 재가동할 때, 불완전 연소나 탈황 · 탈질 설비가 정상 작동하지 않아 SOx와 NOx 농도가 일시적으로 상승하는 문제가 있다. 이로 인해 설비 특성을 고려한 행정처분 유예 시간이 주어지지만, 이를 최대한 단축하는 것이 중요하다. 이를 위해 설비 가동 조건인 수분과 온도를 최적화하고, 개선 활동을 지속적으로 진행하고 있다.

◆ 환경 문제에 대처하는 자세

환경오염 물질 배출 저감은 단순히 법적 기준을 충족하는 차원을 넘어선 문제다. 이는 지속 가능한 지구를 후손에게 물려주기 위한 책임이다. 따라서 제조 현장은 개선을 통해 배출 저감 목표를 지속적으로 상

　　　QSS 유한한 자원을 무한한 창의로

향하고, 새로운 기술을 적극 도입해 환경 문제를 선제적으로 대응해야
한다. 이러한 현장 혁신이야말로 제조업의 미래 경쟁력을 좌우할 핵심
요소다.

요약

제조 현장의 지속적인 개선이 지구온난화를 막는 첫걸음이다.

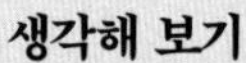

생각해 보기

AI시대 일류 기업이 되기 위해서는 무엇이 필요할까?

11장

또 다른 혁신

마지막 장에서는 우리가 어떻게 열정을 저축하고, 미래를 예측하며, 다양한 분야에서 배움을 얻을 수 있는지, 그리고 측정의 중요성을 인식하며, AI 시대에 필요한 인재상과 일류 기업으로 가는 길을 알아보고자 한다.

◆ 기업의 혁신을 위한 다양한 방안

열정의 저축

열정을 저축한다는 건 무슨 의미일까? 마치 돈을 저축하듯이 우리의 열정과 에너지를 전략적으로 관리하자는 뜻이다. 이는 꾸준한 자기계발과 목표설정을 통해 가능하다. 예를 들어, 매일 조금씩 새로운 기술을 배우거나 지식을 쌓는 것은 장기적으로 큰 성과를 가져올 수 있다. 이러한 작은 노력의 축적이 미래의 큰 변화를 이끌어 낸다.

미래 예측

휴대폰의 발전을 보면 기술의 진보가 얼마나 빠른지 알 수 있다. 초기의 단순한 통화 기능에서 시작해 지금은 스마트폰으로 우리의 생활 전반을 관리하고 있다. 이러한 변화를 통해 우리는 미래의 기술 발전을 예측하고 준비할 수 있다. 즉, 현재의 기술 동향을 주시하고 미래에 대비하는 것이 중요하다.

다양한 분야에서의 배움

드라마는 단순한 오락이 아니다. 그 안에는 다양한 인간관계, 문제 해결 방법, 리더십 등이 담겨 있기 때문이다. 이를 통해 우리는 현실에서 적용할 수 있는 교훈을 얻을 수 있다. 예를 들어, 드라마 속 주인공의 결단력이나 팀워크는 우리의 업무 환경에서도 큰 도움이 된다.

측정의 중요성

측정은 개선의 시작점이다. 정확한 데이터를 통해 우리는 문제를 파악하고 해결책을 마련할 수 있다. 특히, 현대의 첨단 기술을 활용한 측정 도구들은 우리의 업무 효율성을 크게 향상시킨다. 따라서, 최신 측정 기법과 도구를 적극적으로 활용하는 것이 필요하다.

◆ 미래에 필요한 인재상

편집자형 인재

정보의 홍수 시대에 우리는 필요한 정보를 선별하고 조합하는 능력이 필요하다. 이러한 능력을 가진 인재를 '편집자형 인재'라고 부른다. 이들은 다양한 정보를 통합해 새로운 가치를 창출할 수 있다. 따라서, 이러한 역량을 갖추기 위해 노력해야 한다.

문제해결형 인재

휴머노이드 시대가 와도 제조 현장의 문제는 여전히 존재하기에 사람에게 더욱더 기술적 역량은 물론, 창의적 사고와 문제해결 능력이 중요하다. 또한, 지속적인 학습과 적응력이 필수적이다. 이러한 능력을 갖춘 인재만이 빠르게 변화하는 시대에 성공할 수 있다.

◆ 일류 기업으로 가는 길

일류 기업이 되기 위해서는 무엇이 필요할까? 우선, 혁신과 품질에 대한 끊임없는 추구가 필요하다. 또한, 직원들의 역량 강화와 만족도 향상을 위한 노력이 중요하다. 마지막으로, 사회적 책임을 다하며 신뢰를 쌓는 것이 일류 기업으로 가는 길이다.

이처럼, '또 다른 혁신'은 우리에게 새로운 시각과 방향성을 제시한

다. 이러한 내용을 통해 독자들이 미래를 준비하는 데 도움이 되기를
바란다.

열정을 저축하자

한국 사회에서 가장 잘 알려진 문화 중 하나는 '빨리빨리'이다. 과거 호출기 시절에도 '8282'라는 숫자로 급한 마음을 전하던 시절이 있었다. 이는 단순한 언어 표현이 아니라 한국의 급속한 발전과 직결된 문화적 특성이다. 실제로 이러한 속도감은 디지털 혁명과 맞물려 한국 경제의 고도 성장을 이끌어 온 원동력이 되기도 했다.

한국전쟁 직후인 1953년, 한국의 명목 GDP는 477억 원에 불과했다. 그러나 1973년에는 5조 원을 돌파했고, 2006년에는 1천조 원, 2021년에는 2천조 원을 넘어섰다. 이러한 성장 덕분에 대한민국은 세계 10대 경제 대국으로 자리 잡았다. 하지만 전 세계 약 200개 국가 중 선진국이라 불리는 곳은 서유럽, 북아메리카, 동아시아, 오세아니아 등 약 20개국에 불과하다. 따라서 한국의 경제적 위상은 단순히 기적이라는 말로는 설명이 어렵다.

◆ 개인의 역량과 지식이 곧 자산이 되는 시대

선진국들은 대부분 제조업과 서비스업을 주력으로 성장해 왔다. 이는 자연 자원에 의존하지 않고, 기술과 지식으로 경쟁력을 확보해 세계 시장을 선도하는 방식이다. 특히 소프트웨어나 첨단 산업 분야에서는 초기 제품 개발에 막대한 비용이 들지만, 이후 생산 단가는 대폭 낮아진다. 이러한 방식으로 경쟁력을 유지하고 시장 점유율을 확대해 온 것이다.

이러한 경제적 구조 속에서 제조업은 국가 성장의 핵심이었다. 영국의 헨리 7세 시절부터 시작된 제조업 혁신은 유럽과 미국을 거쳐 한국과 대만까지 이어졌다. 이러한 제조업 중심의 시대에서 지식근로자는 핵심 자원이 되었다. 자본과 노동력의 경계가 모호해지면서, 개인의 역량과 지식이 곧 자산이 되는 시대가 도래한 것이다.

◆ 열정을 저축해야 하는 이유

하지만 이 과정에서 문제점도 발생했다. 조직 중심의 가치관은 개인을 일에 몰입하도록 강요했고, 이는 '워크홀릭'이라는 현상을 낳았다. 일에 지나치게 몰입하면, 자신의 내면적 목소리를 듣지 못하게 된다. 이로 인해 쉽게 지치고, 스트레스를 받으며, 효율성도 저하된다. 결국에는 개인의 건강과 조직의 생산성 모두에 부정적인 영향을 미친다.

심지어 이러한 몰입은 인간관계에도 문제를 일으킨다. 동료나 상사에게 불만을 투사하거나, 일 외의 삶을 포기하게 되는 경우도 발생한다. 자신을 회사와 동일시하는 것은 곧 개인의 삶을 소모하는 결과를 가져올 수 있다. 이런 이유로 자신을 위해 일정 부분의 열정을 저축하는 것이 필요하다.

     QSS 유한한 자원을 무한한 창의로

◆ 한순간의 몰입보다 지속적인 에너지가 중요하다

모든 일에 올인할 필요는 없다. 진정으로 중요한 순간, 반드시 올인해야 할 때를 위해 열정의 20%는 저축해야 한다. 이 저축된 열정은 필요할 때 폭발적인 힘을 발휘할 수 있다. 마치 준비된 연료가 최적의 순간에 강력한 에너지를 내듯이, 자신을 위한 열정의 저축은 장기적으로 더 큰 성과로 이어진다.

현장 혁신도 마찬가지다. 한순간의 몰입보다 지속적인 에너지가 더 중요하다. 일과 개인의 균형을 유지하고, 스스로를 보호하는 노력이 필요하다. 이는 단순히 개인의 행복을 위한 것이 아니라, 조직의 지속 가능한 성장을 위한 필수적인 과정이다. 열정을 전략적으로 관리하고, 필요한 순간에 집중적으로 사용한다면, 우리는 더욱 건강하고 혁신적인 현장을 만들어 갈 수 있을 것이다.

요약 ≈

일에 올인하기 전에, 자신의 열정의 20%를 저축해 두어야 진정한 올인을 할 때 그 에너지를 효과적으로 발휘할 수 있다.

휴대폰의 발전으로 보는 미래

2024년 1월 18일, 삼성전자는 미국 캘리포니아 새너제이에서 열린 갤럭시 언팩 행사에서 새로운 S24 스마트폰을 공개했다. 이 자리에서 삼성은 '갤럭시 AI'를 통해 모바일 기술의 미래를 제시했다. 특히 실시간 양방향 통역 기능을 선보이며 언어의 장벽을 허물고, 글로벌 소통의 한계를 넘겠다는 비전을 제시했다. 이제는 메트로폴리탄 미술관을 가이드 없이 둘러보고, 뉴욕 공립 도서관에서 누구와도 거리낌 없이 대화할 수 있는 시대가 열린 것이다. 이는 단순한 기술 발전이 아닌, 인류의 소통 방식을 혁신적으로 변화시키는 과정이다.

◆ 삶을 혁신적으로 바꾼 기술의 진화

통신 기술의 발전은 꾸준히 우리 삶을 바꾸어 왔다. 1849년, 이탈리아인 안토니오 메우지는 쿠바 아바나에서 전기 신호를 이용한 최초의 전화기를 개발했다. 이후 전화기는 단순한 통화 수단에서 인간 생활의 필수품으로 자리 잡았다. 특히 휴대폰은 피처폰, PDA 폰을 거쳐 스마트폰으로 진화하며, 통화 성능을 넘어서 다양한 기능으로 우리의 삶을 변화시켜 왔다.

초기의 피처폰은 통화 성능과 와이파이 연결이 중요한 구매 요소였다. 하지만 스마트폰 시대로 넘어오면서 카메라 화소, 화면 크기, 애플

　　　　　QSS 유한한 자원을 무한한 창의로

리케이션 기능 등이 주요 경쟁 요소로 자리 잡았다. 이제 통화는 기본 기능일 뿐이다. 스마트폰은 영화 감상, 음악 감상, 영상 촬영 및 편집, 인터넷 검색 등 다양한 역할을 수행한다.

최근에는 실시간 통역 기능까지 더해져, 스마트폰 하나로 다른 언어권 사람들과 소통할 수 있는 시대가 되었다. 이는 단순한 기능의 확장을 넘어, 기술의 진화가 인간의 삶을 얼마나 혁신적으로 변화시킬 수 있는지를 보여 준다.

◆ 향후 자동차 산업의 경쟁력

이러한 기술적 변화는 다른 산업에도 확장되고 있다. 예를 들어, 자동차 산업도 같은 길을 걷고 있다. 2022년 8월, 제11호 태풍 힌남노로 인해 경북 포항제철소가 정전되고 대부분의 시설이 침수되는 피해를 입었다. 당시 직원들은 전기차의 전원을 양수 펌프에 연결해 초기 복구 작업을 진행했다. 이는 자동차가 단순한 이동 수단이 아니라, 위기 상황에서 중요한 에너지원이 될 수 있음을 보여 준 사례다.

일본의 지진 피해 사례에서도 비슷한 교훈을 얻을 수 있다. 대규모 정전이나 외부와 단절된 터널과 같은 공간에서, 전기차는 이동 수단을 넘어 전원 공급 장치로 활용될 수 있다. 전기차 한 대가 집이나 사무실의 전력을 대체할 수 있는 시대가 도래하고 있다. 이는 자동차가 이동 수단 이상의 가치를 가지게 되는 순간이며, 향후 자동차 산업의 경쟁력이 될 것이다.

이처럼 본질적인 기능 외에도 부가기능이 미래의 경쟁력을 결정짓는 시대가 오고 있다. 스마트폰이 단순한 통화 기능을 넘어 다기능 디바이스로 진화했듯이, 자동차 역시 이동 이상의 가치를 제공해야 한다. 이는 현장 혁신의 새로운 방향성을 제시한다. 기존의 기능에 안주하지 않고, 미래의 사용 환경을 고려해 다양한 가능성을 열어 두는 것이다.

기술의 진화는 단순한 기능 확장이 아닌, 사용자의 경험과 삶을 전면적으로 변화시키는 과정이다. 현장의 혁신은 이러한 변화에 적응하고, 나아가 미래를 선도하는 방향으로 이루어져야 한다. 휴대폰의 발전에서 보듯, 한 번의 혁신은 또 다른 혁신을 촉진하고, 그것이 지속 가능한 경쟁력으로 이어진다.

요약 ∽

휴대폰과 전기차의 발전은 본래 기능을 넘어선 새로운 가능성을 창출하며, 미래의 경쟁력은 부가 기능이 본질 기능을 대체하는 방식에 달려 있다.

드라마에서 배운다

2003년, KBS에서 방영된 드라마 《대장금》은 조선 중종 시대를 배경으로 천민 출신의 장금이가 궁중 최고의 요리사와 임금의 주치의가 되는 성공 스토리를 감동적으로 그려 냈다. 이 드라마는 신분의 벽을 넘어서는 주인공의 집념과 노력, 그리고 변화의 여정을 통해 많은 시청자들에게 깊은 인상을 남겼다. 시청률 57.8%를 기록한 이 작품은 단순한 역사극을 넘어, 개인의 성장과 혁신이 어떻게 세상을 변화시킬 수 있는지 보여 주는 상징적인 이야기였다.

◆ 드라마 《대장금》에서 배우는 교훈

드라마 속에서 임금의 수라상을 책임지는 '수라관'은 궁녀들에게 최고의 영예이자 권력의 자리로 그려진다. 특히 '최고 상궁'이라는 직책은 궁녀들 중에서도 가장 권위 있는 위치로, 많은 이들의 선망의 대상이었다. 그러나 이 자리는 전통적으로 특정 가문의 여성들에 의해 세습되어 왔다. 주인공 장금이도 어머니의 뜻을 이어받아 이 자리를 꿈꾼다. 그러나 권력의 벽은 두텁고, 장금은 여러 난관에 부딪히게 된다.

극 중에서 중요한 인물인 정 상궁은 과거 요리 솜씨로 수라간의 최고 상궁 자리를 다투었지만, 권력 암투에서 밀려나 장고(젓갈 창고)를 지키며 조용히 지낸다. 그는 현실에 순응하며 겉으로는 유유자적한 삶을 살지만, 내면에서는 끊임없이 자신을 갈고닦아 왔다. 그러던 중 최고 상궁 자리를 제안받고, 처음엔 허수아비로 이용당할 것을 직감했지만, 결국 자신의 실력을 보여 주기로 결심한다. 이는 오랜 시간 축적된 내공이 결국 중요한 순간에 빛을 발휘하게 된 대표적인 사례라 할 수 있다.

지속적인 개선과 준비

이 이야기는 우리에게 중요한 교훈을 준다. 현실의 어려움 속에서도 자신을 단련하고 준비하는 과정이 중요하다는 것이다. 정 상궁이 장고에서조차 요리 실력을 갈고닦았기에 위기의 순간에 반전을 만들어 낼 수 있었다. 이는 제조 현장의 혁신과도 일맥상통한다. 어려운 상황에서도 지속적인 개선과 준비가 결국 위기를 극복하고 새로운 기회를 만들어 낸다. 현장의 변화는 단순히 기술적 발전뿐 아니라, 구성원들의 끊임없는 자기개발과 혁신적 사고에서 비롯된다는 사실을 상기시킨다.

신중함과 절제의 중요성

또한 드라마는 신중함과 절제의 중요성도 강조한다. 지나치게 똑똑함을 드러내려는 행동은 오히려 위기를 초래할 수 있다. 장금은 자신의 능력을 감추고 적절한 순간을 기다렸으며, 이는 현명한 선택이었다. 이는 현대 조직에서도 동일하게 적용된다. 혁신은 때로 조용히 준비되고, 결정적인 순간에 전략적으로 발휘되어야 효과적이다. 섣부른 행동은 불필요한 경쟁과 오해를 불러올 수 있으며, 이는 조직의 안정성과 발전을 저해할 수 있다.

   QSS 유한한 자원을 무한한 창의로

긍정적인 마음가짐과 겸손한 태도

마지막으로, 인간관계에서 시기와 열등감은 조직 문화를 해치는 요소가 된다. 마하트마 간디는 "내가 옳다면 화낼 필요가 없고, 내가 틀렸다면 화낼 자격이 없다."고 말했다. 이는 개인과 조직 모두에게 중요한 교훈이다. 긍정적인 마음가짐과 겸손한 태도가 결국 조직의 혁신과 발전을 이끈다. 어려운 상황 속에서도 자신을 다지고, 긍정적인 자세로 기회를 기다리는 자세가 중요하다.

드라마 《대장금》은 단순한 이야기 그 이상의 가치를 전한다. 현장 혁신도 마찬가지다. 어려운 상황 속에서도 꾸준히 준비하고, 필요한 순간에 실력을 발휘하는 자세가 진정한 변화와 성장을 이끈다. 조직의 모든 구성원이 이러한 태도로 임할 때, 제조 현장의 혁신은 한 단계 더 도약할 수 있다.

요약 ⤳

시련과 실수 속에서도 신중함과 꾸준한 학습을 통해 반전의 기회를 잡고, 자신의 가치를 은밀히 갈고닦자.

측정의 진화와 활용

"측정할 수 없다면 관리할 수 없다."는 말은 조직 관리의 기본 원칙을 강조한다. 그러나 측정이 불가능한 요소에도 관리는 필요하다. 특히 조직 내부에는 정량화하기 어려운 사안들이 존재한다. 우수한 인재 확보와 유지가 대표적이다. 이는 단순한 수치로 나타나지 않지만, 기업의 생존을 결정짓는 중요한 요소다. 불량률처럼 눈에 보이는 수치만으로는 조직의 미래를 예측할 수 없다. 과거의 데이터를 분석해 미래를 준비하는 것만으로는 부족하다. 이제는 "실시간으로 측정할 수 없다면 관리할 수 없다."는 인식이 필요하다.

◆ 측정의 진화

최근 웨어러블 기기를 통해 측정의 중요성을 실감하고 있다. 달리기를 할 때, 실시간으로 속도와 심박수를 측정하고 이를 바탕으로 운동 강도를 조절한다. 웨어러블 기기에서 제공하는 데이터는 단순한 숫자가 아니다. 이는 현재 상태를 정확히 파악하고, 미래의 성과를 예측하는 근거가 된다. 이러한 데이터는 운동의 질을 높이고, 더 나은 결과를 만드는 데 기여한다.

스마트 기기를 통해 측정된 데이터는 체계적으로 분석된다. 예를 들어, 달릴 때 좌우 비대칭 정도, 지면 접촉 시간, 수직 진폭 등을 실시

 QSS 유한한 자원을 무한한 창의로

간으로 파악할 수 있다. 이러한 정보는 훈련 계획을 세우는 데 중요한 자료가 된다. 스마트 기기는 단순한 도구가 아니라, 개인 맞춤형 코치로 기능한다. 실시간 데이터는 오버 페이스를 방지해 장거리 마라톤에서의 완주 확률을 높인다. 이는 주자의 신체 능력에 맞춘 데이터 가공과 실시간 제공 덕분이다.

◆ 실시간 측정과 분석

중요한 것은 단순히 데이터를 수집하는 것이 아니다. 필요한 정보를 적절한 시기에 제공받아야 실질적인 개선이 가능하다. 이는 현장 혁신에서도 동일하게 적용된다. 필요한 데이터를 실시간으로 분석하고, 이를 바탕으로 즉각적인 개선이 이루어져야 한다. 이는 단순한 기록의 차원을 넘어, 조직의 대응력과 지속적인 성장을 보장하는 핵심 과정이다.

웨어러블 기기의 데이터는 운동 외에도 다양한 영역에서 유용하게 활용된다. 예를 들어, 수면의 질과 스트레스 레벨 측정이 있다. 수면의 질은 혈당, 심박수, 컨디션 등 건강 상태에 큰 영향을 미친다. 스트레스 역시 부정적인 대화 한 번만으로도 심박수가 상승하는 등 즉각적인 반응을 보인다. 이러한 데이터는 눈에 보이지 않는 신체적 변화를 가시화해 주며, 건강 관리에 유용하게 사용된다.

◆ 적절한 피드백

인공지능과 IoT 기술이 발전하면서, 이러한 데이터 측정은 더욱 정밀해지고 있다. 웨어러블 기기는 단순히 착용하는 것을 넘어, 실시간으로 신체 변화를 감지하고 피드백을 제공한다. 이는 배의 침몰을 방지하는 과정과 유사하다. 배를 가라앉히는 것은 외부의 바닷물이 아니라, 내부로 물이 스며들도록 방치한 작은 구멍이다. 작은 징후라도 실시간으로 측정하고 관리할 수 있다면, 큰 위기를 예방할 수 있다. 현장의 혁신도 마찬가지다. 문제가 발생하기 전, 미세한 변화와 징후를 실시간으로 감지하고 개선하는 것이 중요하다.

결론적으로, 측정의 진화는 단순한 기술의 발전을 넘어, 우리의 삶과 조직의 미래를 변화시키는 핵심적인 역할을 한다. 현장 혁신을 위해서는 데이터의 실시간 측정과 분석, 그리고 적절한 피드백이 필수적이다. 이는 단순히 효율성을 높이는 차원을 넘어, 조직의 지속 가능한 성장을 이끄는 근본적인 전략이 될 것이다.

> 요약 ⤳
>
> 실시간 데이터를 활용하여 보이지 않는 징후를 파악하고 활용해야 한다.

사람과 로봇의 조화로운 세상

충남 홍성에 있는 H사는 정보통신기술(ICT)을 기반으로 한 로봇 제조 및 개발을 주요 사업으로 하고 있는 곳으로, 국내외의 다양한 산업 분야에서 로봇 기술을 활용하고 있다. 로봇 시스템의 설계, 제작, 통합 및 개발을 전문으로 하며, 높은 기술력과 경험을 바탕으로 다양한 고객 요구 맞춤형 솔루션을 제공하고 있다.

◆ 로봇과 작업자가 협동으로 일하는 곳

공장에 들어서니 하이브리드 다관절 로봇을 작업자들이 제작하고 테스트하고 있었는데, 함께 참석한 사장님은 이 로봇은 고객에게 인도되어 현장에 설치되었을 때 작업자가 쉽게 접근하고 쉽게 작동할 수 있도록 개발되었다고 하였다. 특히 자사 특허권이 있는 스킨센서 기술을 접목하고 있어 작업자와 협동으로 일하기 편하고, 작업자의 안전을 지키는 데 매우 효율적이라 하였다.

스킨센서는 로봇이 주변 환경을 감지하고 상호작용하기 위해 사용되는 기술로 일반적으로 터치센서, 압력센서, 온도센서, 굽힘센서, 진동센서 등이 사용된다고 한다. 즉, 다양한 센서들이 통합되어 로봇의 피부와 같은 역할을 하여 외부 자극을 감지하고 처리하는 기술이다.

더욱 감명을 받은 것은 이러한 로봇이나 센서 등을 관리하는 핵심 요소가 청결이며, 그 때문에 매일 사장님과 임원들이 주기적으로 현장에서 청소를 함께한다는 점이었다. 센서가 깨끗해야 깨끗한 데이터(Clean Data)가 보내지고 로봇에 오류가 없다는 것이다. 지난 2014년부터 P사의 제조 현장에서 일하는 방식인 QSS를 도입한 이후 3정 5S에 대한 실천을 지속적으로 하고 있으며 공장 구석구석 눈으로 보는 관리체계가 운영되었고, 이제는 자연스럽게 습관화되어 있는 모습이다.

◆ 로봇은 미래가 아니라 현실이다

1965년 이정문 화백이 상상력으로 그린 그림을 보면 그 기술의 실현 정도가 현재 80%에 육박하고 있다. 그때 신문에 2000년대 미래 모습이라 그렸던 원격진료, 전기자동차, 태양열 주택, 로봇 청소기, 스마트폰, 전자신문 등의 그림은 모두 현실이 되었다.

특히 로봇은 미래가 아니라 더 가까이 우리에게 있는 현실이 되었다. 인공지능 연구기관 중 하나인 오픈 AI에서 이번에 소개한 인공지능 로봇(AI Based Robot)은 먹을 것을 달라는 말에 사과를 집어 주는 등 인간과 같거나 인간 수준을 뛰어넘는 모습을 보여 주었다. 더욱 놀라운 것은 이런 로봇이 오픈소스로 공개되어 저렴한 비용으로 누구나 제작이 가능해졌다는 것이다. 이제 인공지능 로봇은 가상 세계를 넘어 물리 세계까지 자연스럽게 스며들게 되었다.

◆ 로봇과 사람의 공존과 윤택한 삶

로봇이 사람을 닮아 가고 사람과 공존하고 있다. 로보틱스 1.0 시대에는 격리된 공간에서 용접 등 반복적인 업무를 수행하는 로봇이었다면, 현재는 로보틱스 4.0으로 사람과 대화하고 스스로 학습하여 발전하는 휴머노이드 로봇이다.

기업에서는 공장 스마트 팩토리(Smart Factory)를 통한 인공지능, 빅데이터, 딥러닝, 머신러닝 등 혁신적인 기술을 활용하여 제조산업을 혁신하고 생산성을 향상하는 데 주력하고 있다. 특히 다양한 로봇 기술을 도입하여 공장 내 작업을 최적화하고 안정성을 높이는 데 주력하고 있다. 이는 회사 경쟁력을 향상하는 데 크게 이바지하여 선택이 아닌 필수가 되었다.

로봇 기술의 발전으로 회사에서는 고위험 수작업 등 어렵고 힘든 일을 로봇이 대신해 줌으로써 작업자의 안전을 확보하고, 가정에서는 가사를 돌봐 줌은 물론 사람과 로봇이 함께 협동함으로써 편하고 윤택한 삶을 살아가길 기대해 본다.

요약 ❧

사람의 일과 로봇의 일을 구분하고 조화롭게 공존하는 지혜가 필요하다.

편집자형 인재가 필요한 시기

책을 읽다 보면, 종종 그 책에서 언급된 다른 책들에 관심이 생긴다. 바쁜 현대인에게 이러한 가지치기 독서는 지식의 확장에 도움이 된다. 다른 사람의 독서일기나 추천서를 통해 우리는 새로운 책과 인사이트를 얻는다. 이는 단순한 독서가 아니라 정보와 지식을 체계적으로 정리하고 연결하는 과정이다. 이러한 역할을 하는 사람이 바로 '편집자'다. 편집자는 세상을 관찰하고, 이를 바탕으로 새로운 관점을 만들어 낸다. 단순히 정보를 수집하는 것을 넘어, 정보를 조직하고 해석해 새로운 가치로 재구성하는 것이 편집자의 핵심 역할이다.

◆ 성공적인 편집자란

편집자는 세상을 읽어 내고, 자신만의 관점으로 정보를 정리해 전달한다. 이는 단순히 지식을 수집하는 것에서 끝나지 않는다. 자신의 관심사를 바탕으로 정보를 해석하고, 이를 통해 새로운 패러다임을 제시한다. 미세 조정에 능하고, 타인의 지혜를 현명하게 빌릴 수 있으며, 균형 감각과 열정을 갖춘 편집자가 진정한 전문가다. 저자를 이끄는 것이 아니라, 저자의 의도를 정확히 이해하고 이를 독자에게 쉽게 전달하는 편집자가 성공적인 편집자로 평가받는다.

◆ 기업에서 편집자의 역할

기업에서도 편집자의 역할은 중요하다. 조직 내에서 가려진 가치를 드러내고, 중요한 일과 불필요한 일을 구분해 전략을 제시하는 것은 기업 편집자의 역할이다. 특히 연말이면 많은 기업들이 다음 해의 목표와 실행 계획을 수립한다. 이 과정에서 많은 계획이 경영 목표나 시장 상황을 충분히 고려하지 않은 채 급하게 만들어지기도 한다. 이러한 상황에서 리더는 편집자 역할을 해야 한다. 조직의 중장기 비전을 정확히 읽어 내고, 실행 과정에서 발생할 시행착오를 줄이기 위해 불필요한 계획을 가지치기해야 한다.

회사의 편집자는 직원들이 목표를 명확히 인식하도록 돕고, 실행 계획이 성공으로 이어지도록 지원하는 역할을 한다. 이는 단순히 지시하는 것이 아니라, 실행 과정을 통해 신뢰를 쌓아 가는 과정이다. 편집자는 공정 간의 문제를 가지치기해 단순화된 과제로 전환하거나, 부문 간 분산된 문제를 결합해 대형 프로젝트로 발전시킬 수 있어야 한다. 이러한 과정에서 조직은 미래의 성장 동력을 확보할 수 있다.

◆ 조직의 방향성을 제시하는 편집자형 인재

과거 기업은 기술자 중심으로 성장했다. 기술적 문제를 해결할 수 있는 인재가 가장 중요한 자산이었다. 그러나 이제는 시대가 바뀌었다. 문제를 찾아내고, 불필요한 부분을 제거하며, 조직의 방향성을 제시할 수 있는 '편집자형 인재'가 필요하다.

이는 단순히 지식을 많이 아는 사람을 넘어, 문제를 명확히 정의하고, 그 문제에 대한 해답을 체계적으로 제시할 수 있는 사람이다. 이러한 인재는 조직의 복잡한 문제를 명확하게 정리하고, 해결 방안을 제시하는 데 중요한 역할을 한다.

편집자형 인재는 현장 혁신에서도 핵심적인 역할을 한다. 현장의 문제는 항상 복잡하고 다층적이다. 단순히 문제를 해결하는 것을 넘어, 문제의 본질을 찾아내고, 이를 명확하게 정의해 조직의 방향성을 제시해야 한다. 또한, 다양한 부서와 협업하여 문제를 통합적으로 바라보고, 새로운 해결 방안을 찾아야 한다. 이러한 역량은 조직의 미래를 좌우할 수 있는 중요한 자산이다.

현장 혁신은 단순한 기술적 발전만으로 이루어지지 않는다. 정보와 문제를 명확히 정리하고, 이를 기반으로 새로운 방향성을 제시할 수 있는 편집자형 인재가 필요한 시대다. 조직은 이러한 인재를 발굴하고, 성장시켜야만 지속 가능한 발전을 이룰 수 있다. 이는 기업의 경쟁력을 강화하고, 미래의 변화에 능동적으로 대응하는 핵심 전략이 될 것이다.

요약 ∽

편집자형 인재는 가려져 있는 문제를 드러내어 새로운 방향을 제시하고, 기업의 발전을 이끄는 핵심 역할을 한다.

　　　　　　　QSS 유한한 자원을 무한한 창의로

AI 시대의 미래 인재상

2023년, 가장 큰 화두는 미국 OpenAI의 챗GPT(Generative Pre-trained Transformer)로부터 촉발된 생성형 AI의 등장이다. 이 서비스는 단 5일 만에 100만 사용자를 확보하며, 이전의 넷플릭스(3.5년), 페이스북(10개월), 인스타그램(2.5개월)보다 빠르게 대중의 관심을 얻었다. 이러한 속도는 생성형 AI가 얼마나 강력하고 혁신적인 기술인지 보여 주는 지표가 된다.

◆ AI, 정보 제공을 넘어 창작의 영역으로

생성형 AI는 기존의 데이터를 활용해 새로운 창작물을 만들어 낸다. 기존 AI가 데이터를 학습해 패턴을 인식하고 이해하는 것에 머물렀다면, 생성형 AI는 이를 기반으로 새로운 콘텐츠를 생성한다.

대표적인 예로 챗GPT와 구글의 바드가 있으며, 이미지 생성에서는 달리(DALL·E)와 스테이블디퓨전(Stable Diffusion)이 있다. 또한, 문자 설명을 음악으로 바꾸는 뮤직LM, 가수의 스타일로 음악을 창작하는 주크박스, 영상 생성 AI인 이메진비디오(Imagine Video) 등이 있다. 이 기술들은 단순히 정보를 제공하는 것을 넘어, 창작의 영역에서도 인간의 역할을 대체하고 있다.

최근 한 게임회사에서 캐릭터 디자이너로 일하는 지인은 생성형 AI의 등장을 큰 위기로 인식하고 있다. 과거에는 캐릭터 디자인 시안 작업에 2~3일이 소요되었지만, 현재는 이미지 생성형 AI를 통해 수초 만에 시안이 생성된다. 물론, 아직은 AI가 만든 시안을 사람이 수정해야 하지만, AI가 지속적으로 학습하면서 인간의 역할은 점차 줄어들 것으로 예상된다. 이는 단순한 기술 발전이 아니라, 일자리의 구조를 변화시키는 신호탄이다.

2023년 다보스 세계경제포럼에서 발표한 『일자리의 미래』 보고서에 따르면, 향후 5년 안에 전 세계 일자리의 25%가 생성형 AI의 영향을 받을 것으로 예측된다. 사라지는 일자리는 8,300만 개, 새롭게 생겨나는 일자리는 6,900만 개로, 약 1,400만 개의 일자리가 감소할 전망이다. 이미 2022년 말, 전국 17개 시중은행의 지점과 출장소 400여 개가 폐쇄되었다. 이는 단순 작업이나 반복 업무가 AI로 대체되는 현실을 보여준다. 전문가들은 향후 사라질 직업으로 은행 딜러, 캐셔, 그리고 고임금 전문직인 의사와 변호사 등을 지목하고 있다.

◆ 미래 인재상에서 가장 중요한 요소는 '태도'

이러한 변화 속에서 중요한 것은 미래 인재상이 어떻게 변화하는가 하는 것이다. 과거에는 지식과 기술이 중요한 경쟁력이었다. 좋은 대학을 나와 많은 지식을 가진 사람이 성공했다. 그러나 미래에는 이러한 지식과 기술도 AI가 대체하게 될 것이다. 필요한 지식은 AI가 즉시 제공하고, 전문적인 기술조차 생성형 AI가 손쉽게 처리한다. 따라서 미래 인재상에서 가장 중요한 요소는 '태도'이다. 분석적이고 창조적인 사고, 긍정적이고 적극적인 태도가 핵심 경쟁력으로 부상하고 있다.

'완벽한 개인은 없어도 완벽한 조직은 있다.'는 말이 있다. AI가 발전할수록, 조직 내에서 긍정적이고 유연하게 협력하는 태도가 더 중요해질 것이다. 미래의 인재는 동료와의 협업 속에서 조직의 완성도를 높이고, 변화를 두려워하지 않는 자세를 가져야 한다. 이러한 태도는 단순히 개인의 성공을 넘어서, 조직 전체의 혁신과 발전을 이끄는 힘이 될 것이다.

AI 시대의 현장 혁신은 단순히 기술을 습득하는 것을 넘어, 태도와 사고방식의 혁신을 요구한다. 조직은 이러한 인재를 발굴하고, 그들이 긍정적인 협업과 창조적인 문제해결을 통해 조직에 기여할 수 있도록 지원해야 한다. 이는 지속 가능한 성장과 미래 경쟁력을 확보하는 핵심 전략이 될 것이다.

요약 ∽

미래 인재는 지식과 기술은 AI에 의해 대체되고, 창조적 사고와 긍정적인 태도로 완벽한 조직을 만들어 가는 사람이다.

일류 기업으로 가는 길

2022년, 철강 전문 분석기관인 '월드 스틸 다이내믹스(WSD)'는 P사를 13년 연속 '세계에서 가장 경쟁력 있는 철강사'로 선정했다. WSD는 35개 글로벌 철강사를 대상으로 친환경 기술 혁신, 고부가가치 제품, 인적 역량 등 23개 항목을 평가해 종합 경쟁력을 측정한다. P사는 7개 항목에서 만점을 기록하며 평균 8.5점을 받아 종합 1위에 올랐다. 이는 단순한 수치 이상의 의미를 가진다. 경쟁력은 단기간의 결과가 아닌, 지속적인 혁신과 위기 관리 역량이 축적된 결과이기 때문이다.

그 증거는 2022년 9월, 제11호 태풍 힌남노로 인한 위기 상황에서도 확인되었다. 냉천이 범람해 포항제철소 압연지역 대부분이 수해를 입었지만, P사는 빠르게 복구에 나섰다. 정비 부서는 즉각적인 이상 조치를 통해 피해 확산을 막았고, 조업 부서는 내재화된 프로세스 지식을 바탕으로 생산 라인을 안정화시켰다. 광양제철소를 비롯한 그룹사 직원들도 자발적으로 복구 작업에 참여해 위기 대응에 힘을 보탰다.

◆ P사를 일류 기업으로 만든 핵심 경쟁력

이 같은 위기 관리 능력은 P사의 진정한 경쟁력을 보여 주는 사례다. 단순한 위기 극복이 아니라, 현장에서의 혁신적 대응이 만들어 낸 성과였다. 그렇다면 P사를 일류 기업으로 만든 핵심 경쟁력은 무엇인가?

    QSS 유한한 자원을 무한한 창의로

창의적인 기술력

포항제철소의 정문에는 "자원은 유한, 창의는 무한"이라는 문구가 걸려 있다. 이는 P사의 철학을 상징한다. 1970년대, 석유 자원이 20년 내 고갈될 것이라는 전망이 있었지만, 기술의 발전은 이러한 예측을 무색하게 만들었다. 당시에는 탐사와 시추 기술이 초보적이었으나, 현재는 심해와 셰일가스까지 개발이 가능해졌다. 이는 창의적인 기술이 유한한 자원을 무한하게 만드는 과정이었다. 이러한 기술적 진보는 제조 현장에서도 동일하게 적용된다. 끊임없는 기술 개발과 개선 활동이야말로 경쟁력의 핵심이다.

임계점을 넘어서는 노력

비행기가 이륙하기 위해서는 일정 속도에 도달해야 한다. 마찬가지로 조직도 일정 수준 이상의 노력이 축적되어야 비로소 도약할 수 있다. 성과는 꾸준한 투자와 실패의 경험을 통해 축적된다. 임계점을 넘어서기 직전 포기하지 않는 자세가 중요하다. 이는 현장의 개선 활동에서도 적용된다. 지속적인 개선이 쌓여야 비로소 혁신적 성과로 이어진다. 작은 실패에서 얻은 교훈이 미래의 성공을 만든다.

혁신적 사고(思考)와 실행

제조 현장은 작은 문제라도 방치되면 큰 위기로 이어질 수 있다. 예를 들어, 현장의 소음이나 진동에 익숙해지면 불합리한 상태를 인식하지 못하게 된다. 익숙함이 누적되면 당연시되고, 이는 결국 설비의 고장과 제품의 품질 저하로 인해 고객 이탈로 이어지며 기업의 경쟁력 약화로 귀결된다. 따라서 현장에서는 늘 새로운 시각으로 문제를 바라보고, 작은 변화에도 주의를 기울여야 한다. 이는 현장 혁신의 기본 원칙이다. 산을 옮기기 위해서는 기도만으로는 부족하고, 실질적인 도구와 행동이 필요하듯 현장 개선은 관심과 실행이 필수적이다.

일류 기업으로 가는 길은 단순히 성과를 내는 것이 아니라, 지속적인 현장 혁신과 위기 대응, 그리고 창의적 기술 개발에 있다. P사의 사례는 이를 명확히 보여 준다. 끊임없는 개선과 도전, 그리고 위기 상황에서도 흔들림 없는 대응이야말로 경쟁력을 유지하는 핵심 요소다. 기업은 이러한 과정을 통해 지속 가능한 성장을 이루며, 미래의 변화에 능동적으로 대응할 수 있을 것이다.

요약

일류 기업의 경쟁력은 창의적인 기술력, 임계점을 넘는 끈기, 그리고 현장의 불합리를 철저히 개선하는 관리에 의해 만들어진다.

이 책을 마무리하며, 우리가 걸어온 길과 앞으로 나아가야 할 방향을 다시금 생각하게 됩니다. 변화와 혁신은 단순히 선택이 아닌, 우리가 살아남기 위해 반드시 실천해야 할 과제입니다. 변화의 길은 때로 험난합니다. 하지만 흔들리지 않고 끝까지 나아갈 때, 비로소 그 길 끝에서 성취를 만날 수 있습니다.

혁신은 늘 뜨거운 열정에서 시작됩니다. 현장에서의 작은 개선, 작은 변화를 이끌어 내는 그 순간이 바로 혁신의 씨앗이 심어지는 때입니다. 물론 실패와 좌절도 따를 것입니다. 하지만 실패는 혁신의 또 다른 이름일 뿐입니다. 혁신은 그저 새로운 기술을 받아들이는 것을 넘어서, 우리의 사고와 일하는 방식, 그리고 삶의 방식을 바꾸는 것에서 출발합니다.

우리가 이 책에서 다룬 11개의 주제는 단순히 이론적인 이야기가 아닙니다. 바로 제가, 그리고 우리 모두가 현장에서 부딪히며 얻어 낸 값진 경험과 교훈들입니다. 실천 없는 이론은 무의미합니다. 이 책이 여러분이 현장에서 실질적인 변화를 이끄는 데 도움이 되길 진심으로 바랍니다.

실천은 나부터 시작해 작은 것부터 꾸준히 해 나가면 큰 변화를 이끌어 낼 수 있습니다. 앞으로도 여러분이 각자의 위치에서 끊임없이 배우고, 성장하고, 서로 협력하면서 더 나은 내일을 만들어 가기를 바랍니다. 우리 모두 각자의 자리에서 변화를 만들어 가는 주인공입니다. 그 과정에서 포기하지 않고 끝까지 해내는 의지야말로 진정한 성장의 동력입니다.

변화와 혁신은 결코 멀리 있지 않습니다. 우리가 일상에서 실천하는 작은 행동 하나, 현장에서의 작은 개선 하나가 모여 큰 혁신을 이루어 냅니다. 이제 여러분 차례입니다. 각자의 자리에서 오늘보다 나은 내일을 만들어 가십시오. 그 과정에서 이 책이 여러분의 작은 길잡이가 되어 준다면 더 바랄 것이 없습니다.

우리는 모두 함께 현장 제조 혁신을 실천하고 있습니다. 변화와 혁신은 결코 혼자만의 힘으로 이룰 수 없습니다. 서로의 경험을 공유하고, 같이 고민하며, 함께 도전하는 문화가 필요합니다. 여러분이 이 책을 통해 단순히 정보를 얻는 것에서 그치지 않고, 서로의 경험과 지혜를 나누며 더 큰 성장을 이루어 가기를 기대합니다. 여러분이 이 책을 통해 얻은 통찰이 작게는 개인의 성장으로, 크게는 조직과 기업의 발전으로 이어지기를 바랍니다. 여러분의 실천이 곧 조직의 미래가 됩니다.

끝으로, 여러분이 걸어갈 혁신의 여정에 저희도 함께하기를 바랍니

　　　　　　　　　QSS 유한한 자원을 무한한 창의로

다. 어떤 길을 가든, 진심과 열정이 담긴 노력이 결국 최고의 결과를 만들어 냅니다. 이 책이 여러분의 그 여정에 작은 등불이 되어 주기를 기원합니다.

작가 엄주선 · 김종찬 · 신일철 드림